丛书主编 杨振斌 张希

白／求／恩／精／神／研／究／丛／书

文化

WENHUA

白求恩

WENHUA BAIQIU'EN

主编

张学文 赵伟

吉林大学出版社（长春）

图书在版编目（CIP）数据

文化白求恩 / 张学文, 赵伟主编. —长春 : 吉林
大学出版社, 2019.9
（白求恩精神研究丛书 / 杨振斌, 张希总主编）
ISBN 978-7-5692-5575-1

Ⅰ. ①文… Ⅱ. ①张… ②赵… Ⅲ. ①白求恩(
Bethune, Norman 1890–1939)—人物研究 Ⅳ.
①K837.116.2

中国版本图书馆CIP数据核字(2019)第196030号

书　　名：白求恩精神研究丛书：文化白求恩
　　　　　BAIQIU'EN JINGSHEN YANJIU CONGSHU: WENHUA BAIQIU'EN

作　　者：张学文　赵　伟　主编
策划编辑：陶　冉
责任编辑：李婷婷
责任校对：陶　冉
装帧设计：刘　瑜
出版发行：吉林大学出版社
社　　址：长春市人民大街4059号
邮政编码：130021
发行电话：0431-89580028/29/21
网　　址：http://www.jlup.com.cn
电子邮箱：jdcbs@jlu.edu.cn
印　　刷：吉广控股有限公司
开　　本：787mm×1092mm　　1/16
印　　张：19.5
字　　数：400千字
版　　次：2019年9月　第1版
印　　次：2019年9月　第1次
书　　号：ISBN 978-7-5692-5575-1
定　　价：237.00元

《白求恩精神研究丛书》编委会

主　编

杨振斌　张　希

副主编

李　凡

编　委

（按姓氏笔画为序）

于双成　王　飞　石　瑛　刘信君　华树成
佟成涛　张学文　陈　立　屈英和　赵　伟
赵国庆　席海涛　高继成

总序1

今年是伟大的国际共产主义战士亨利·诺尔曼·白求恩逝世80周年，也是毛泽东主席发表《纪念白求恩》80周年，同时是白求恩卫生学校（现在的吉林大学白求恩医学部、中国人民解放军陆军军医大学白求恩医务士官学校、中国人民解放军白求恩国际和平医院）成立80周年。值此三个重要80周年纪念日即将来临之际，吉林大学白求恩精神研究中心成立以来的首批科研成果——"白求恩精神研究丛书"即将出版。

80年前，毛泽东主席指出，白求恩精神就是国际主义精神、共产主义精神，他的毫不利己、专门利人的精神，具体表现为对工作的极端负责、对同志对人民的极端热忱、对技术的精益求精。它虽然诞生于救死扶伤的烽火前线，但时至今日它仍是中国乃至全世界卫生工作者的宝贵精神财富，是我们一代又一代的医务工作者应该努力学习和践行的优秀品质。特别是中国特色社会主义进入了新时代，如何学习、传承、弘扬无私利人的白求恩精神，使它在新时代医疗卫生教育战线乃至全国各行各业发挥不可替代的作用，更好地推动社会主义核心价值观的发展，推动人类命运共同体的建设，是一个重大的课题。

2016—2018年暑期，中国白求恩精神研究会参加了吉林大学师生"重走白求恩路"的活动，很受感动，倍受鼓舞。以杨振斌书记为首的吉林大学非常重视挖掘白求恩精神这一宝贵资源，积极传承和弘扬白求恩精神，把白求恩精神嵌入到校园文化中，成为吉大文化的重要组成部分，这对于新时代医学人才培养有着重要意义。我们也欣喜地看到了白求恩精神在吉林大学的青年学子中生根发芽，并结出了累累硕果，白求恩志愿者被评为全国最美志愿者，更是被李克强总理誉为"世界因为你们而精彩"。

2017年，吉林大学依托丰富的学科优势和雄厚的学术力量在全国高校率先成立了"吉林大学白求恩精神研究中心"，"中心"的成立既填补了我国高校在这一领域研究的空白，也是对高等医学教育事业和高校思想政治工作进行的有益探索和积极实践，具有很强的政治性与针对性。我们携手并肩大力推进"白求恩精神"研究的理论创新和实践创新，开创"白求恩精神"研究新局面。"中心"的首批研究成果——《寻根白求恩》《践行白求恩》《志愿白求恩》《文化白求恩》《育人白求恩》《凝练白求恩》系列丛书的出版，必将从不同维度、多个角度诠释一个可信、可敬、可学的不曾远去的国际主义英雄战士以及展示老白校的传人们传承、践行、弘扬白求恩精神的优秀事迹，从而让注入新时代内涵的白求恩精神成为实现健康中国建设的重要力量，成为中华民族伟大复兴的中国梦的重要组成部分。

袁永林

中国白求恩精神研究会会长

2019年6月

总序2

诺尔曼·白求恩是伟大的国际主义战士，中国人民永远的朋友。在那片烽火硝烟的战场上，他留下了一个个感人的故事，那段英雄逝去的记忆里，他的精神不灭、永留人间。1939年12月21日，毛泽东同志在延安杨家岭的窑洞里撰写了《纪念白求恩》一文，高度赞扬了白求恩的国际主义精神、共产主义精神、革命的人道主义精神、毫不利己专门利人的精神和对伤员满腔热情对工作精益求精的精神，从而让中国人民铭记住了这位加拿大人的名字，更继承了这份宝贵的精神财富。八十年过去了，白求恩精神跨越时代、历久弥新，依然深深镌刻在中国人民的记忆中。

白求恩，一个外国人，却在中国现代史、中国革命史中产生了深远的影响，我们今人每一次向历史的回眸，都是一次思想的启迪、精神的洗礼。人们追忆白求恩，展现在眼前的总是一个忙碌的医生形象。为了纪念这位伟大的医者，中国人民用他的名字命名了他亲自参与创建和从事教学工作的学校，这就是于1939年在河北省唐县牛眼沟村成立的晋察冀军区卫生学校（白求恩医科大学前身）。这所创建于抗日烽火中的学校，几经迁址，数度更名，不变的是白求恩精神的传承，为国家培养了大批医学人才，造就了许多著名的医学专家，取得了丰硕的科研成果。2000年，白求恩医科大学与原吉林大学、吉林工业大学、长春地质学院、长春邮电学院合并组建成新吉林大学，2004年中国人民解放军军需大学并入吉林大学。原吉林大学前身，是抗日战争胜利后，为培养建立巩固的东北革命根据地和迎接新中国诞生所需的革命干部和专业人才而组建的东北行政学院；吉林工业大学前身，是为适应东北工业发展和长春第一汽车制造厂兴建对专门人才的需要而组建的长春汽车拖拉机学院；长春地质学院前身，是中华人民共和国成立之初，为适应国家大规模经济建设需要，培养地质技术干部而建立。长春邮电学院前身，是为支援解放战争，加速恢复与建设东北解放区邮电通信而组建的东北邮电学校。中国人民解放军军需大学是由中国人民解放军兽医大学几经改建而来，其办学历史可追溯到清朝末期开办的北洋马医学堂。至此，六所具有光荣历史的高等学府，文脉相融增色，合并共建生辉。

新吉林大学在老六校光荣的历史积淀和丰富的文化底蕴中，传承了深厚的人文内涵，涵养了独特的精神品质，白求恩精神在这里升华出了新的时代意义，当代白求恩精神熠熠生辉，继续闪烁着真理的光芒。七十多年的办学历史，学校根植于东北沃土，传承赓续了"'红白黄'三源色精神"的血脉。红，是不忘初心、牢记使命的红色革命精神；白，是毛泽东同志概括总结的白求恩精神；黄，是习近平总书记对黄大年同志先进事迹重要指示强调的"心有大我、至诚报国"的黄大年精神。这三种颜色所代表的是吉大精神的源泉和动力，它们凝结着两代领导人的殷切期望，汇聚交融，一脉相承。教育部部长陈宝生在视察吉林大学时强调："学习黄大年同志先进事迹、学习习近平总书记重要指示要和学习白求恩精神结合起来。这两大典型、两面旗帜构成了吉林大学的精神支柱和办学灵魂，也是吉林大学的宝贵财富。"这份财富属于吉林大学，也属于整个中华民族，既体现了吉大师生为天地立心、为生民立命、为往圣继绝学、为万世开太平的精神坐标，也承载了吉林大学立德树人、培养德智体美劳全面发展的社会主义建设者和接班人的使命担当。

战火硝烟中挺立不屈的灵魂，是树立信仰、信念、信心最好的精神食粮。2017年学校成立了吉林大学白求恩精神研究中心，着手创作白求恩精神研究系列丛书六部，分别是《寻根白求恩》《践行白求恩》《志愿白求恩》《文化白求恩》《育人白求恩》和《凝练白求恩》。两年多的时间里，丛书的编者们通过文献研究、人物访谈、实地采风等多种形式，对白求恩同志的事迹和白求恩精神做了系统的整理、研究和编撰。河北太行山、山西五台山、陕西延安、湖北武汉、加拿大的格雷文赫斯特市，丛书的编者们沿着白求恩生活、工作、战斗走过的足迹，收集白求恩的故事、感受其精神的伟大。相信这套丛书的出版，能还原一位真实可信的白求恩，凝练一位真诚高尚的白求恩，为新时代的医学学子、医疗卫生工作者乃至全国各行各业的劳动者树立一个可爱、可信、可学、能学的精神榜样和灯塔。

"一个人的能力有大小，但只要有这点精神，就是一个高尚的人，一个纯粹的人，一个有道德的人，一个脱离了低级趣味的人，一个有益于人民的人。"白求恩是这样的人，黄大年是这样的人，实现中华民族伟大复兴的中国梦需要千千万万这样的人。每一代人有每一代人的长征路，每一代人都要走好自己的长征路。不同的年代，同样的激情，作为当代中国人，我们是幸运的，我们有机会在新时代的历史方位中大展宏图、实现梦想，这是历史赋予我们的神圣使命，更是时代交予我们的责任担当。或许我们手中没有白求恩的手术刀，也没有黄大年的地质锤，但我们的心中同样涌动着奋斗的热血，这热血铸就了中华民族的魂，扎实了中华民族的根，这热血将在一代代中华儿女的血管中奔流不息，汇聚磅礴之力、创造美好未来！

杨振斌

吉林大学党委书记

2019年2月

序

习近平总书记曾经指出："全党要坚定道路自信、理论自信、制度自信、文化自信。""……说到底是要坚定文化自信，文化自信是更基本、更深沉、更持久的力量。"

习总书记将文化自信与道路自信、理论自信、制度自信并列阐述，强调指出文化自信更具有基础性、广泛性和深厚性，把文化自信上升为中国特色社会主义的"第四个自信"。这就为我们从文化角度对白求恩及其精神进行研究提供了创新尝试的理论前提。

1938年，伟大的国际主义战士、加拿大杰出胸外科专家诺尔曼·白求恩率领一支加美医疗队来到了中国，奔赴抗日战场，参加医疗救护工作。后因在抢救八路军伤员的手术中不幸受伤感染，于1939年11月以身殉职。至今，白求恩同志已经在中国的黄土地下长眠了80年。从1939年12月21日，毛泽东同志写下《学习白求恩》（首次发表时的标题）一文起，中国共产党和中国人民对白求恩和白求恩精神的宣传就始终没有间断，白求恩的光辉形象亦随之在中国大地上被广为传颂。

白求恩的形象被毛泽东同志高度概括为"五个一"形象，即"一个高尚的人，一个纯粹的人，一个有道德的人，一个脱离了低级趣味的人，一个有益于人民的人。"（《毛泽东选集（第二卷）》）白求恩的精神也被毛泽东同志浓缩界定为"伟大的国际主义、共产主义精神；毫不利己专门利人的精神；对技术精益求精的精神"。围绕这一形象和精神，一系列文学作品、影视剧、连环画本、回忆文集、艺术作品等纷纷问世，纪念和宣传白求恩的作品形式多样，内容丰富，不胜枚举。

80年来，对白求恩的研究走过了一条从宣传到学术研究的曲折道路，关注点主要集中在人物性格和传奇经历、白求恩精神的时代价值和内涵以及白求恩精神在医疗卫生行业的实践意义等方面。白求恩的人生阅历跨越了医学、文学、艺术、革命等众多领域，因此，要想更深入地研究白求恩，更好地挖掘白求恩精神的时代价值和意义，就要综合以上诸方面，整合有关史料，囊括思想理论、宣传教育、文学艺术创作等诸多领域的成果，运用收集、归类、整理、编辑的手段，尽可能地从整体的文化层面去深入剖析和解读白求恩，塑造白求恩，从而更加全面和丰富地彰显白求恩精神在不同历史时期的时代价值和内涵。

　　吉林大学白求恩第二医院作为白求恩衣钵的最直接传承人之一，在新形势下，更要倍加珍惜这一宝贵的精神财富，并以白求恩为榜样，继承和弘扬白求恩精神，深刻理解白求恩精神的时代内涵，从白求恩精神中汲取养料，切实践行社会主义核心价值观。在文化层面进一步加深对白求恩的研究和探讨，追寻白求恩高尚的意识精神领域在新时期发展的脚步，为实现中华民族伟大复兴的中国梦而不懈奋斗。所以《文化白求恩》全体编写人员从白求恩与医学科技、历史文化、艺术文化和精神等方面，以八个章节来架构"文化白求恩"。

　　《文化白求恩》是白求恩精神研究系列丛书当中的一本，编撰《文化白求恩》，就是为满足新时期医疗卫生系统弘扬白求恩精神的需要，将全面系统地阐释出白求恩精神的历史价值，深刻揭示其精神的先进性，使人们能够从白求恩的精神中找到与社会主义核心价值观的契合点，为实现"两个一百年"的宏伟目标提供强大的精神动力。

　　希望《文化白求恩》能为广大读者朋友们展现一个全新视角下的立体的白求恩形象。"今天我们走近白求恩，其实就是叩问自己的心灵：人应该怎样活着，又怎样去死？这是他给我们的深深思索。"（电视剧《诺尔曼·白求恩》导演杨阳）我们重温白求恩精神，不仅仅是怀念，更是一种精神的呼唤，是在运用我们能够使用的武器剔除人们心灵上的污垢。

吉林大学第二医院党委书记

吉林大学第二医院院长

2018年11月26日

目 录

CONTENTS

第一章 白求恩与医疗卫生文化

广义的文化是指人类所创造的物质的和精神的所有成果。卫生事业是保护人类生命和健康的事业，也是一种文化事业。卫生文化是医疗卫生领域在长期的建设、发展和医疗实践活动中逐步形成和日趋稳定的独特的价值观、行业精神，以及以此为核心而生成的卫生系统全体成员的理想信念、道德规范、思维方式、行为准则、技术水平等的总和。

1986年1月13日，我国著名经济学家于光远在《光明日报》发表的《明确文化发展在社会发展中的地位》一文中，首次提出"医疗卫生文化"这个概念。明确指出医疗卫生文化不仅可以保护人民群众的生命和健康，而且在移风易俗、改造社会、提高人的文化素质等方面起到独特的作用，社会主义文化发展规律同样存在于医疗卫生事业之中。它是以中华民族的传统文化为背景，具有社会主义现代特色的一种行业文化。它是以社会主义、集体主义、人道主义为指导，以技术精湛、爱院爱患、人本为核心，以无私奉献、全心全意为人民健康服务为宗旨的子文化系统。

纵观我国医疗卫生文化发展历史，有一个人在我国医疗卫生文化发展进程中有着重大的作用和影响，他就是被中国人民长久纪念、永远缅怀的英雄，伟大的国际主义战士——白求恩。他是推进八路军医疗卫生工作现代化和正规化的开拓者，他创办了野战医院和卫生学校，为晋察冀军民留下了一支永远不走的医疗队，他是新中国卫生事业的奠基者，由他创建的医疗体系和教育模式，由他培养的医学和管理人才，奠定了新中国卫生事业的基础。

本章以时间顺序为线索从白求恩首创的诊疗方法、医疗器械以及他相关的论文、专著等方面，深入挖掘与整合他在医学技术方面的重大突破和建树，旨在传达和彰显白求恩在反法西斯战争中为救死扶伤立下的不可磨灭的功勋以及对中国医学事业发展做出的突出贡献。传承白求恩精神，为新时代医务工作者树立职业榜样；弘扬白求恩精神，开辟中国医疗卫生事业发展新前景。

第一节　白求恩与医学科学技术

　　作为胸外科医生的诺尔曼·白求恩在国际医学界享有盛誉，同时他还是一名具有高度人道主义精神的国际共产主义战士，先后支援了西班牙和中国人民的反法西斯战争。1938年1月白求恩率领加美医疗队到达中国香港，随后奔赴汉口提供医疗援助。当时的汉口已经成为日本军队空袭的主要目标，白求恩与来自美国的医生查尔斯·帕森斯在是否继续援助中国这一问题上产生分歧，帕森斯一方面拒绝支援中国共产党，另一方面，因为无法忍受中国艰苦的生存条件，最终选择离开中国。白求恩则与之相反，他选择依靠自己的力量努力克服艰难的生活现状和中西文化的差异，凭借坚定的共产主义信仰和高度的革命热情继续北上前往位于延安的革命根据地，投身于中国人民的抗日战争。

　　1938年3月，携带着医疗器械和药物长途跋涉到达中国延安的白求恩，为根据地人民带来了技术上的援助，他的器械和医药资源一定程度上缓解了当时军区医院物资匮乏的状况，在此后将近两年的时间里，白求恩为延安和晋察冀军区的战士带来了希望和抗战的信心。他把"人要到最需要你、最能体现出你价值的地方去"作为自己的座右铭。对中国人民来说，白求恩的伟大不仅在于他是世界著名的胸外科医生，更在于他用高度的人道主义精神和人文情怀熏陶并影响着整个中华民族。他用高超的医疗技术和丰富的战地医疗经验解决战区人民群众和伤员的疾病痛苦，凭借其强大的宣传力和号召力鼓舞着中国人民积极参与抗战，给中国人民带来精神上的支持。

　　正如毛泽东同志对他的评价："白求恩同志毫不利己专门利人的精神，表现在他对工作的极端的负责任，对同志对人民的极端的热忱。"[①]他不仅是卓越的医疗工作者，更是伟大的发明家，把反叛精神和敢于打破常规的自觉意识完美运用于他的从医生涯，研发出多种诊疗技术和医疗器械。他一生慷慨无私，将精湛的医疗技术和医学方面的创新创造毫无保留地奉献给中国人民，以一己之力推动当时军区医院广大医务工作者的价值理念、思想观念及时转变，整体上提高了边区医院的医治率和伤员恢复率，为抗战时期中国边区医院的医疗条件、技术水平、卫生环境、诊断效果等方面带来了全方位的改变。

　　本节主要将白求恩在医学疗法方面的革新分为两个部分以期系统整理和论述他在医学领域实现的重大创新：一是作为胸外科专家与肺结核疾病抗争的成果，二是作为反法西斯战争援助者在战地医疗方面的创造。

---

① 毛泽东. 毛泽东选集(第二卷)[M]. 北京: 人民出版社, 1991: 659.

青年时期的白求恩堪称冒险家，生来具有反叛精神和尝试新鲜事物的勇气。1911年白求恩为满足他内心对冒险的渴望，决定暂时休学离开多伦多大学，前往安大略省北部的一个伐木营地中充当林木工人和教书匠。第一次世界大战期间他两次赴欧洲服役。1916年毕业于多伦多大学并获得学士学位，后来成为英国皇家外科医学会会员。然而，1926年白求恩染上肺结核，当时的医疗技术水平相对落后，对多数人来说肺结核简直是致命的疾病，这给白求恩带来沉重的打击，一段时间里他的情绪极度低落，但他并未沉沦颓废下去，反而积极研究各种医学论著，寻找并尝试各种可能治疗肺结核的办法。支援西班牙和中国期间，他利用有限的条件和资源研究治疗战伤的药物和疗法，积极应对战地医疗面临的重重阻碍。

一、1936年之前在北美与肺结核疾病抗争到底

结核病是一种由结核分枝杆菌感染引起的慢性传染病，可以发生在身体的任何部位，最常发生在肺部，称为肺结核。结核病是人类历史上一个很古老的疾病，至今已有几千年的历史。考古学家从新石器时代人类的骨化石和埃及四千五百年前的木乃伊上，就发现了脊柱结核。中国最早的医书《黄帝内经·素问》（公元前403—前211年）上就有类似肺结核病症状的记载，西方医学先辈希波格拉底（公元前460—前377年）也曾对结核病做过描述。西方的一些科学家在解剖中发现这类病人的肺内有一个个坚实的团块，摸上去好像土豆或花生这类植物的根上块茎，就将这种病称之为Tuberculosis，即结节的意思，这是结核病命名的由来。肺结核是严重危害人类健康的主要传染病，感染率较高，如果不及时治疗甚至会危及生命。肺结核患者咳嗽、咳痰、打喷嚏、大声说话时，会把含有结核杆菌的飞沫播散到空气中，被周围人群吸入而产生感染。免疫力低下者是肺结核的易感人群。因此，治愈肺结核患者、切断传播途径、提高自身免疫力是减少肺结核传播的有效措施。

结核病的治疗经历了排泄疗法（用泻剂、吐剂、灌肠、放血等）、运动疗法、田间疗法、骑马疗法等漫长的过程。1882年郭霍发现结核菌后，人们开始努力寻找消灭结核菌的有效药物。众多疗效确切的抗结核药物相继问世和结核病相关学科的发展，使结核病治疗取得卓有成效的进展，表现为化疗理论的进步、化疗试验研究的深化和成熟及围绕着化疗方法的突破。速效、安全、简便、经济和病人易于接受的治疗方法越来越成熟，使结核病的治疗发生了根本性的变化，步入了短程化疗时代。近百年来结核病治疗大致可归纳为三个时期。

一是疗养时期：1930年以前，结核病的治疗一般以疗养为主，其原则为：完全休息、加强营养、呼吸新鲜空气、保证充足阳光，以提高病人的免疫力，从而抵御结核病。治疗结核病无特效药，治愈率仅为25%，且病死率和复发率高，70%～80%的中度和重度病人在十年内死亡。在短程化疗的今天，营养问题又开始受到重视，因为结核病是慢性消耗性传染病，营养能提高免疫功能，防止复发，对提高生存质

量有重要作用。

二是疗养加萎陷疗法时期：1930—1950年，除疗养外，增加了人工气胸、气腹及外科萎陷手术，如神经压榨、胸廓改形和胸腔异物填塞等，压缩肺组织，促使病灶愈合，使疗效提高达40%左右，复发率和死亡率仍很高。

三是化疗时期：人们将结核病化疗发展史归纳为7个"里程碑"。

1.1944年证明链霉素对人结核病有明显疗效，使较严重的结核病人免于死亡。

2.1946年证明氨柳酸制剂与链霉素合用，可以延缓耐药性的产生，标志着药物联合治疗结核病的开端。

3.1952年证明合成的异烟肼具有高效、低毒、价廉及使用方便等优点，2药或3药联合治疗18、24个月方案，至少有90%的治愈率。

4.1956年印度马德拉斯研究报告证明，不住院治疗效果明显，不增加家庭接触者患病的概率，大大减少了治疗费用，易于大规模推广应用，加速了结核病控制进程。

5.1964年证明间歇治疗和每日用药方案疗效相同，为间歇化疗提供了理论依据。

6.1965年利福平的问世、1972年短程化疗方案的问世，使结核病的常规疗程缩短约1/3～1/2，从而使结核病传统的"长化治疗"（又称标准化疗）发生了变革。自1980年起正式进入了以异烟肼加利福平为主的短程化疗时代，使疗程缩短了6～9个月；短程化疗广泛开展后，展开了化疗生物学基础的研究、耐结核病化疗机制的探索，结核病的治疗从细胞水平向分子水平发展。

7.1995年WHO推出了直接面视下的短程化疗（DOTS），以解决不规则的治疗问题，并在大部分国家推广应用，提高了规则服药率，取得了明显效果。DOTS是不住院治疗的发展，是结核病人治疗管理中的经验之结晶，也是结核病化疗史上新的里程碑。

1926年，底特律医学院的麦克拉肯院长为白求恩谋了一份差事，去底特律医学院对面的圣玛丽医院做临床外科的助教。此时的白求恩以他彬彬有礼的姿态和爱丁堡皇家外科医师学会会员的光环在当地医疗界大出风头，许多内科医生都把病人送到白求恩那里，尽管一开始困难重重，但他在不到一年的时间就取得了成功，生活条件也有了大幅提升。但伴随着婚姻的矛盾重重，更大的不幸接踵而至，大概是在1926年早春的一次会诊中，一个后来确诊得了肺结核的病人曾经在他面前使劲咳嗽，使他感染了肺结核。确诊的过程是这样的，1926年9月14日，他请求同事赫伯特·里奇医生给他做了一次全面的体检并取了唾液样本进行化验，化验的结果证实他感染上了结核。里奇告诉他，根据病情判断，他应该是4月份就传染上了疾病。随后里奇建议他去找结核病专家伯恩斯·阿默森医生，阿默森赶紧给他做了胸部透视，进一步确诊了病情。白求恩的确得了肺结核，左侧中度感染，右侧情况稍好。医生告诉他症状并不算严重，如果在某家疗养院治疗得当，完全可以康复。

此时，肺结核的治疗正处于疗养治疗时期的后期，白求恩只能选择疗养的治疗办法。1926年10月1日，他到达了加拿大的卡里多疗养院，内心充满了愤懑，他觉得这该死的疾病毁了他的事业和家庭。但在卡里多疗养院他的状况并没有缓解，反而更严重，12月他只好转到美国纽约特鲁多疗养院。由于当时医疗水平有限，医生普遍采用的是"休息疗法"，主张病人做适当的锻炼以便释放压力，保持心情舒畅，也就是主张要依靠自身的意志力战胜疾病。白求恩超越医学的狭隘视野，极力反对医生普遍强调的卧床休息这一方案，不愿意听任命运的安排，也不相信所谓的肺结核不能治愈这种说法，他希望通过自己的力量、用自己的医疗方案解救自己。于是，他在特鲁多疗养院的图书馆翻阅各种医学书本，在一篇由外科医生约翰·亚历山大发表的名为《肺结核外科疗法》的文章中看到通过人工气胸治疗肺结核的外科疗法，即把空气注入受结核菌感染的肺部周围的胸腔，在胸腔壁和肺之间放置一个气垫挤压肺部，让受感染的肺部得到休息，最终让患者有机会痊愈。白求恩似乎看到了希望。1927年10月底，他请求医生为他试验人工气胸疗法。这一疗法曾在疗养院的院长特鲁多身上施行过一次，由于伴有一定的危险性，医生拒绝给他做这个手术。但他认为凡是医生就有义务了解施行这种外科手术的各种适应症和禁忌症，帮助成千上万患者获得健康，最终在他的讲解和恳请之下，医生实施了这一疗法并且手术获得成功。白求恩明白，仅仅一次治疗不足以治愈疾病。充入胸腔的气体很快就会被吸收，必须重新注入以保证病灶能够保持塌陷状态。从11月到12月初，大约每隔一周或十天时间，他就接受一次"再充入"治疗。疗效非常显著，他的身体恢复很快，距离第一次治疗大约六周后，也就是12月10日，他离开了特鲁多疗养院，体重比刚刚入院时增加了15磅，脉搏数也有所提高，唾液的化验结果不再呈阳性，右肺的凹陷消失了，左肺的病情也得到了控制。医生认为他可以开始正常生活，如果适时接受几次"再充入"治疗的话，就可以最终痊愈。

白求恩结束了他与肺结核疾病的抗争，他决定进入结核医学领域，希望能找到根除"白色瘟疫"的方法。在那个链霉素还没有得以运用的时代，结核是一种致命的疾病。白求恩后来工作的魁北克省是加拿大结核死亡率最高的地区——仅1925年就有近三千人死于这种疾病。在加拿大，治疗结核的专家是蒙特利尔皇家维多利亚医院的爱德华·阿奇博尔德医生，他本人在多年前也曾是特鲁多疗养院的病人。如果能追随阿奇博尔德医生的左右无疑是开创新事业的理想途径。于是，他送去一份简历和自荐信，表明自己在这方面的兴趣。阿奇博尔德医生回复说，如果白求恩能学习一些细菌学方面的知识，可以考虑接受他的请求，而且推荐白求恩去纽约州立医院进修有关"早期肺结核"的知识。1927年末，白求恩在纽约州立医院一如既往地以极大的热忱投入工作中，他在史密斯医生及朱利叶斯·L.威尔逊医生的指导下，完成了一个有关小白鼠的假性肺结核的研究，他们三人总结了研究成果，并于1930年发表在一份学术期刊上。

1928年3月底，白求恩完成了在纽约州立医院的初级培训后，北上到达蒙特利尔，加入阿奇博尔德在麦吉尔大学的团队。麦吉尔大学拥有加拿大最出色的医疗专家，其中，阿奇博尔德在胸外科方面独树一帜。他让白求恩进入胸肺中心进行专业培训，允许他在麦吉尔大学的实验室开展结核病研究。看到他进步很快，阿奇博尔德在7月1日安排他进入手术及病理部工作，开始了他作为医生与肺结核疾病的较量。尽管"人工气胸疗法"并非白求恩首创，但在当时是由他极力提倡并全力给医生和患者传授这一治疗方案，使得"人工气胸疗法"在缺少抗结核药物的时代实现了普及和广泛应用，成为相当长时期治疗结核病的首选方法。因而，白求恩通过宣传人工气胸法打破了以往关于结核病无法救治的普遍认知，给社会公众树立了现代结核病救治理念，也帮助众多结核病患者摆脱了疾病的困扰。

白求恩同时还提出压缩治疗法、膈神经切除术、胸廓成形术等一系列与人工气胸疗法配合实施或具有相同效果的治疗方案。他提倡患有肺结核的病人尽早到医院接受压缩治疗，尽管这种疗法带有危险性，但是在更好的治疗方法研究出来之前，让肺部得到放松或压缩才有助于肺部脓液和物质排出，进而有恢复健康的可能，这在当时无疑是最有效的治疗肺结核的外科疗法。他甚至跟朋友讲，自己一直在酝酿写一篇类似教义的东西，来表达和总结自己对萎缩疗法的"信仰"。后来，在朋友约翰·巴恩韦尔住所内，书写教义题名《压缩疗法师信经》，其中首先赞颂了那些寻求结核病疗法的先驱，包括对萎缩疗法有所贡献的科学家。对肺部进行压缩治疗时，偶尔会遇到病人的肺部与胸膜之间发生粘连的情况，影响到压缩手术的顺利进行。为此，白求恩研究出一种割断粘连物的方法，即在胸膜腔里插入两根较细的管子，手术过程中用其中一根管子照亮胸腔，另一根作为机械装置，在精细的操作之下，用银质小夹子夹在粘连物的两端，这样小夹子就起到止血的作用，粘连物被割断之后，肺部就可以顺利进行气胸压缩了。这种操作原理，与我们今天的腔镜技术十分类似。这里，白求恩还提到一种胸廓成形术，也就是在做气胸压缩疗法时，需要抽取或截断一部分肋骨以便压缩感染的肺部，这种疗法一方面能够让病人肺部的空洞尽快愈合，另一方面，也可以掩盖病人胸部做过手术的痕迹。同时，他还提倡使用膈神经切断术作为人工气胸疗法的辅助手段，利用切断横膈膜神经使隔膜停止活动，使得感染的肺部停止运动，从而使肺部得到休息。

关于肺部的压缩手术他还提到一种独创性的方法——胸膜施粉法，即把滑石粉吹入胸腔从而起到固定作用。由于一些肺部手术要避免肺部的某些地方出现压缩的状况，这就需要在肺与胸壁之间实现一定的粘连，以便防止肺部发生压缩，白求恩用猫和狗进行试验，最终得出结论——将含有碘的滑石粉吹到肺面上，创造机会让肺面上迅速成长的结缔与胸壁粘连起来。这种方法既不容易引起胸腔感染，也达到了手术的目的。这个被称作"胸膜施粉法"的治疗方法受到阿奇博尔德的高度赞扬，并很快在胸外科手术中得到广泛运用。白求恩有时也会在自己身上做实验。一

次，为了弄清血液在肺部被吸收的原理，他把血液通过导管输入自己功能健全的肺部，然后拍摄了一系列的X光片来研究。

1932年白求恩看了相关医学文章之后，提出治疗胸部积脓的医疗手段——把活蛆放入患者积脓的伤口内进行脓液清除。关于这一疗法，笔者将在后文详细介绍。白求恩在肺结核疾病的治愈方面，提出了许多与传统治疗理念不同的新见解，解决病患痛苦的同时，也使得白求恩在胸外科领域更加权威。

二、1936至1937年在西班牙建立流动输血站

血液是在心脏和血管腔内循环流动的一种组织。成人的血液约占体重的1/13，相对密度为1.050～1.060，pH值为7.3～7.4，渗透压为313毫摩每升。由血浆和血细胞组成。血浆内含血浆蛋白（白蛋白、球蛋白、纤维蛋白原等）、脂蛋白等各种营养成分以及无机盐、氧、激素、酶、抗体和细胞代谢产物等。血细胞有红细胞、白细胞和血小板。机体的生理变化和病理变化往往引起血液成分的改变，所以血液成分的检测有重要的临床意义。

输血是临床上一项重要的抢救和治疗措施。正常人的血量相对恒定，约占体重的7%～8%，如果健康人一次失血不超过全血量的10%，所失的血浆和无机盐可以在1～2小时内，由组织液渗入血管内而得到补充；血浆蛋白也可以一天内得到恢复。但红细胞和血红蛋白恢复较慢，一般需3～4周。

临床医生应严格掌握输血适应症，科学、合理用血。手术前应根据术中估计出血量决定申请备血，出血量在10毫升/千克体重以下者原则上不输血。积极开展手术前自体储血、术中血液稀释等技术。对估计出血量在1000毫升以上者，争取手术野血液回收，减少或避免输同种异体血，杜绝"营养血""安慰血""人情血"等不必要的输血。积极实行成分输血，减少不必要的血液成分的补充，避免可能由此引起的不良输血反应。手术中适当采用控制性血压等措施，减少出血。目前公认的是英国医生Blundell首先开创的直接输血法，并第一个把人血输给了人。那是在1817—1818年，英国妇产科医生Blundell由经常看到产妇失血死亡而想到用输血来挽救生命。他进行了动物之间的输血取得成功后，开始将健康人的血液输给大出血的产妇，一共治了10例，除2例濒死未能救活外，其余8例中有4例救活。因为当时还不知道血型不同的人输血时，红细胞会遭到大量破坏，所以无法解释为什么输血后有人出现致死性的输血反应，有人却活了下来。尽管如此，1818年12月22日他在伦敦举行的内科学会上所作的输血报告，还是引起了医学界的轰动。他还首创了重力输血器，利用重力来作输血时的推动力，这种输血方法一直沿用了一百余年。

从白求恩后来的职业生涯中发现，他除了向皇家维多利亚医院的阿奇博尔德学习了手术技能外，还掌握了输血的基本原理，因为阿奇博尔德与其他几位战地医生曾在第一次世界大战中给受伤的战士全身换血。他们当时使用的技术之一是把血液

从捐献者体内抽出后，添加少量柠檬酸钠来防止凝血现象，然后再注入接受者的静脉血管内。依据不同情况，阿奇博尔德还会采取"胳膊对胳膊输血"的方式或"直接输血"的方式，即血型相配的病人和献血者并排躺在相邻的手术台上，从献血者胳膊中抽出的血液直接流入试管，然后进入病人的插管当中。基本可以推断，白求恩在皇家维多利亚医院学会了这种直接输血的技术，因为随后他在另外一家医院使用过。正因为阿奇博尔德的关系，他可能才学会了如何保存添加了柠檬酸钠的血液。

1936年，在德意法西斯势力支持下西班牙将军弗朗哥发动军事叛变，国内人民奋起反抗，首都马德里也因此聚集了来自世界各地的志愿者。胸怀共产主义信仰的白求恩于1936年11月3日到达马德里。当时，西班牙已经具备一个位于巴塞罗那的储血和输血系统，但由于距离前方战线太远，许多受伤战士因为无法及时获得血液供给而牺牲。基于对救护站情况的考察和伤员医治状况的分析，原本可以留在马德里的军医院或者国际纵队训练中心工作的白求恩拒绝在医院工作，他向西班牙政府和"援助西班牙民主委员会"提议建立一个可以为各医院和伤员随时供给血液的流动输血站。

白求恩作为外科医生筹划建立流动输血站，在当时遭到多方的质疑和阻碍。同行和上级的反对、血液来源、血液储存办法等一系列问题都等待着他考虑和解决，面对这些问题他制订全方位的计划并不断地向血液专家咨询和学习输血的技术。最终他说服西班牙民主援助委员会，并在其资助下开始与同事索伦森到巴黎、伦敦等地着手流动输血站的医用设备和输血车的购置，输血站设在有15个房间的公寓中，分设血液化验室、血液冷藏室、接待室、输血室等不同房间；由25人组成，包括血液病专家、细菌专家、医生、护士、技工、司机等，这种规范化和制度化在军队及医疗史上具有里程碑的意义，是世界上第一个综合的、系统的输血服务机构。输血站装备齐全，包括冰箱、自动高压灭菌器、细菌培养皿、真空瓶、长颈瓶、滴瓶等全套设备，所有的这些设备都靠煤油和汽油作为动力支撑。血液的来源不足时，白求恩借助广播的形式向社会大众发出呼吁，这种形式的确为输血队提供了源源不断的献血志愿者，有效解决了血液来源问题。

在白求恩向西班牙援助委员会提供的工作报告中可查询到：他组建的流动输血站的设备由1375个单独的部件组成，足够多的化学药品制作静脉注射用的生理血清、葡萄糖和柠檬酸钠溶液，可维持输血队3个月的用量。输血队的设备采购齐全，可以将志愿者提供的血液放在2~4摄氏度的冰箱中储藏一周左右。为表示加拿大人民对西班牙反法西斯战争的支持和两国的友好，白求恩在购置的输血车上写着"加拿大输血服务"，将输血站命名为"西班牙-加拿大输血站"。这一机构为马德里和德森特尔战区前线的医院以及伤员处理站昼夜不停地提供血液服务，只要接到来自医院和前线的血液求助电话，流动输血队的工作人员便迅速带上存储在消过毒的酒瓶中的血液、医用盒子、各种器械、毛巾等前往伤员所在地提供援助，因此，白求恩将此命名为"光荣的送奶服务"。然而，1937年西班牙政府的改组把流动输血站划入政府控制范围之内，取消了白求恩对输血站的管控权，同时输血站内部也存在着激烈的矛盾冲突，一系列原因迫使白求恩离开这个他奋战了6个月的地方只身前往巴黎。白求恩的远见卓识解决了西班牙现实的医疗问题，推动常规治疗手段和输血技术实现突飞猛进，挽救了前线无数伤员的生命。他创造的流动输血站和野战输血技术成功地克服了艰苦的条件，及时为伤员送去挽救生命的血液，成为现代许多国家战地输血的首选方案。

白求恩创造的输血技术后来也被他应用到对中国人民的医疗支援中。为解决前线伤员的血液需求问题，白求恩意识到必须呼吁广大人民群众主动献血，但由于人们观念落后，对输血这一疗法存在着抵触心理和偏见。1938年6月，白求恩在松岩口后方医院亲自给医务人员和群众示范输血过程，以求解除人们的疑惑。白求恩是"万能血型"O型血，他先给胳膊消毒，然后把针扎进静脉里，针的另一头连接着橡皮管，血液通过这根橡皮管流进瓶子里，达到300毫升时，他迅速拔出针，把扎针的地方包扎起来。随后他把另一只针管插进伤员胳膊上的静脉，举起那个装满血液的瓶子，开始给战士输血。示范过程中还给民众讲解血型鉴定、配血试验、存储、保管等一些基本的知识。整个输血过程演示结束群众十分惊讶，纷纷相信了白求恩大夫说的话，主动要求为战士们贡献血液。随即，松岩口军区成立了志愿输血队和献血预备队，每天都有8到10个人献血，白求恩把采集过来的这些血液放在山上的泉水中冷藏。这个志愿输血队成为中国历史上第一个流动军用血队，开创了中国历史上战地输血的先河。白求恩创造的"臂对臂"直接输血法，更简易了输血队存储血液的流程。医生给献血者和伤员验血之后，让两人头脚相反地躺在床上，通过简易输血器和带着针头的血管把两个紧邻的胳膊上的静脉连接起来。这个简易输血器中间有个三通阀门，在医生的操作下，献血者的血液首先进入注射器，转动三通阀门之后血液便流进伤员的静脉中，这便是白求恩创造的直接输血法，也是中国历史上首次战地输血操作。

三、1938至1939年对中国进行医疗技术援助

抗日战争时期我国后方医院真正熟读医书并接受正规训练的大夫并不多，没有规范的手术室、换药室，也缺少正规的手术器械，作为资深外科医生的白求恩看到中国的医疗现状不禁为之担忧。这样的医疗环境也为白求恩在医学方面的创新创造起到一定的推动作用。他基于中国现实的医疗资源和社会条件创造的新疗法，多数是能够最大程度减轻伤患痛苦的常规技术。虽是常规技术，但在当时的时代背景下，这些技术和疗法对后方医院医务人员整体素养的提升具有举足轻重的作用。在晋察冀边区工作的白求恩，为了改善战地医疗条件，不知疲倦地编写多本战地医疗教材供边区医务人员学习，其中白求恩创造的诸多新技术，如：连续缝合术、离断

术、牵引法、创伤治疗法、托马氏夹板使用法、开胸术等在他的著作中都有详细论述，大大提升了边区卫生医院的诊断质量和伤员的恢复效果。

1938年11月流动医疗队到达位于河浙村的三五九旅，这里有一个卫生部。白求恩刚到这里就要求卫生部的负责人带他到各个病房巡查，负责人请他休息片刻之后再工作，然而无济于事，任何人都不能阻挡他工作的热情。巡视过程中令他震惊的是，在一个狭窄的屋子里有30多个病人紧挨着在炕上躺成一排，身下铺的是干草，卫生环境极其恶劣，伤员根本没有舒适干净的修养环境。随即，白求恩按顺序一个一个检查伤员的伤口，并让医务人员记录下每个伤员治疗的具体注意事项。即将走到炕的尽头时，他看到一位腿部受伤的伤员并询问负责的医生是谁，卫生部的主任方医生回答是他主刀做的手术。白求恩根本没有时间跟他讲太多道理，命令助理立刻准备手术器械给那位病人做截肢手术。手术结束之后，他给在场的医务人员讲到，正是因为方医生在没有夹板的条件下对病人放任不管，导致伤员的腿部伤口恶化、变形，最终酿成的后果就是不得不截掉这条组织已经坏死的腿。白求恩感到痛惜的同时，意识到这里医生的惰性和无知，他认为有必要定期组织医务人员进行集体学习来改变这种状况。在空闲时间里他画出手术器械的相关图纸，寻找工匠一起制作各种夹板，最出名的当属托马氏夹板。白求恩给医务人员详细讲解托马氏夹板对腿部骨折的伤员进行骨位固定的重要作用，亲自示范托马氏夹板具体的使用方法和注意事项，还为医务人员介绍与这种夹板配合使用的拉塞尔牵引器。由于骨折的伤员占当时后方医院伤员的一多半，白求恩传授给医务人员的这一方法提高了当时后方医院的治疗效率，加快了伤员的恢复速度。

1939年7月，白求恩率领医疗队到达晋察冀边区后方医院的一个休养所，在这里给边区医护人员讲授了"消毒十三步"。由于受到日军的封锁和袭击，边区的物质条件和医疗物资十分紧张，加之战损伤员数量较多，可用于包扎伤口的纱布、绷带、消毒棉等敷料异常紧缺。后方医院通常将这些敷料清洗之后消毒再用，但由于敷料的消毒过程不够严谨，循环使用的过程中会影响到战士伤口的恢复。针对这种情况，白求恩对旧敷料的消毒方法进行改进，创造性地提出消毒的新方法，因为包括十三道程序，所以称之为"消毒十三步"。他在边区亲自给医护人员进行讲解和演示，并且同医护人员一起实践和练习，用煤油炉将旧敷料进行蒸煮杀菌，然后将绷带、纱布等完全展开铺平，牢固绑在绳子上接受阳光的曝晒，以达到消毒除菌的效果。这一方法的提出改善了边区医院消毒的质量，很大程度上缓解了医疗物资缺乏的状况，也极大地提升了治疗的效果。

1939年10月，白求恩到唐县检查休养所的医疗卫生条件时，听到一位伤员说："在战场上挂花，有时倒不觉得疼，换药时，反而疼得让人冒汗。"[1]白求恩听到伤员这样讲述深有疑虑，连忙从伤员换药的过程中寻找答案。最终他发现是因为伤员

---

① 韩海山，宗健，陈勇，等编. 白求恩在唐县[C]. 石家庄：河北人民出版社，1990：42.

伤口处所敷药物有时过于干燥，容易导致纱布和伤口粘连在一起，因此在换药时就容易撕扯到伤口处新生的肉芽，引起疼痛也会影响到伤口的恢复速度。因此，白求恩发明了一种润滑药膏——毕普。这种药膏疗效长，还可以消除炎症、控制感染，让伤员在换药时避免遭受痛苦。白求恩在《战伤治疗技术》一书中讲道："这是由混合药剂如次硝酸钠、石蜡油配制之软膏，……此药膏可以留在伤口4到5日不动，过四五日后可以用生理盐水冲去，只于必要时间换棉花垫……"[①]这一药物的发明和使用，改进了我国边区医院以往的创伤疗法，降低了伤员创口感染的风险。

第二节　白求恩与医用器具

正如白求恩给世人留下的深刻印象，他不仅是医生，还是作家、诗人、演说家、发明家、艺术家，集多重身份于一身。他对患者和人民怀着无限的热爱和同情之心，对敌人保持憎恨和仇视，对共产主义和反法西斯战争的胜利抱有信心和希望。作为医生，他对工作精益求精，不断突破传统的思维方式、挑战权威，敢于对落后的医疗手段和技术进行抨击，敢于批驳固守陈规的医生。白求恩对医疗工作的热情和信仰从他的行为活动中就能得到深刻的体现，即使病人已经躺在手术台上等待他进行手术，如若他看到那些不合适的手术器械同样会大发雷霆。1928年白求恩肺结核疾病康复之后继续担任外科医生，开始自主设计和改进用于外科手术的医疗器械多达22种。他与美国皮林公司签约制造的手术器械，为20世纪胸外科疾病的手术降低了难度，其中一部分在全世界医学发展进程中沿用了几十年，因此，白求恩也被世人称为"发明家"。1938年白求恩开始对中国提供医疗援助，他根据中国游击战争的独特性，发明了可在前线使用的流动手术台、换药篮等一系列战地医疗设备，为中国战地医疗的发展奠定坚实基础。本节将对白求恩发明创造的新型医疗器械进行全面系统的归纳和解释，基于他的创造精神阐述他对现代医学事业发展产生的深远影响。

一、基于胸外科领域的发明创造

随着人工气胸法和压缩治疗法的广泛应用，白求恩把他的创造热情扩展到与这一疗法相适应的医疗器械方面，为了让气胸疗法的功效更好地发挥出来，白求恩发明了胸腔注气器械。这种器械的特点就在于体积小，底部有一个气泵。医生借助这一器械，可对患者的肺部进行人工注射空气，这个胸腔注气设备替代了护士的工作，成为白求恩发明的器械中使用几十年的著名手术器械，被冠以"护士的朋友"

---

① 白求恩. 战伤治疗技术[M]. 延安：韬奋书店出版社，1947：3.

称号。

20世纪20年代，外科医生普遍使用的是比较笨拙沉重又不够锋利的万能肋骨剪，这种肋骨剪通常给医生的手术造成不便，但没有人乐于变革这一器械，为此，白求恩曾一度对保守的医生心存不满。他看到这种蹩脚的器械，提出外科手术室应当接受一次大的变革。1928年一次偶然的机会，白求恩去修鞋，看到修鞋匠用剪刀很轻松地把钉子从鞋里剪断，受此启发，他问修鞋匠要来了这把剪刀拿回家研究。没几天，白求恩就对这把剪刀进行改进并设计出图纸，经过工匠的打造，最终发明了"白求恩肋骨截断器"，并且在维多利亚医院的外科手术中得到使用，后来在1930年白求恩又对此进行改造。为了保证医生使用时能达到游刃有余的状态，白求恩又在肋骨剪的手柄处加上橡皮抓手以增加摩擦力，钳口使用较硬的不锈钢材料。巧妙利用杠杆原理设计的新型肋骨剪的手柄长度是钳口的9倍，这就使得医生用它切除胸部肋骨时比较省力。白求恩肋骨剪的确经受住了实践的检验，在外科领域备受称赞，因其具有简便易操纵的优势，这一器械成为白求恩发明的所有器械中最受欢迎、使用时间最长的器械之一，这一创造深刻反映了他对医生这一职业的尊重，体现了他精益求精的从业精神。

1930年，白求恩正在给病人做手术突然破口大骂一句，助理和护士都疑惑地抬头看他，他一手拿着血管钳子，一手拿着肋骨剥离器，双目注视着剥离器，表现出极度不满。手术结束之后，他把那个剥离器拿回办公室研究它的构造并进行改进，找到医院的技工要求工人按照他的图纸进行制作。一周之后，工人把经过改造的肋骨剥离器拿到白求恩面前，他的脸上方才露出满意的神情。这一器械得到维多利亚医院首席外科医生阿奇博尔德的认可，并成为当时外科手术的标准器材。

有一次，阿奇博尔德医生对一位病人施行胸廓成形术，作为助理的白求恩需要在旁边拿着牵开器协助医生进行手术，整场手术下来，白求恩累得筋疲力尽。他认为这一方式太过于落后，一次手术需要三到四个助理医生协助进行着实浪费人力，于是决定改变这一现状。1931年白求恩担任圣心医院的胸外科、支气管科主任，仍然从事胸腔及肺部疾病治疗。为了让手术过程有所简易，减轻助手在手术过程中的体力耗费，他发明了主要用于上部胸腔手术的铁制肩胛骨推拉器。这个推拉器的外观像一个架子，可以提高肩胛骨的位置，以便于让手术的具体部位清楚地显现出来，一定程度上减少了人力的消耗，也消除了手术的阻碍。这一器械在手术过程中发挥了助理的职责，因此被命名为"铁制助理医生"。

白求恩在医学事业上敢于颠覆权威的勇气和对胸外科手术器械的发明创造，从个人价值讲，他获得了同事、患者和社会大众的认可，也证明他是一个伟大的发明家和革新家。从社会价值讲，他为加拿大乃至于整个世界医学事业的发展做出巨大贡献。因而，在20世纪30年代人们纷纷感慨：一个学生迅速转变角色成了专家和领域权威。以白求恩名字命名的手术器械，如白求恩止血钳、白求恩压脉器、白求恩肺部止血带，从此成为外科手术室通用的医疗器械。

二、对野战医疗的技术贡献

抗日战争时期，中国共产党领导的人民军队主要坚守敌后战场，以游击战争为主要作战形式，为了适应这一战斗模式，白求恩在晋察冀边区组织流动医疗队。由于抗战前线缺少固定的医疗服务点和人力的投入，流动医疗队在支援前线的过程中面临诸多问题，手术器械和医疗物资的运送、手术室地点的设置成为当时流动医疗队亟待解决的问题。一次偶然的机会，白求恩看到一只毛驴身上驮着粪篮子，他认为手术器械同样也可以借助毛驴进行搬运。理念正是来源于此，他设计出著名的流动手术室——"卢沟桥"药驮子。随后白求恩还发明了换摇篮，这两个手术器械为医务人员在前线为伤员进行初步的战伤处理提供了更加便捷的条件，提高了医疗队的急救效率，为我国流动医疗救护积累了经验，成为现代战地医疗运输设备的雏形。

图1-2-1 对野战医疗的技术贡献

白求恩带领村民们建立的模范医院于1938年10月被日军摧毁。第一个模范医院仅仅运营54天，这也让他认识到在战争时期建立固定的医院是不现实的。由此，白求恩把注意力转移到流动医疗队的建设上，目的是实现对伤员的及时救治。流动医疗队随时接受前线传来的消息，哪里有日军的进犯，他们就前往哪里去。不久，白求恩带领医疗队向五台山出发，携带着他发明的简易手术室——"卢沟桥"，每路过一个村子医疗队就会停下对伤员和村民进行身体检查。这个药驮子是被两头骡子驮着的可折叠手术台，外形类似于拱桥，顶部是个无盖的箱子，左右两侧各有三个抽屉，抽屉内部又分别设置多个小格子，可以携带手术器械、药品、各种类型的夹板等外科手术需要的医疗物资，在药驮子顶端通常放一块门板充当手术台。一个集手术室、换药室、药房为一体，灵活可移动的手术台就建成了，它可容纳一个手术室和一个换药室全部的药品，可供进行100次手术和500次包扎。之所以把它命名为"卢沟桥"，一是因为它的外形类似于拱桥，二是为了纪念中国人民的抗日战争。

"卢沟桥"药驮子体积小，但却具有灵活便捷、容量大、易携带的特点，因而成为之后战地医疗物资和手术器械运输的首选工具，解决了战地医疗救助的首要难题。药驮子的发明和使用使得战地流动医疗队真正成为前线战士坚实的后盾，不仅有技术精湛的医生还有装备齐全的手术室和高效的急救团队。在花塔村的休养所里，白求恩看到一位腿部骨折的伤员使用长方形的木板做"下肢夹板"，因为长时间受坚硬木板的束缚，伤员脚后跟的地方长了褥疮，白求恩看到这种情况即刻研究这种夹板存在的问题，最后决定在此基础上进行改造。他在这个木质夹板紧挨伤员脚后跟的地方挖出一个洞，给伤员的脚后跟那里留下空间，这样就增加了伤员的舒适感。在战争中骨折的伤员较多，然而夹板的数量有限，现有的夹板多数又比较笨重或存在着不利于患者康复的弊端，白求恩在唐县视察后方医院时，找到当地比较出名的三个铁匠，他把图纸和要求告诉铁匠，打造了100多副托马氏夹板和手术中用到的探针。

白求恩在中国期间表现出来的精力充沛和不知疲倦令所有人感到敬佩，他的开创精神和变革勇气为医务人员树立了榜样。在他担任晋察冀边区卫生顾问期间，不断给医务人员开展战地医疗救助知识的理论教学和实践指导，提升了医务人员整体素质。但物资匮乏、伤员众多、器械简陋仍是战争时期的突出问题，白求恩将自己的学识、经验和想法恰当地结合起来，千方百计地研究和改造卫生医院的手术器械。

第三节　白求恩与医学研究著作

白求恩多才多艺，他在医学、文学、艺术等多个领域均有不同程度的创造和贡献。本节着重对白求恩现存于世的医学文章及专著作品进行系统整理并加以论述，以期尽可能厘清他在医学领域的突出贡献，向读者展现一个更加真实的白求恩。纵观白求恩大夫在不同人生阶段的经历，主要从1928—1936年他在北美大陆发表的相关论文和1938—1939年在中国完成的著作两个方面论述白求恩在科学技术方面的贡献。

一、白求恩在北美发表的医学论著

1928年白求恩与肺结核进行长达两年的"斗争"结束，身体开始恢复，离开特鲁多疗养院。至1936年，在蒙特利尔的皇家维多利亚医院和圣心医院长达8年的工作时间是白求恩在北美大陆最富有成就的8年。在此期间，他专注于对肺结核疾病的研究，研发一系列医疗器械和新疗法，发表论文14篇，作为外科医生他在国际上名声大噪。

白求恩采用人工气胸疗法治疗肺结核，康复之后致力于研究肺结核病。1932年7月发表的《呼吁肺结核患者尽早实施压缩治疗》一文就表明了他对消除肺结核的个人观点和建议。白求恩旨在通过这篇文章改变人们对肺结核病的一贯看法，旗帜鲜明地提出肺结核疾病的根源在于社会贫穷和人的生存环境与现状出现了问题，强调"疾病的产生不是天生的，可以加以理解和避免。疾病带有歧视性，专门缠绕在穷人身上"。[①]白求恩在分析和研究患者现实情况的基础上，提到广大医生要接受良好的医学教育，对病人负责。他认为早期肺结核更容易治愈，呼吁人们尽早诊疗并在舒适的环境中卧床休息，这里就强调了肺结核治疗方法要与传统的"休息疗法"相区别，主张把X光机用于诊断过程，同时治疗手段要从外部环境和内部环境两方面进行：一方面要着力改善患者生存的环境问题，另一方面是临床医学的诊断。这两个方面是相互联系、互为补充的，不能偏离和忽视任何一方。"治疗这种疾病的任何方案，只要它们不把整个人类看作环境紧张和压力状态的产物，就注定要失败。一个人被看作是在环境的指引，并作为它的产物而活动的生物体，当这个人不能驾驭或征服体内和心理上的破坏力量时，整个身体发生的巨大变化就是肺结核。"[②]内部环境即患者要尽早采用压缩疗法，通过肺部放松或压缩改变肺部结核菌的局部环境，这属于必要的临床治疗办法。外部环境就是病人宜在环境舒适和营养健康的饮食条件下加强锻炼并适当卧床休养，这是不可缺少的辅助措施。白求恩在这篇文章进一步强调患者应尽早施行人工气胸或压缩疗法，"不对肺结核病人进行下列手术并达到一定比例的疗养院不能称为现代机构：采用某种形式的压缩疗法达到50%，人工气胸疗法达到30%，膈神经切断术达到15%，胸廓成形术或胸膜表面充蜡术达到5%。压缩疗法节省时间和钱财，救治生命"。[③]他以自己切身体验为例，证明这一疗法是治疗肺结核病的有效手段之一。

1932年9月载于《美国结合病学刊》的《一条膈神经切断术项链》一文，是白求恩基于在亚利桑那州做的一例膈神经切除手术的经验写成的。事实上，这种手术在当时是作为肺结核病的辅助疗法而存在的。这篇文章中，白求恩不仅阐述了这一疗法在治疗肺结核病过程中的重要作用，还提出了一种能够遮挡手术疤痕的方法，即一根长度在14英寸用特殊方式制作的珠子项链。他认为外科手术尽管治愈了疾病，但是会让病人留下疤痕，而这个疤痕"不得不看作是对于人体美的一种侮辱"。[④]这篇文章记录的是他给美国女演员芮奈·阿道勒做手术之后产生的想法，他认为"传统的珠状项链，可以从解剖学角度正确地找到切口的方位并容易地隐藏疤痕。当然，必须把项链从原来的位置移开，以便在颈部皮肤上画一条线。当项链复位时，

① 拉瑞·汉纳特. 一位富有激情的政治活动家——国际共产主义战士白求恩作品集[M]. 李巍，等译. 济南：齐鲁书社，2005：34.
② 白求恩. 呼吁肺结核患者尽早实施压缩治疗[J]. 加拿大医学会学报，1932（27）：36-42.
③ 白求恩. 呼吁肺结核患者尽早实施压缩治疗[J]. 加拿大医学会学报，1932（27）：36-42.
④ 白求恩. 一条膈神经切断术项链[J]. 加拿大医学会学报，1932（26）：321.

常常看到这条用手画的线有些脱离了正确的位置"。①

为了解决这一问题，白求恩提出用一种特殊的办法来改造项链，"拿一条'短项链'式的一般珠子项链，从上面去除几个珠子之后加上一个长1/2英寸、宽1/4英寸的具有弹性的细银棒，在项链的一端接上一个5英寸的银项链，以便调整钩扣使整个项链的长度介于12至16英寸之间。这个长度适合于所有病人，只是最细和最粗的颈部除外"。②这就是白求恩提出的能够有效遮挡疤痕的方式，这一方式的确在后来被广大女性患者所采用。作为卓越的外科医生，白求恩并不总是严肃苛刻的形象，这篇文章表露了白求恩独具风格的幽默感。他把外科医生比作艺术家，把外科手术看作是一种技艺。他提到外科医生与石匠、铁匠相比只是因为工作的对象不同，医生面对的是人体，而这个人体不是固定不变的，人体本身没有规律性可寻，因此外科医生只是相对石匠等工匠们来说具有些许自由而已。

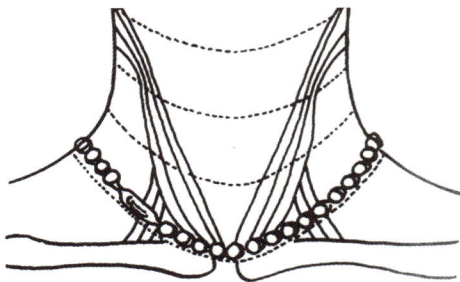

图1-3-1　白求恩在北美发表的医学论著

《一条膈神经切断术项链》中的插图

在米吉尔大学奥斯勒图书馆现存一篇白求恩未发表的作品——《病人的困境，或治疗肺结核的现代方法》，这是白求恩于1933年底，采用广播剧的形式来表达自己作为一名医生致力于战胜结核病的文章。广播剧设置5个场景，即6位不同年龄段、不同性别的患者到门诊部进行诊疗和复查的故事。通过15分钟的广播剧，白求恩向广大患者进行了宣传教育并且普及了公共卫生知识。第一，白求恩再次提到把X光机应用于诊断过程的重要性，通过患者的询问和医生的回答，说明X光机与传统诊断的方式相比，优势在于能够提高诊断的准确性，有助于医生确诊，从而有针对性地对患者进行治疗。第二，强调营造舒适安静休养环境对肺结核患者病情恢复的重要意义。第三，向广大患者讲授气胸疗法的具体过程以及这一疗法的优势。第四，向患者介绍膈神经切除术的目的是为了让患者肺部的活动受到一定限制，从而让肺部得到适度休息。白求恩用广播剧向社会大众普及相关治疗知识，有助于患者接受新式诊断技术和方法，增强患者对于现代诊疗方式的信任度。同时，这个广播剧还提到政府为医疗的保障所做的贡献，但这一点似乎与现实社会现状不一致，只是白

---

① 　白求恩. 一条膈神经切断术项链[J]. 加拿大医学会学报, 1932（26）：321.

② 　同上.

求恩在这里描述的一种令人向往的理想景象。

1934年8月，约翰·巴恩威尔（白求恩在特鲁多疗养院结识的朋友）写信询问白求恩的身体状况，并告知白求恩的油画作品《一个肺结核患者的历程》的保存办法将可能是把图画剪下来放在玻璃框中以便长久保存。白求恩对此进行回复，表示赞同并且写了《压缩治疗者信条》一文，文中褒扬特鲁多疗养院为患者提供优质康复环境的行为，再次倡导和呼吁治疗肺结核的医生与肺结核患者采用气胸压缩疗法。白求恩还把那些依旧主张"休息治疗"、反对压缩疗法的医生称为怪人，他认为"怪人收治的病人死亡并埋葬"。[①]白求恩还做了一幅漫画《加油站》与这篇文章相配套，漫画的主旨是呼吁大众采用压缩疗法，于1935年白求恩把文章和漫画结合起来，制作成圣诞节贺卡（现藏于加拿大国家档案馆）。他的个人形象和医学权威也因此获得多数人的认可与支持。

白求恩于1932年担任圣心医院的外科主任，期间他潜心研究各种外科疾病，1935至1936年白求恩发表5篇极具影响力的论文，因为他极度富有革新力，当时许多医院还请他讲授外科疑难杂症的处理和治疗方案。1935年3月，白求恩发表一篇《用活蛆治疗慢性胸积脓症一例》论文，他在这篇文章中创造性地提出了在缺少抗生素的年代治疗感染创口的方法，可谓当时一大创举。这一疗法的理念来源于当时他看的一篇医学文章，主要方法是用绿头苍蝇幼体进行伤口清理。他深受启发，在一个60岁慢性胸腔积脓的男性患者身上用活蛆进行实验。这个患者的积脓症很严重，在脓液散发恶臭的情况下，白求恩把一试管活蛆放进病人的伤口里，并且采用一些措施使得活蛆深入伤口的深处。经过近20天的观察，患者伤口中的脓液实现了从散发恶臭到越来越稀、越来越少的转变，最终在伤口处长出肉芽。这一实验非常成功，使得那位病人棘手的病情得到缓解，并最终得以康复。白求恩创造的这一疗法具有抗生素的功效，能够妥善有效地处理伤口、缓解病痛，同时又不会对人体产生伤害，避免细菌对抗生素产生抗体。该论文也因此成为当时杂志社发布的首篇用活蛆治疗慢性积脓症的文章。

受制于篇幅和部分文章的遗失，本节主要选取白求恩具有代表性的文章进行论述。白求恩在北美大陆发表的医学文章还有《棉籽油逐步消除人工气胸中的应用》《气泵和人工气胸仪器的新组合》《关于肺部螺旋体病的细菌诊断》《普通医生的支气管造影术》《胸膜施粉法——作为叶片切除准备的胸膜人工黏连新技术》等等，为外科医学的发展和技术突破做出突破性贡献。

二、白求恩在中国期间的医学著作

从西班牙回到加拿大的白求恩，逐渐把视野从欧洲战场转向亚洲战场，把关注的焦点转移到中国。1937年10月，白求恩向国际援华委员会申请前往中国，支援中

---

① 白求恩. 压缩治疗者信条[J]. 胸外科, 1936（5）.

国人民的反侵略战争。终于，1938年白求恩到达中国。在中国将近两年的时间里，他把正义和信仰发挥到极致。抢救战损伤员的同时，他组织和筹建晋察冀军区模范医院，编写相关医学著作和卫生学校教材，用极强的行动力为中国人民送来最宝贵、最厚重的礼物和财富。他在遗嘱中这样写道："最近两年，是我生平最愉快、最有意义的日子。"笔者认为那两年也许同样是给中国人民留下最深刻印象和回忆的两年。

图1-3-2　白求恩在中国期间的医学著作

　　1938年3月底到达中国延安的白求恩，第二天就与中国共产党领导人毛泽东进行会谈，两人就西班牙战争、中国战况以及医疗卫生等问题进行深刻交流，毛泽东邀请他留在八路军总医院工作。然而，亲眼看见中国战争的严峻性和医疗现状的白求恩说，他认为最能发挥作用的方式是组织战地医疗队，在前线附近工作，照顾重伤员。[①]白求恩在延安军区医院待了三周之后，遇到一位从汉口过来的加拿大外科医生理查德·布朗。布朗医生的专业知识、汉语水平以及两人共同的价值追求，使得他们成为合作伙伴，期间布朗主要担任延安军区医院的医生，同时还作为白求恩的流动医疗队与延安之间的联络人。

　　1938年4月下旬，白求恩出发到延安以北的后方医院视察当地的医疗状况并提供医疗技术支援。到1938年6月底，白求恩结束视察工作，他对战地各卫生医院的工作人员、器械设备、医疗环境、药品、技术现状感到担忧，并写信给毛泽东，内容包括他对视察工作的总结报告以及相关建议。随后，白求恩前往晋察冀边区，受到了边区人民的热烈欢迎，并担任边区卫生顾问。初到这里，他看到的情景比其他后方医院稍好一些，但医院仍然不是真正的医院，没有真正的病床和手术器械，病人不仅没有病号服，而且穿的是已经脏的看不到颜色的破旧衣服。在这里，他不知疲倦地医治伤患人员，编写医学图表和战地医疗教材。

　　1938年8月，在医务人员工作会议上，白求恩与当地群众决定开展"五星期运

---

①　泰德·阿兰，塞德奈·戈登. 手术刀就是武器：白求恩传[M]. 上海：上海文艺出版社，2005：228.

动"，致力于改善边区医疗卫生状况，他编写《模范医院组织法》，制定医院的各项规章制度，确保模范医院不偏离规范化轨道。四周之后松岩口模范医院如期建成，这里的医疗器械由工匠制作，基本实现自给自足，医务人员每两天一次按时学习白求恩讲授的生理学、药物学、解剖学、伤口处理等专业知识，成立"清洁队"定期清理医院的垃圾和蚊虫。晋察冀边区的模范医院成为八路军第一个模范医院，实现了医院各项工作和事宜的规范化与现代化，也奠定了我国现代医院的雏形和基础。

《疗伤初步》于1939年6月出版，全书共30页，附加44幅图画，内容包含医生对不同部位的伤口进行清理和治疗的办法。白求恩在本书中采用图画的方式，将治疗办法简洁明了地演示出来，以供当时军区的医生和护士学习。基于对前线战士受伤情况的观察和以往治疗经验的总结，他在这本小册子提到各级医疗院的人员安排制度和各类医疗器械，具体讲解了头部、颈部、手臂、腿部、肩部等不同部位的止血方法以及如何使用止血带才能有效抑制出血的方式；涉及身体各部位具体的绷带包扎方式，介绍了夹板的类型和在不同部位具体的使用方法。在这本册子中白求恩强调要制作病人档案牌，以便医生能迅速找到分散在医院各处的病人。《疗伤初步》充分展现了白求恩作为医生的专业素养和实践精神，他尽全力向广大医务人员传授和普及不同疾病的诊疗方案，提高了当时医院的治疗水平。1939年7月出版的《游击战争中的师野战医院的组织和技术》写于1938年8月。从内容上看，同样采用图画的方式进行诊疗方法的讲解，不同之处在于《游击战争中的师野战医院的组织和技术》一书的内容更加全面具体。全书基于白求恩过去6个月的前线工作经验进行编写，涵盖了白求恩关于战地医疗的看法和见解，共150页，包含50多幅插图，涉及军事医学、护理学、外科学、手术器械及使用办法等多方面的医疗知识，诸如：长方形夹板、托马斯夹板等不同器械的使用说明，肝脏伤缝合法、弛缓缝合术、破断肠缝合法等全面系统的治疗方法。他在开篇就谈到师野战医院的理想位置，医院位置离前线越近，伤员治愈的可能性就越大。正如他所说："大夫等待病人的时代已经一去不返了，实际上，大夫必须去找病员，而且越快越好。"[①]这一主张与1938年10月松岩口的模范军区医院被日军摧毁之后，白求恩向聂荣臻将军请求建立战地流动医疗队的想法一致。从白求恩的一系列主张和实际行动中可知在他的眼中只有伤员的生命和共产主义的信仰才是最重要的。这本书对我国战地医疗经验进行了全面系统的总结，是他赠予中国人民最珍贵的礼物，为抗日战争时期，我国医护工作者提供了经验指导，因其内容翔实，后来成为晋察冀军区卫生学校医生和护士接受培训的教材，提升了抗战时期我国边区的医疗水平。

---

① 1938年12月7日白求恩给聂荣臻将军的书信，于陕西东北第一分区杨家庄。

图1-3-3 白求恩编写的教材

1938年11月20日白求恩带领的流动医疗队到达河淅村和曲回寺，这里有三五九旅的200多名伤员正等待治疗，因为前线距离后方医院路程太远，很多伤员的病情十分严重，甚至危及生命。白求恩看到这种状况大怒，斥责三五九旅旅长，要求各个卫生机构要设立流动医疗队，节省伤员等待抢救的时间，并且在前线到后方的路上设置休息站，用来储备可供临时处理伤口的敷料，这样就使伤员能够及时得到救治，减小伤口感染的可能性，进而也就缩短了战士在医院里养伤的时间。在三五九旅的所见所闻，让白求恩坚信必须建立和扩大流动医疗队的规模，加强对后方医院医务人员的培训教育。为此，白求恩编写《战地救护须知》和《战伤医疗技术》两本书，系统地阐发他关于军事医学和战地救护等方面的独到见解。白求恩按照身体不同部位的受伤程度，详细讲解在伤员受伤到恢复的每个环节中，护理员、医生、护士应该如何对伤员进行伤口处理、治疗以及手术之后具体采用的疗法。白求恩还提到多种新疗法和新技术，诸如：夹板的使用及牵引法、离断术、开腹术、外物探取法等，语言阐述的同时配以图画进行解释。这两本书对当时军区医院以及流动医疗队医务人员的意义非常重大，内容足够翔实，医务人员参照这本书足以对伤员的伤口进行处理和治疗。

图1-3-4 白求恩编撰的教材

白求恩生命中最后两年时光在中国度过，他的医疗技术为战争中的伤员开辟了生存的道路，成为战士们坚强的后盾。不辞辛劳救死扶伤的同时，他还撰写一系列教材和著作，定期对军区医护人员集中讲授医学专业知识，开展野战外科示范课，为我国抗日战争时期的后方医院培养了大量医务人员。白求恩的敬业精神和内在具有的使命感，深刻影响着军区的人民。他为中国人民创造了宝贵的精神财富和知识财富，推动中国医疗事业取得进步。

第四节　白求恩精神对医疗卫生事业发展的价值指引和实践意义

一、推动医教研工作持续健康发展

毛泽东同志在经典著作《纪念白求恩》中对白求恩精神作了科学概括和客观评价，这也就是白求恩精神在中国的历史定位。80年来，白求恩精神已经融入中华民族的血脉，在我国已经成为一种准则，一种楷模，一种职业道德的最高境界，激励着一代又一代医务工作者。

医疗技术是医院生存和发展的核心，而优良的医德医风却是医院生存和发展的基础，没有良好的医德医风做基础，医院的发展将步入歧途。临床医疗工作的目的就是解除病患的痛苦，最大限度地满足广大人民群众日益增长的健康需求。随着医疗体制改革逐渐步入深水区，在市场经济浪潮的冲击下，一些医疗工作者丧失理想信念，在"利己主义"思想影响下，疏于提高医疗水平，医德严重滑坡。面对这些新问题，必须把白求恩精神作为医德医风教育的标杆和永恒主题，深入学习和践行白求恩精神，教育引导广大医务工作者自觉抵制各种不良思潮，在医疗行为中始终坚持一切以病人为中心，不断加强自身的理论知识和实践技能的学习，以精湛技术赢得病患的信赖，这也对促进医院健康可持续发展具有重大积极意义。

医学教育关系到医疗卫生事业的长远发展，特别是医学生更是医疗队伍的未来和希望。其在校期间就必须全面、系统地掌握了解医德知识，白求恩精神更是学习的核心内容。白求恩精神是培养医德医风的有力思想武器，它引领医学生在成长的过程中树立正确的人生观、价值观、思想观，努力抵制不健康思想的侵袭，进而树立高尚的职业道德情操。

医疗技术的发展和进步依赖于医学科研的支撑，医学研究必须具有严谨求实、开拓创新精神。当前，受一些不良风气的影响，一些医学研究人员为了自身利益，不遵循科学规律，想方设法寻求捷径、编造科研数据、抄袭剽窃他人成果，种种学术不端和学术腐败，严重腐蚀医学的圣洁，带来了恶劣的影响。用白求恩精神教导广大医学科研工作者对工作极端负责、对技术精益求精，才能取得更高的科研成果，才能更好地服务病患，进而推动医学事业的发展。

目前医德医风、医学教育、医学科研风气等方面存在的问题，影响和制约了医学事业的发展，针对这些问题，要深入学习和践行白求恩精神，以正本清源。用白求恩精神深化临床工作，用白求恩精神促进教学工作，用白求恩精神推动科研工作，来充分体现对白求恩精神的传承。

二、提升医务工作者的创新创造意识

在医疗技术极度落后、不发达的战争年代，白求恩凭借其高度的医学素养和探索精神开发并研究出一系列在当时备受称赞和广泛推崇的医学技术及有效疗法，根据当时现有的工具尽可能地设计出与手术过程相适应、相配套的各种医疗器材。正是基于这种强烈的开拓创新意识才能做到在资源有限的条件下实现诊疗效果的最大化，在紧急战备状态下更高效地处理各种疑难杂症，进而为中国人民的抗日战争提供医疗层面的支持。现阶段的医护人员更应当牢固树立和贯彻落实党的"十九大"精神，牢记自身的使命与担当，自觉承担起应有的责任和义务，以白求恩的伟大精神作为自己行动的先导和指引，在新时代医疗事业发展进程中充分发挥作为医务人员所具有的职业素养，紧跟时代步伐，着力构建健康中国。

引导医务人员树立崇尚科学的自觉意识，聚力创新，构建集医疗、科研、预防、教学为一体的全方位、综合型医院。医疗模式和技术手段的创新是推动医院及医疗行业向前发展的核心动力，也是我国实施健康中国战略的有效途径。现代医学的发展一方面要求医务人员具有较高的专业技能，另一方面更加强调医务人员的综合职业素养。白求恩在资源急缺的条件下创造出的多种可供使用的医疗器械以及他的论文和论著中内蕴的关于医学的研究和理论，为现代从医人员提供了有益借鉴和启发。医学的发展具有时代性和前瞻性，这一属性就决定了它必须与社会公众的需求紧密结合，不断研发和设计更优化的诊疗手段与技术，实现疾病预防与医学诊断的有机结合，从而防微杜渐，应对各种疾病的挑战。

医学领域的发展离不开每一个医护人员的主动参与和积极贡献。"高水平临床医师的培养，不仅包括医学理论知识和临床技能的培养，还应该包括临床研究能力的培养。"[1]学历固然是医生进入行业的底线和标准，但不应当成为评价医生职业能力和素养的唯一原则。一个优秀的、合格的医生更需要在其工作当中展现他的能力，这个能力涵括诊疗能力、科研能力、协调能力、洞察能力等等。现代医学行业更注重的是医生科研水平与临床诊疗能力的协同发展。医务人员要善于突破传统思想观念的束缚，走出"舒适区"，强化从事科研的主观意愿和行动力，培养创新思维。回顾抗战时期白求恩医生的伟大贡献，我们知道，因时而变，敢于突破，不断

---

[1] 刘晓黎，王晓玉，王远，等. 提高临床医学研究生临床研究能力的途径[J]. 中国医药导报，2013（10）：17.

激发创新潜能是现代医疗从业人员应当具备的职业精神，善于批判和改进对医学事业健康发展有所束缚的落后观念和医疗器械，对新时代我国医学事业的繁荣发展具有至关重要的意义。

三、搭建医疗行业"产学研"相结合的平台

我们追忆白求恩在中国的从医经历，可知其面临的现实困境是前线受伤战士生命岌岌可危、亟待诊疗的迫切需要与现存的医疗资源匮乏之间的矛盾，面临这种两难的境况，白求恩选择自己创造可用于手术和诊断的医疗器械，完全凭借自己的力量实现"研发、制造、应用"的一体化，有效地提高了当时军区医院的手术成功率和受伤战士恢复率。白求恩的这种自主研制和创造能力与现代医疗器械行业推行的"产学研"的合作模式不谋而合。可以说，白求恩的科技创造精神为现代医学及医疗器械行业的发展提供了道路指引。

"产学研"创新合作模式是企业、学校、研发机构秉持资源共享、风险共担、利益共谋的原则，推动现代医学向纵深发展的重大举措。医疗行业产学研的发展模式有利于在新的时代背景下实现医学资源的优化整合，降低技术和器械研发成本，激发医学领域的创新能力，实现科技成果向医疗机构或市场的转化，从而促进我国医学领域综合实力的提升。高校重人才培养、科研机构重研发、企业重生产，三者的有机统一对我国现代医学的创新和赶超发展具有重大意义。"'学'不仅包括大学，也包括科技专科学校和大学附属医院。"①

从目前来看，我国医疗领域的产学研发展还不够丰富，仍然处于初步探索阶段。医疗行业的从业人员要清楚定位产学研模式对该行业的重要意义，深化医学院校或高校医学部与企业的合作，实施定向人才培养方式，为医疗行业提供源源不断的技术型人才。当前的医疗机构在践行这一模式的同时不能忽视"用"的重要性，可以说，医学领域的产学研模式追求的终极目标就是把科研成果运用于具体的实践和诊疗过程中，进而产生更大的社会效益。对于白求恩在医学技术方面的突出贡献，新时代医务工作者应该学习他理论联系实际的工作作风，着眼于患者对医疗以及预防保健的具体需求，选择适当的常规技术和高端技术辨证施治，以提升医疗机构疾病治愈率。

我们知道，医疗机构声誉的好坏、社会影响力和信任度的高低依赖于广大患者群众对其医疗设备的先进水平、诊疗技术成熟与否、医疗服务是否优质等多方面的综合评价。为了能够在激烈的行业竞争中占据优势地位，现代医疗机构要主动寻找合作方搭建"产学研"合作平台，实现科研人员、临床医生，尤其是临床专家、企业人员之间的有效对接，把科研人员丰富的研究经验同临床专家对临床需求的准确

---

① Juha Nummi. University-Industry Collaboration in Medical Devices Development-*A Case Study of the Oulu Region in Finland*[R]. Finland: Helsinki University of Technology, 2006, pp.1-25.

把握以及深厚的专业知识底蕴紧密结合起来，把临床专家和科研人员置于"产学研用"模式的核心地位，在此基础之上研发和引进有助于促进医学发展的新器械、新疗法，以此来提升医院的整体水平和层次。

四、追求人道主义与技术进步的深度融合

正是出于高尚的人道主义情怀，诺尔曼·白求恩千里迢迢来到中国援助深陷战争泥沼的中国人民，为了尽可能地抢救更多伤员，他不畏死亡，强烈要求到抗战前线工作。白求恩把人道主义精神与医生救死扶伤的职业道德结合起来，把人道主义与医学技术融为一体，在治病救人的"战场"上完美表达了人道主义精神实质，把自己的历史镌刻在中国这片土地上。

白求恩多次献血给伤员，倡导军区群众组织"志愿输血队"和"献血预备队"，并首创战地输血技术，他在实际行动中实现了科学与人道主义的结合，开辟了战地医疗的新方式。医护人员的使命就是守护人民大众的身心健康，治病救人是医学发展的价值追求。医护人员在临床诊疗的具体实践中既要全力发挥所掌握的相关专业知识和经验，又要准确把握人道主义、人文情怀如何在医疗过程中恰如其分地运用。

1977年，美国精神病学和内科学教授恩格尔提出生物—心理—社会医学模式是生物医学模式发展的必然。[①]的确，现代医学已经由过去的生物医学模式转变为生物—心理—社会医学模式，不再是单纯地着眼于患者的疾病本身，而是把患者的生理、心理以及社会需求看作综合统一体，统筹把握、全面诊断。由于个人认知和生命的有限性，医学技术的发展在特定阶段存在局限性，但是从整个人类历史进程来看，医务工作者的不断研发与创新，能够推动人类医学技术向前发展。因此，每个医务人员在时代发展的进程中有充分的条件去接受新的医疗知识，习得先进的医疗手段和技术。白求恩的工作理念为现代医学的发展明确了前进方向，对现阶段医务人员提出了新的要求。

新时代的医务工作者要增强把人道主义精神与医学技术融合起来的自觉意识，在疾病诊断过程中既坚持科学至上的原则，又重视人文精神的弘扬。一方面，用完备的科学知识体系诊断患者的生理病理，选择最佳治疗方案减轻病人的痛苦。另一方面，全力彰显个人的人文情怀，充分尊重患者个人的意愿、物质条件、心理以及社会需求，尊重患者的切身利益。合格的从医者应当是站在患者的立场上，选择最优化、最便捷、最有效的方案来解除患者遭受的疾病困扰，同时在情感上给予患者安慰和关怀。专业素养和医学水平自然是医务人员的首要技能，但作为一名医生其内在具有的人道主义情怀和在工作中体现出的以患者为本的意识更加具有魅力和根本性，两者的紧密融合才能支撑一个医生走得更长远。

---

① G. L. Engel. The Need for A New Medical Model: *a challenge for Biomedicine*[J]. Science, 1977(196):pp.129-136.

五、完善医疗服务体系 调整医疗建设目标

医院的发展内在包含着医疗服务体系的不断完善和服务范围的扩大，医疗服务体系的完善也是新时代医院发展的任务和方向。白求恩在抗战时期给晋察冀军区的医护人员讲授"消毒十三步""创伤治疗法"等基础医疗知识和相关预防常识，并且积极促成军区模范医院的建立。他的一系列活动都致力于推动军区医院管理的科学化和规范化，明确规定医护人员必须保证医疗卫生环境，这在一定程度上提升了当时医护人员和人民群众的医疗卫生常识。白求恩的这种负责任的态度和全局的视野对我国现阶段完善医疗服务体系具有启发和指导意义。

医学行业的发展具有时代性，因此，我国医疗行业的发展和进步必须与社会主义市场经济相适应，同人民群众或者广大患者群众的需求相适应。在抗日战争时期，人民迫切需要的是基本生活资料的满足和生命安全的保障。在新时代人民群众需要的是美好生活，人民的美好生活需求在医学领域的体现就是广大民众的健康和疾病预防的需求。现阶段及今后我国医疗服务体系的完善要注重疾病预防和临床诊疗的协调发展。实现临床医学专业化与高水平的同时，要意识到疾病预防对国民健康的重要性。白求恩认为："人群中有一部分人得了疾病或者身体失调就会影响到其他所有人，政府应该把保护公众健康看作自己对公民应尽的义务。实行社会化医疗以及戒除或限制私人的医疗活动，就是解决这个问题的现实做法。"[①]

新时代医疗机构应制定相关制度和规定，督促医务人员走出医院、深入社区、乡镇，全方位向社会大众普及和讲授疾病预防措施、基本医疗常识、常用药物的功效和使用办法等等，以此来增加社会大众的医疗卫生常识。政府适当引导，医院积极参与，合力推动医疗资源实现转移与合理分配，着力解决医疗水平、医疗资源在地区之间、层级之间分配不均的问题。实现医疗资源向贫困地区、乡镇、社区等转移和推广，这一举措有助于医疗资源的优化分配，缓解城乡之间在医疗技术和医疗水平方面的差距。全社会要积极响应党中央倡导的健康中国战略，适时调整医疗建设目标，形成全民参与、人人健康的良好社会状况。倡导人人参与保健，自觉主动保健，构建健康和谐的社会，推动医学行业持续稳定发展，加快我国民生事业的建设步伐。

---

① 白求恩. 从医务界取消私人收益[J]. 加拿大蒙特利尔内外科学会医学经济学专题讨论会上的讲话. 1936-4-12. http://health.sohu.com/20071120/n253368949.shtml.

第二章　白求恩与医学人文

　　白求恩医学人文思想是白求恩精神的重要内涵。白求恩医学人文思想形成离不开家庭环境的熏陶，离不开专业的科学训练以及反法西斯主义的国际共产主义精神。白求恩医学人文思想的形成还源于医学教育和专业的训练。1909年，白求恩考入加拿大多伦多医学院，1916年获得博士学位。几年后，他又赴英国爱丁堡皇家医院进修。严谨的医学专业教育背景，为他打下了扎实的医学基础，更培养了他对医疗技术精益求精的严谨作风；白求恩医学人文思想的形成与发展更源于医疗的社会实践。1936年，白求恩为反法西斯的西班牙人民服务。1938年1月，白求恩不远万里来到中国，支援中国的抗战事业。

　　尤其是抗战经历使白求恩认识到："一个医生的责任，就是抢救伤病员的生命，减少他们的痛苦，帮助他们恢复健康，恢复力量，使他们早日回到前线去打垮法西斯。对那些因为残废而不能重返前线的伤员，也要设法使他们残而不废，帮助他们尽量有参加一定劳动和独立生活的能力。"因此，白求恩的医学人文思想不断得以升华，充分体现为极端负责的职业精神，精益求精的科学作风以及救死扶伤、无私奉献精神价值以及胸怀世界人民的国际共产主义精神。白求恩医学人文思想在模范医院的建设、医学人文的教育事件中都有深刻体现，弘扬白求恩医学人文思想对于促进模范医院建设、推进医学人文教育、推动医学技术发展具有重要的时代意义。

第一节　白求恩与医院文化

一、白求恩与模范医院

　　白求恩模范病室（即模范医院）旧址位于山西省忻州五台县城东45公里的耿镇松岩口村，坐北朝南，白色的院墙写着"白求恩模范病室旧址"金色大字。原建筑被日军焚毁，1974年重建，为"全国重点文物保护单位"。

图2-1-1　白求恩模范病室旧址　享耳 摄

1938年，白求恩针对医务人员缺乏，技术力量薄弱的状况，利用庙宇和民宅创办了旨在培训医务人员，提高医疗水平的示范性医院。白求恩边治疗伤员边办训练班，为加强晋察冀边区医疗卫生工作做出了突出贡献。对改进战伤救治与培养医务干部，发挥了积极作用，被晋察冀军区后方医院誉为白求恩模范病室。作为标准化示范病室，供教学和治疗之用。

二、白求恩倡导创建模范病室的原因和目的

1938年4月，白求恩从延安前往晋察冀边区，边行军边治疗伤员，并对陕甘宁边区的二十里铺、延川、米脂、贺家川等部队医院以及晋北的兴县、岚县境内的医院、休养所进行了巡视医疗和调查研究。

他发现部队医院普遍存在如下不足：一是护士工作能力及技术水平贫乏、低劣。二是有个别医务干部没有责任心，对于工作缺少一定计划及组织，懒怠无能；对于护士、护助及其他工作人员缺乏教育与领导。三是浪费卫生材料及药品。四是消毒不严密。五是对于休养员关心照顾不足。六是死亡率太高。七是休养员住院时间太长。八是残废率高，因为在治疗中未注意关节的运动而多致肢体强直。九是护士因为对工作不满意，因此引起怠工与逃亡。十是护士、护助及其他工作人员的文化程度低。总之，这些医院的医务人员很少，尤其是有较高技术水平的医务人员更是缺乏，药品器械及管理经验也都不足。由此，他产生了创建一所模范病室的想法，以便为八路军培养医务干部起示范作用。

来到晋察冀军区所在地——山西省五台县金岗库村时，白求恩对坐落在这里的军区后方医院进行了巡视检查，发现医务人员的技术水平很低，医院管理经验和必要的医疗物资也很缺乏。这样就更坚定了他创建模范病室的信心和决心，他给聂荣

臻司令员写信说："此信涉及这个极重要的问题。目前有两种情况：一是从事医务工作的医生技术水平不高。二是有必要在整顿医务工作的同时改进技术训练。"

事实证明，白求恩同志对边区医务工作的看法是正确的。因此，他的意见得到了军区首长和广大医务人员的一致赞同。

1938年7月，白求恩提出要在军区建立一个正规化的战地医院，希望使伤病员得到良好治疗，并对部队医疗工作起到示范作用。他亲自拟写了建院方案，这一系列方案充分体现了他对抗日前线医疗工作建设的热情。虽然这是一个很好的意见，也非常需要，但由于当时处在敌人后方，游击战争环境不允许，所以将此建议报告给军区领导机关后，聂荣臻司令员经过再三考虑，才同意建立一所小型的示范医院试一试。

三、模范病室的创建过程

（一）模范病室的规划设计和选址

他要把后方医院改建成一所正规的带有示范性的医院，以促进八路军医护人员技术水平的提高。同时，白求恩还计划把现有的通铺改成单人病床，每张床置备两套铺盖，伤病员都穿统一服装。医院设立正规的换药室、治疗室、手术室、医生办公室、伤员接待室等，房子都要进行修整翻新。白求恩提出的方案充分体现了他对抗日前线医疗工作建设的热情。然而，由于他到晋察冀的时间不长，还没有完全了解战争环境的特点。因此，他提出的设想，许多同志认为还需要很好地斟酌。

思考再三，为了不打消他的工作热情，聂荣臻司令员采取了一个折中的办法：不根本推翻白求恩的意见，医疗训练工作按照白求恩的想法执行，房屋建筑利用旧有的进行翻修改造。

模范病室规划设立了内科病室、外科病室、诺尔曼氏治疗室、托马氏治疗室、手术室、换药室、化验室、消毒室、药房和医生值班室等。

模范病室的功能定位是培养医务干部，供教学和治疗之用。当时，晋察冀军区五台山地区已有3所后方医院，沿着清水河临近分布，其中后方医院一所在南，后方医院二所在北，后方医院三所居中。因此，为方便3所医院医务干部的学习，选址定于二所与三所中间，五台山脚下清水河中上游的五台县耿镇松岩口村，北距五台山45公里，南距县城40公里。同时，离位于河北村的军区卫生部驻地不远，便于上级管理。

1938年8月，他提议将山西五台县松岩口村村中心的一个大庙改造成"模范医院"。此庙叫龙王庙，北靠大山，南面面对南陀要寨。

（二）模范病室的建设

1.硬件建设

1938年8月，白求恩制订了"五星期工作计划"，要做的第一件事就是将村子中间的龙王庙改造成一所敌后比较完备的病房。

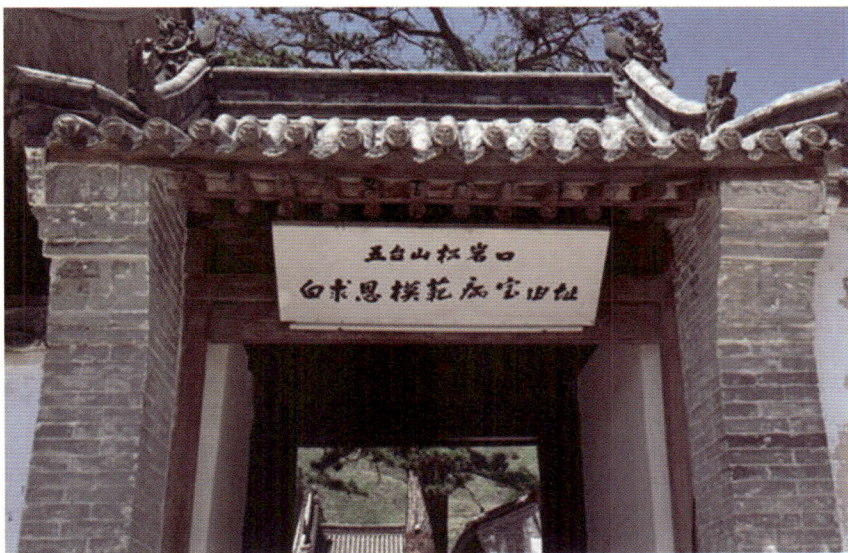

图2-1-2　五台山松岩口白求恩模范病室旧址正门　享耳 摄

山西省五台县松岩口村全体军民齐动员，投入建设模范病室的工作中。

龙王庙为长方形四合院，有正房、南房和东西厢房。工程主要是铺地、吊顶、垒隔墙。

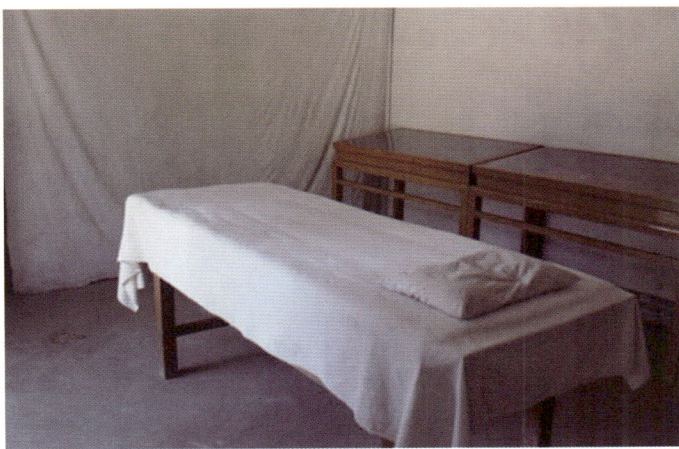

图2-1-3　正房改建为手术室，内设简易手术台　享耳 摄

图2-1-4　财神庙改建为医务室　享耳 摄

图2-1-5　由瘟神庙改建的消毒室　享耳 摄

图2-1-6　西厢房改建为病房　享耳 摄

手术室内四壁用白布包起来，在顶部挂上气灯。

图2-1-7　手术室棚顶上的气灯　享耳 摄

白求恩不仅亲自设计方案，还与大家一道劳动，亲自指挥木工组、铁工组、锡匠组、缝纫组、泥工组进行施工。

军区首长和机关领导同志，给予了人力、物力和财力的支援。经过五个星期的艰苦奋战，八路军第一所模范病室终于落成。

白求恩把他从美国、加拿大带来的13骡驮医疗器械和药品大部分放在这个医院，唯一的一台显微镜也放在了这里。

2.组织制度建设

模范医院的工作人员不多，约有六七十人，但很精干，忙不过来时就请农村的义务护理员、义务炊事员协助护理和做饭。白求恩同志很赞赏这样的军民合作医院。

建立整套登记、统计制度，让受过高等教育的青年做统计工作，每天向他汇报统计数字。伤病员胸前佩戴号牌，按编号有条不紊地开展各种治疗工作。

建立住院休养员自我管理组织，民主管理伙食。轻伤员要参加打扫卫生、整叠纱布等力所能及的劳动，既节省人力，又有助伤员体力恢复。院内设有各种自制的健身器材，伤病员可根据自己的爱好，自由活动，活跃生活，恢复健康。为了保障安全，还建立了军民联防和防空组织。

3.院街文化建设及感染控制管理

治理净化驻地村街环境，通往医院的街道两旁的墙壁都刷上白灰粉，拐角处设有路牌，并分别命名为"中正街""朱德路""丁勃克街""前方医院管理部""武装部"等具有鲜明革命战争特征的名称。

禁止护士在清水河边洗涮敷料，防止血渍和泡沫，污染清水河水，影响下游村庄百姓生产生活用水安全。

组织人员在离清水河不远的河滩上挖设一个大坑，引河水作为清洗池。洗过敷料的脏水，引到另外一条干河沟里。既保证了清洗方便，又不污染河水。确保了人民群众切身利益。

4.模范病室的落成

1938年9月15日，拥有五十张床位的"模范病室"举行隆重落成典礼。军区司令员聂荣臻等领导及各分区的卫生部部长参加落成典礼；边区各界群众团体和附近军民二千多人前来祝贺，并赠送了10面锦旗。

聂荣臻司令员和各方面的代表先后讲话，祝贺"模范病室"的落成，受到全体与会人员的热烈欢迎。

边区军民代表向卫生部顾问白求恩献旗。三面锦旗上是用金丝线绣成的中英文字，分别写着：

> 白求恩大夫，我们的导师！
> 白求恩大夫，我们的战友！
> 白求恩大夫，我们的榜样！

白求恩身穿八路军军服，腰束宽皮带，激动地接过锦旗。在人们的欢呼声中，他发表讲演："你们教给了我忘我的精神、合作的精神、克服困难的精神，我感谢你们给我这些教益。运用技术，培养领导人才，是达到胜利的道路。我唯一的报答，就是我也许曾多少教过你们如何去掌握技术。"

图2-1-8　1938年9月5日在正南面的戏台举行白求恩模范病室落成典礼

典礼结束后，与会人员参观了病房、手术室及医院的各项活动。白求恩做了两例手术示范，一例是骨折处理，另一例是肾脏摘除。白求恩还做了课堂示教，大家深受启发。

第二节　白求恩与医学人文教育

医疗行业具有鲜明的行业特色，有着区别于其他行业的特有精神，从而体现医疗卫生行业的职业信仰、职业道德和职业规范。医生的神圣使命就是救死扶伤，它要求医务人员一方面要在任何时间、任何情况下，只要有一线希望，不轻易放弃践行革命的人道主义义务；另一方面要不论身处何种环境，都要力所能及地为群众提供安全、有效、方便、廉价的医疗卫生服务。不论时代怎样变更，环境如何改变，白求恩精神作为医疗卫生战线的一面旗帜，一直是医疗卫生工作者共同的理想和追求。白求恩精神教育塑造了大批优秀的卫生事业开拓者和先进典型，如巴苏华、柯棣华等国际主义战士，如吴阶平、黎秀芳、吴孟超等英模人物。他们把医疗卫生职业精神提倡的"救死扶伤、服务人民、热忱负责、精益求精"做到极致，凸显了医学人文精神，彰显了白求恩精神的永久魅力。

医学人文教育是医学教育的重要内容，是优秀医学人才培养的必修课。作为优秀的医学人才，不但要掌握渊博的医学知识、精湛的医疗技术，更需要具有深厚的人文底蕴、人文意识以及人文精神。对技术精益求精、对工作极端负责、对患者极端热忱、毫不利己、专门利人的精神正是白求恩医学人文思想的内涵所在。白求恩医学人文思想所倡导的职业理念、服务态度、道德要求等，对于塑造医护人员人文素养，构建和谐医患关系、医医关系、医护关系具有极大的指导价值和引领作用。

当前，我们应大力学习白求恩精神所倡导的医务人员的权利义务、情感良心以及道德要求，提升医疗卫生工作的服务品质，赢得人民群众的由衷信赖。

一、白求恩与医务人员的权利义务

一个医生或者护士是不应该在伤员面前昂首而过的。

——白求恩

我们要把伤员当成自己的亲人，倍加关怀爱护，宁可牺牲自己的利益，也不能叫他们受苦。

——白求恩

让我们把盈利、私人经济利益从医疗事业中清除出去。我们的职业因清除了贪得无厌的个人主义而变得纯洁起来。让我们把建筑在同胞们的苦难之上的致富之道，看作是一种耻辱。

——白求恩

让我们不要对人民说："你们有多少钱。"而是说："我们怎样才能为你们服务得最好。"我们的口号应该是：我们是为你们的健康而工作的。

——白求恩

时至今日，我们仍能从白求恩的语录当中深深地体会出在医疗实践中，他始终把治病救人当作自己应尽的义务，从不讲条件，不计较个人得失。1939年7月，白求恩来到唐县花盆村八路军休养所巡诊，在村里大街上碰到张小珍母女，看到张小珍头顶上长着一个大疮，就让她去休养所治疗。白求恩见张小珍担心付不起钱而不肯去治疗时，就让翻译给她解释说，八路军治病不要钱，这病很危险，必须尽快治疗。白求恩不仅很快为张小珍做了手术，而且还主动送给她五元钱。

还有一次在一二O师师部，白求恩为西北战地服务团的干部检查身体。其中有一位女干部身体状况很差，不适于在前线工作，他便向服务团领导建议把这位女干部留在后方休养。因为她的工作无人接替，当晚出发时，服务团领导没打招呼便把她带走了。白求恩半夜知道这个消息时，拒绝周围同志的劝阻，亲自去找贺龙师长。睡梦中被叫醒的贺龙师长感到问题严重，当下派骑兵把那个女干部接了回来。师政委关向应特别表扬了白求恩一切为了伤病员的求实精神。

二、白求恩与医务人员的情感良心

医生是为伤病员活着的，如果医生不为伤病员工作，他活着还有什么意义呢？

——白求恩

在医疗服务过程中，白求恩是这么说的，也是这么做的。医学道德情感中最主要的是同情心。急病人之所急，想病人之所想，不怕脏，不怕累，千方百计挽救病人生命。有一次，一位失业工人的妻子即将分娩，去了附近几家诊所请大夫，可都因为付不起出诊费而被拒绝。后来找到白求恩，白求恩没有任何推辞，帮助产妇顺利地生下孩子。失业工人拿出仅有的一块钱给白求恩，白求恩顺手又还给他，充满同情地说："这算是我给那新生命的礼物。"

白求恩为了帮助贫穷的人们，专门在蒙特利尔凡尔登郊区开办了一个为穷人看病的诊所。这个加拿大历史上第一次出现的免费诊所，每个星期六给那些付不起出诊费的妇女、儿童和老人看病。有人评论说："凡尔登诊所可以说是一种政治行动，是白求恩因为他的同行和政府对患者漠不关心而引起的一种自发的愤怒反应。"

三、白求恩与医务人员的道德要求

如果头衔不能造福人民，它还有什么用呢？对名利不能痴情，它像妓女一样，先是一步步地迷住你，然后再把你甩掉。

道德和功利并不矛盾，道德并不否认医务人员的功利，关键是如何看待、如何实现。白求恩在长期的医疗实践中形成了马克思主义功利观。他在加拿大生活优裕，但是心中有着崇高的理想，不远万里来到中国，支援中国人民的抗日战争。他对此的回答是："我辞去了医院里外科主任的职务，来到这里。我断了后路，再也不回头了。我已经选定了道路。我是共产党员。"面对抗日战争的艰苦生活，他说："我不是为生活享受而来的！什么咖啡、烤牛肉、冰激凌、软绵绵的钢丝床，这些东西我早就有了！为了实现我的理想，都抛弃了！需要照顾的是伤员，不是我自己！""我到前线去是准备吃苦的。八路军医务人员能经受的环境我都可以适应，千万不要给我什么照顾。""在前线我是年纪最大的战士。我为这一点感到骄傲。""我是战士啊，不能特殊。……过去的生活曾经引诱过我，但为了理想，那些日子就让它一去不复返吧！这儿的生活相当苦，而且有时非常困难，但是我过得很快乐。"他在《日记》中写道："这些战士是非凡的人物。他们不过是'穿着军装的劳动人民'罢了。为他们服务，确实是一种幸福。"

医务人员的荣誉是对医务人员的肯定，是工作取得成效的标志。既不能为了争夺荣誉，不择手段，又不能把荣誉当成谋取私利的手段。白求恩同志来中国之前已取得很多荣誉，他的学识和声望已为世人所瞩目，所尊重。但是，他从不居功自傲，而是谦虚律己，努力工作。他把学历文凭和各种褒奖文件没有放在显眼之处，而是挂在了最不引人注意的地方——厕所。他曾经说过："只要伤员告诉我一声好，那我就不知道该怎么高兴了。""做军医工作就是要和战士在一块，就是牺牲了也是光荣的。"

1.审慎与保密

每个医生都要了解他的病人每一个细微的变化，并进行研究和思考，这样才能进行适当的治疗和处理。别的事情也要做，但这个事情是不能丢开的。这应该作为一条规定来执行。

医学伦理中的审慎，对于医务人员来说，就是要审慎地思考，认真周密地工作，准确无误地行动，从而避免医疗过程中可能发生的差错和事故，使工作取得最佳效果。白求恩在这方面，堪称我们的榜样。他讲："没有准确的登记，就不可能有准确的统计；没有准确的统计，就不可能有准确的分析，就不可能有准确的方法，就等于蒙着眼睛走路一样。""不要认为医生都是胆小鬼，谨慎一些对病人是有好处的。""要知道这种马虎粗心的工作作风是会置人死地的。"

2.医患关系的道德要求

一个医生的责任，就是抢救伤病员的生命，解除他们的痛苦，帮助他们恢复健康，恢复力量，使他们早日回到前线，去打垮法西斯。对那些因为残废而不能重返前线的伤员，也要设法使他们残而不废，帮助他们尽量有参加一定劳动和独立生活的能力。

——白求恩

医患之间，医生的责任应是无条件地忠实于患者的根本利益，对患者健康负责，不能伤害患者，具体表现为：承担诊治的责任，解除患者痛苦的责任，解释说明的责任。白求恩在医疗过程中，始终尊重患者，积极履行解释和说明的责任。

在抗日烽火的前线，有一次，白求恩遇到一个伤员，因为大量的细菌进入骨髓，形成了一个病灶，白求恩决定把伤员的腿锯掉。这位伤员听后恳求白求恩能否想别的办法。白求恩认真地查阅了伤员的病历，认为伤员高烧，血色素只有5克，大面积的骨质腐烂和营养不良，如果不手术，随时都可能引起败血症，生命将受到严重的威胁。于是，白求恩仔细地向伤员做了说明，指出不做锯腿手术是会有生命危险的。伤员同意了，生命也保住了。

3.预防医学的道德要求

白求恩在医疗工作中非常重视疾病的预防工作，及时向群众宣传防病治病的知识。国际友人马海德说："白求恩十分注意军民的卫生保健工作。他强调卫生宣传，教育军民养成良好的卫生习惯，以保持军队和人民的健康。"

晋察冀后方医院的前边有一条小河，医院常在河里洗绷带，这引起了白求恩同志的关注。原来，他听说在河的下游居住的村民是用这条河的水洗菜、做饭、饮牲口的，而医院是在河的中游洗带脓血和细菌的敷料，这不是要影响下游人民和牲畜的健康吗？于是，白求恩匆忙赶到河边，和同志们一起，在河滩的远处挖了一个大坑，把河水引过去，作为清水池，把清水池里洗过敷料的脏水，再开道引至另外一个干河沟里。他一再嘱咐大家，今后不许再到河里洗脏东西。像这种被别人熟视无睹的事，白求恩却当成了大事，可见他防病观念之强，心系人民健康的责任心之大。

4.疾病诊断的道德要求

1939年5月23日，在八路军一所医院的病房里，白求恩为一个年轻的战士检查身体，发现这个战士上了夹板的右腿伤势恶化，伴有高烧。白求恩从伤口里取出一点脓液嗅了嗅，脓液散发着一股难闻的恶臭味。他用针插进糜烂的伤口，探出好像有什么东西，再用镊子伸进一夹，竟夹出了一团棉球。白求恩很生气，批评在场的医务人员，又对伤员进行了及时处理，保证了手术的成功。饶正锡同志回忆说："一个伤者需要手术或者进行特殊的治疗时，白求恩事前必定非常细心地检查、考虑，在没有诊查清楚前决不轻易施行。"钱信忠同志回忆说："白求恩对每个病人，必须作详细的了解，然后再决定治疗的办法，交可靠的医生或看护去做。他要一日数次地去检查伤员，对不清楚的伤员，不轻易施术。白求恩为伤员检查身体十分仔细。"

5.治疗用药的道德要求

白求恩在中国的日子里，深知八路军的艰苦条件，在用药方面始终坚持在确保治疗的前提下节约费用。有一段时间，为了防止伤病员在频繁转移中延误治疗，白求恩发明了一种疗效较长的药膏——"毕普"。这种油剂疗效好，使用方便，节约费用。在敌后抗战的八路军指战员，由于条件受限制，许多人没有衬衣穿，部队发生疥疮病，互相传染，影响战斗力。白求恩就用这种药膏给病人涂擦，然后用木柴火烤，经过八到十天，伤员就一个个治愈出院。钱花得少，病治得快。就是在生命的最后时间里，白求恩仍不忘为八路军节约药费，他在遗书中告诉聂司令员："千万别在保定、平津一带购买药品，因为那边的价钱比沪港贵两倍……"

6.手术与麻醉的道德要求

病人生了褥疮，就是我们医务人员的罪过。病人本来就很痛苦，生褥疮更增加了痛苦。病人不能动，你们要帮助他翻身，病人的被褥湿了，要立即换上干的。医生护士的工作就是一切为了伤病员，再累也不能在工作时间打瞌睡。

——白求恩

白求恩非常注意手术前方案的制订。在白求恩创办的晋察冀八路军特别外科医院，术前必有可行方案。他的手术室经常挂着一块布，当他指定某一医生施行某手术前，首先要问你这个手术如何施行。如果答得对，就准许你做，否则，在白布上画出来，指明如何切开，如何缝合，神经血管之所在，以及其他注意事项，加以解释。

白求恩作为著名的外科专家，特别强调手术中严密观察，认真操作，一丝不苟。他说："在英国，医院里有句老话：'医生要有一颗狮子的心，一双妇女的手。'这意思就是说，他必须胆大、坚强、敏捷、果断，但同时也得和蔼、仁慈、对人体贴。这句话适应于每一个从事救治伤病员工作的人——医生、护士、卫生员。"

杨成武将军回忆说："白求恩为了解手术是否成功，给伤员第一次换药，他总是要亲自动手。"陈淇园同志回忆说："白求恩在后方医院对每个重伤员都亲自检查，亲自做手术，术后还自己观察，一直到脱离危险期才让转移出去。"

7.抢救危重病人的道德要求

对抢救重伤员来说，时间就是生命！将士们在前方不怕流血牺牲、英勇杀敌，我们在后方工作，三五个晚上不睡觉又有什么关系呢？能抢救一个伤员，能为伤员减轻一分痛苦，就是我们医务工作者的最大愉快。

——白求恩

医生在后方等待伤员的时代已经过去了，医生的工作现在是在前线。军医不能离开伤员，哪里有伤员，就应该到那里去。让伤员延误了治疗，增加了痛苦，这是我们军医的失职。我是军医的卫生顾问，要是因为危险就不去看伤员，便是失职。

——白求恩

1939年3月14日，日军侵犯河北滹沱河南岸，晋察冀后方医院离前线八里，白求恩还要往前。为了他的安全，部队领导劝他不要去，他激动地说："你们听到了吗？大炮在轰轰地响，前边在打仗。打仗就要流血，受伤，我们能在这里等着伤员吗？我们能早上去半个小时，十分钟，哪怕是一分钟，伤员就少流血，少受痛苦，以至减少残废与死亡。"后来，聂荣臻司令员亲自指示，不要白求恩再往前走，他才只好服从"命令"。但他立即要求做好手术准备，而且要求准备担架，增加手术台，他说，"我做完一个手术，需要立刻做下一个手术，谁耽误了抢救手术是不能容忍的"。

1938年8月15日，白求恩在后方医院一所，碰到刚从前线送来的一位伤员，这是一位骑兵团长，一块蚕豆大的弹片嵌进头部的太阳穴处，神志不清，有生命危险。"怎么办呢？"白求恩紧张地思考着。手术吗？弹片上那尖利的棱角会不会划破脑实质？就这样拖延下去吗？后果不可设想了。白求恩和所长轻声讨论了一会儿，深沉有力而坚定地说："我们要争取挽救生命的一线希望。我们不能看着我们的同志活活地走向死亡。手术可能挽救这位伤员的生命，但是，也可能遭遇失败。手术如果失败，可能招致对于我们的各种非难。怎么办呢？"白求恩停顿下来，一脸严肃，望望周围的同志说："我认为，一个八路军的医生，如果为了逃避自己的责任从而对伤员采取敷衍的态度，那就应该受到革命的谴责。这同一个战士看见敌人扑来便回头逃跑一样，是可耻的。"在白求恩的组织下，先控制感染，然后精心设计手术方案，创造条件之后做了手术，在医护人员的精心护理下，伤员终于转危为安。

1939年11月初，在晋察冀一分区医院，遇到了一位患颈部丹毒合并蜂窝组织炎的伤员。白求恩决定立即给伤员手术。同志们说："你的左手中指已经划伤，这种病是恶性传染的，这手术我们来做。"白求恩深深知道这个手术是有危险的，可是白求恩想到的是，困难不能留给同志，危险不能留给伤员，坚持自己把手术做完。令人想象不到，正是这次手术，无孔不入的细菌侵袭了白求恩受伤的中指，最后导致白求恩患了败血症，经抢救无效，光荣牺牲在中国的抗日战场上。

饶正锡回忆说："白求恩为了在二十四小时内为伤员施行初步的手术，他那帐篷式的野战手术室，就布置在离火线八里的地方，虽然炮弹落在附近，飞机在天空盘旋，他置若罔闻，勇敢沉着，进行着他的手术。有一次险些做俘虏，然而他毫不畏惧。他的工作时间，完全依据病人的需要确定，只要病人需要他的时候，他就不顾一切疲劳及自己的生活——有时忘记了吃饭、洗脸，没有时间睡觉——跑到病人面前，耐心解决病人的问题。在前线常常走了很远的路，刚一到，碰到伤员需要手术，他就立刻准备一切，等到手术完毕后，才谈自己的生活。因为他是把病人的痛苦当作他自己的痛苦一样，刻不容缓地要解决它。"

吕正操回忆说："白求恩主张给伤员施行手术，要尽可能在当时当地来施行，只有这样才能减少死亡和缩短滞院时间。为了及时救治伤员，他总是把手术室设在离战场最近的地方。"

8.护理工作的道德要求

白求恩是著名的外科专家，但他对护理工作十分关注。他对护士不仅是言传，而且注重身教，用自己的实际行动影响护理人员。有一个秋夜，白求恩手提马灯去检查伤员的情况。刚走进病房就听到有人急切地呼唤护士。因护士有事到别的病房去了，白求恩便急忙答应着跑了过去。这个伤员是下肢负伤，面对白求恩不好意思说。白求恩摸了摸伤员下肢，明白了。转身从地下拿起便盆。不管伤员如何躲闪，白求恩还是把他抱了起来，将便盆放在他身子下面。伤员激动地流下了热泪。白求恩则说："对不起呀！同志，我们的护士少，没有及时帮助你，让你着急了。"

9.医学科研的道德要求

白求恩为了找到治疗肺结核的方法，主动要求在自己身体上做"人工气胸疗法"试验，两个月后取得了明显效果。后来，"人工气胸疗法"被广泛使用。有些人曾劝他放弃对攻克肺结核的研究，但他说："我已经三十七岁了，我要为人类做些重要的事，而且在我死之前要完成这一事业。"有位医生劝他不要轻易改弦易辙，他板着面孔说："亏你还是个医生，为什么缺少起码的道德？"

白求恩讲："一个科学的工作者，只有从实际出发，才能更好地发挥作用。"白求恩一生的科研成果没有哪一件不是来源于医疗实践，服务于医疗实践。在西班牙战场上，他创建了军队和医学上史无前例的"流动输血站"；在中国的抗日战场上，为医疗队携带药品器械的方便，他设计制作了取名为"卢沟桥"的药驮子，写下了《战地救护须知》《初步疗伤》《游击战中师野战医院的组织和技术》等医学著作。聂荣臻同志说："这是他一生最后心血的结晶，也是他给予我们每一个革命的卫生工作者和每一个指战员和伤员不可多得的高贵礼物。"

白求恩从事科学研究，有诚实严谨、一丝不苟的精神。一次，他和一位同事争论"假使肺里有血，X线下是否可以看得出来"，争论没有结果。为了取得科学的结论，白求恩不顾疼痛和危险，将血注进自己的肺部，进行观察和研究，实验结果结束了争论。同事们对白求恩这种尊重科学、诚实严谨的态度格外钦佩。

白求恩的科研得到社会的承认和赞誉，但他从来十分谦虚。他说："如果头衔不能造福人民，它还有什么用呢？对名利不能痴情，它像妓女一样，先是一步步地迷住你，然后再把你甩掉。"当他发明的"卢沟桥"药驮子受到中国医务人员和老百姓的赞扬时，他饶有风趣地说："不，这不是我的创造，我是从群众那里'偷'来的。是群众的粪驮子启发了我。向人民群众学习，拜人民群众为师，这就是我设计这种药驮子的关键所在。"

第三节　白求恩与节庆文化

多年来，我国对白求恩文化的归纳与整理研究，对白求恩精神、白求恩事迹的宣传与传承从未间断。时至今日，白求恩精神文化已经深入社会生活的各个层面中。甚至，一些关于白求恩的文化表现、文化符号和文化活动已经形成了常见且多样的节庆文化。这些节庆文化体现了中国人民对这位伟大的国际主义战士、加拿大著名胸外科专家——亨利·诺尔曼·白求恩最诚挚的谢意和最真挚的缅怀。

一、与白求恩相关的表彰活动与文化

全国各级医疗机构、医学单位均以白求恩为行业榜样，进行与白求恩相关的表彰活动是我国医疗卫生行业的一大特色。比较有代表性的是，以著名国际人道主义医生白求恩名字命名的"白求恩奖章""白求恩医学奖学金""白求恩精神奖""白求恩先进集体、白求恩式医务工作者"等。

（一）白求恩奖章

"白求恩奖章"是1991年公布的《全国卫生系统荣誉称号暂行规定》（原卫生部令第14号）设置的个人荣誉称号。它是为调动广大卫生工作人员的积极性和创造性，对卫生系统在社会主义现代化建设中做出突出贡献的集体和个人进行表彰，以推动卫生事业的发展而设置的，以卫生部的名义对全国卫生系统各级各类模范个人授予的最高行政奖励。

"白求恩奖章"的评选条件是坚持四项基本原则，拥护改革开放的方针政策，遵纪守法，全心全意地为人民服务，在本职工作中钻研业务技术，作出重大贡献，取得显著成效，在全国卫生系统有一定影响的优秀工作者。"白求恩奖章"的授予程序：一是白求恩奖章荣誉称号的产生，要广泛征求群众意见，并经所在单位领导集体讨论同意后向上一级推荐。县、区卫生局接到推荐书后进行初审，逐级申报。省、自治区、直辖市卫生厅（局）及省中医（药）管理局统一组织评选或分别组织评选，报卫生部审批。二是全国卫生系统各级各类卫生单位均在所在地参加评选。垂直领导的个别部委所属卫生单位，可由主管部门负责评审并统一报卫生部审批。三是卫生部成立全国卫生系统荣誉称号评审领导小组，由有关领导和专家组成，负责全国卫生系统评审表彰工作。荣誉称号评审领导小组下设办公室，负责评审表彰的日常工作。办公室设在卫生部人事司。四是白求恩奖章荣誉称号经全国卫生系统荣誉称号评审领导小组审定后，报经部办公会批准、授予。五是白求恩奖章荣誉称号根据实际情况，不定期组织评选。六是白求恩奖章荣誉称号实行限额评选。七是

白求恩奖章授予全心全意为病人服务，具有高尚的医德医风、精湛的医术，并在工作中有卓越贡献的医务人员。八是对生前有突出事迹或重大贡献的人员，可追授荣誉称号。"白求恩奖章"的表彰奖励实行以精神奖励和物质奖励相结合的原则，凡授予白求恩奖章荣誉称号，颁发荣誉证书和奖章并通报表彰，同时享受省、部级劳动模范待遇，由卫生部或委托地方及有关部委授奖。若有下列情形之一者，撤销白求恩奖章荣誉称号：（1）伪造事迹，骗取荣誉的；（2）违法犯罪被判刑者；（3）被劳动教养者；（4）受到行政开除留用察看以上处分者；（5）其他严重有损荣誉称号行为的。撤销白求恩奖章荣誉称号按授予称号的程序逐级报批。对被撤销白求恩奖章荣誉称号者，取消其相应待遇。

广大白求恩式医务工作者以实际行动培育和践行了"敬佑生命，救死扶伤，甘于奉献，大爱无疆"的崇高精神。截至目前，我国共产生67名"白求恩奖章"获得者，其中2012年及以前共产生48名白求恩奖章获得者，他们分别是1994年山西省长治市人民医院妇产科主任医师赵雪芳；1995年北京协和医院名誉院长方圻、河北省保定市第三医院胸外科主任耿士英、河南省洛阳正骨医院名誉院长郭维淮、青海省果洛藏族自治州卫生防疫站站长南忠；1996年北京医院名誉院长吴蔚然、上海医科大学附属华山医院手外科主任顾玉东、江苏省中医院主任医师徐景藩、湖南省汉寿县血防站主任医师邓威特、辽宁兴城市妇幼保健院院长由景瑶、江西医学院第一附属医院护理部主任刘炎玲；1999年新疆维吾尔自治区乌恰县人民医院院长吴登云；2000年北京天坛医院名誉院长王忠诚、湖北省十堰市东风汽车公司中心医院主任医师戴宗晴、云南省迪庆藏族自治州人民医院名誉院长杨公衍、甘肃省中医院主任医师、副院长沈为众、广州中医药大学首席教授李国桥；2003年北京积水潭医院手外科原主任韦加宁、中山大学附属第三医院传染科党支部书记邓练贤、广东省中医院急诊科护士长叶欣、山西省人民医院急诊科副主任梁世奎、广州市胸科医院ICU室主任陈洪光、武警北京总队医院内二科主治医师李晓红；2004年广州呼吸疾病研究所所长、中国工程院院士钟南山、天津市卫生防病中心主任王撷秀、长春中医学院附属医院终身教授任继学、复旦大学肝癌研究所所长、中国工程院院士汤钊猷、江西医学院第一附属医院院长易为民；2005年广东省第二人民医院血液科主任王玲；2006年原任北京军区总医院外一科主任华益慰、吉林省通化市人民医院儿科主任乔淑萍；2008年中国医学科学院阜外心血管病医院主任医师周宪梁、山西省临汾市永和县中医院院长王学诗、武汉大学中南医院主任医师桂希恩、中山大学中山眼科中心主任医师陈家祺、青海省湟源县人民医院院长王世康、新疆生产建设兵团农九师一六一团九连卫生室医师梅莲、海军总医院原副院长冯理达；2012年首都医科大学附属北京同仁医院主任医师魏文斌、复旦大学附属华山医院教授翁心华、江苏省中医院主任中医师夏桂成、浙江大学医学院附属第二医院院长王建安、安徽省阜阳市人民医院主任医师刘晓林、广州复大肿瘤医院院长徐克成、广西南宁市第四人民医院护士长杜丽群、云南怒江州福贡县石月亮乡拉马底村卫生室乡村医生邓前堆、甘肃省甘南州玛曲县人民医院主任医师王万青、中国食品药品检定研究院副院长王军志。

2017年8月，为表彰先进，弘扬正气，激发卫生计生系统广大干部职工的工作积极性和创造性，进一步推动卫生计生事业发展，人力资源社会保障部、国家卫生计生委、国家中医药局根据《关于评选全国卫生计生系统先进集体、先进工作者和劳动模范及"白求恩奖章"获得者的通知》（人社部函〔2017〕116号）精神，在各单位逐级推荐、层层把关、差额遴选的基础上，经全国卫生计生系统评选领导小组审议，评选表彰19名具有全心全意为人民服务的优秀品质和高尚的医德医风，对工作充满热忱，对技术精益求精，为卫生与健康事业作出长期不懈的努力并取得突出成绩，赢得社会尊敬，广受群众爱戴，堪称楷模的"白求恩奖章"获得者。他们是王焕云、尹贻明、光雪峰、刘大飞、刘建平、邱海波、张琪、张桂英、经翔、赵生秀、姚玉峰、贺星龙、贾立群、郭璐萍、黄国宁、常洪波、葛均波、詹红、谭晓琴。

（二）白求恩医学奖学金

"白求恩医学奖学金"是白求恩医科大学北京校友会于2006年设立，于2007年正式启动的助困激励型奖学金，旨在表达白求恩医科大学学子们对母校培养教育的感恩回报，希望母校能继续培养更多优秀的医学人才为社会做贡献，激励品学兼优、家庭贫困的大学生能够勤奋克己，精于学业，在德、智、体、美等方面得到全面发展，弘扬和传承白求恩精神，使白求恩精神在华夏大地发扬光大，使青年医学学子未来成为白求恩式医务工作者，造福社会，造福人类，设立了白求恩医学奖学金。11年间，"白求恩医学"奖学金每年度评选一次，白求恩公益基金会、白求恩医科大学北京校友会为母校学子共捐资41万元，奖励近290人次，奖金人数、额度逐年攀升。

《吉林大学"白求恩医学奖学金"评颁细则》明确规定了"白求恩医学奖学金"申请基本条件包括：一是申请人为吉林大学白求恩医学部全日制的在校本科生，二是具有坚定正确的政治方向，热爱祖国，热爱科学，遵守校规校纪和国家的法律法规，在学期间没受过纪律处分，三是学习勤奋刻苦，成绩优良，获得学年奖学金，四是科研态度严谨，水平突出，具有较强的科研能力和创新精神，五是家庭贫困，生活俭朴。此外，凡符合下列条件之一者可优先申请：一是在学期间获省及以上表彰或荣誉称号，二是所学课程成绩全部优秀，三是在省级及省级以上的各类比赛中荣获一等奖，四是在学期间获得具有较大实用价值的专利，五是在学期间获得省、部级及以上的科研成果奖，六是同等条件下，生活困难学生优先。

"白求恩医学奖学金"评审程序包括：一是学生本人提出申请，并提供学习成绩、思想政治表现情况、发表的论文及科研成果鉴定书等材料，并填写《吉林大学白求恩医学奖学金申请表》。二是学院组织审核，确定初选名单，名单确定后将有关材料及名单报至医学部学生工作办公室，由学工办组织评审，经白求恩医学奖学金评选小组批准后确定获奖者名单（白求恩医学奖学金评选小组成员由以下几方面组成：白求恩基金管理委员会代表2人，白求恩医学部领导2人，学生工作办公室2人，学生会2人，出资方代表1人）。三是获奖学生名单在校园网上向全校公示三天。在此期间如有未通过公示者，原则上不再补选。

"白求恩医学奖学金"评选应当注意：一是评选采取民主与集中相结合的原则，在综合测评办法的基础上，公开、公平、公正、民主评选。二是各院评选比例：白求恩医学奖学金原则上要照顾每个院，暂定各院上报人数为4人，特殊情况可以与评选小组协商。三是学校内设立的针对家庭经济困难学生的奖助学金（专门奖助学金及资助除外），学生每年只能享受其中一项，不能兼得。奖学金的发放原则上应按年度一次性发给学生本人，发放形式一般采取颁奖仪式和个别领取的形式。颁奖仪式可另行商议。获奖者如因违反校规、校纪而受到记过以上处分者，除取消当年度获奖资格外，将追回奖学金和荣誉证书。

2017年11月，吉林大学白求恩医学部根据《吉林大学"白求恩医学奖学金"评颁细则》要求，在医学部范围内评选表彰14名临床医学院本科生、7名公共卫生学院本科生、4名药学院本科生、3名护理学院本科生、2名口腔医学院本科生，共计30名学生成为吉林大学2017年度"白求恩医学"奖学金获得者。

以"白求恩医学奖学金"为代表的吉林大学白求恩医学部助困激励型奖学金制度的设立，不仅体现了奖学金制度"鼓励先进，鞭策后进"的功能，而且完善了吉林大学的帮困助学体系，有利于实现教育公平，使奖学金真正起到奖学金的作用。

（三）白求恩精神奖

陕西省的"白求恩精神奖"是陕西省全省卫生计生系统最高荣誉奖，设立此奖项旨在激励陕西省全省卫生计生系统工作人员继承和弘扬白求恩精神，进一步奋发进取，建功立业，全心全意为人民群众健康服务。

"白求恩精神奖"创立于1990年，2010年原省卫生厅党组经研究决定，将"白求恩精神奖"先进集体奖由设立时的6个增至12个，先进个人由12名增至18名，每两年颁发1次。期间，如涌现先进模范人物，选树重大先进典型，可随时决定授奖。仅1991至2010年期间，共有78个单位、143名个人被授予陕西省"白求恩精神奖"，高智、王云侠、朱翠芳、刘易、孟绍青、杨瑞辉、鲁有强等模范人物先后获得此荣誉。其中，王云侠被推选为中共十五大代表，杨瑞辉推选为党的十八大代表，全国优秀共产党员、全国劳动模范，朱翠芳、刘易、鲁有强受到国家卫生部、国家中医药管理局和省委表彰，朱翠芳、刘易被省委授予"人民的好医生"光荣称号。他们的模范事迹先后被《人民日报》《健康报》《陕西日报》等媒体刊登，引起很大反响。

该奖项的评选及荣誉获得者的事迹激励着陕西省全省医疗卫生人员更加坚定全身心投入医疗卫生事业的理想信念，为提高陕西省医疗质量和技术水平，推动陕西省全省医疗卫生事业改革发展，发挥了积极作用。

"白求恩精神奖"获得者先进事迹真实感人，是新时期卫生计生工作者的优秀代表，是全系统广大干部职工学习的榜样。习近平总书记指出，"现在有些人认为，向先进典型学习，往往学不到高深的知识学问，学不到赚钱的本事，学不到工作的能力，总之没什么好学的。这种话似乎有道理，却实在是没道理。向先进典型学习，可学者多矣！最关键的是要学精神、学品质、学方法"。①比如，学习刘永生同志，就要学习他坚定信念、甘于奉献的优秀品质，就是要学习他精益求精、勇于探索的优良作风，就是要学习他医者仁心、大爱无疆的职业情操。从医38年来，他以防病治病为天职，哪里有病情哪里就有他的身影，就是要学习他淡泊名利、扎根基层的精神追求。

（四）"白求恩先进集体、白求恩式医务工作者"评选

2016年8月，国家卫生计生委决定在全国卫生计生系统开展向先进典型学习的活动。向先进学习，就是要学习他们热爱祖国、不畏艰苦的崇高精神和爱岗敬业、甘于奉献的优良作风。向先进学习，就是要学习他们扎根基层、救死扶伤的高尚品德和心系群众、大爱无疆的真情担当。向先进学习，就是要学习他们勇于探索、永不懈怠的优秀品格和诚实守信、向上向善的无私情怀。

为深入贯彻落实《国家卫生计生委关于在全国卫生计生系统开展向先进典型学习的决定》（国卫宣传发〔2016〕28号）精神，吉林大学白求恩医学部开展"白求恩先进集体、白求恩式医务工作者"评选工作，在附属医院各科室、工作组、护理单元评选"白求恩先进集体"，在医疗一线岗位工作10年以上的医务人员中评选"白求恩式医务工作者"。

白求恩先进集体的评选条件是：高举中国特色社会主义伟大旗帜，坚持以马克思列宁主义、毛泽东思想、邓小平理论、"三个代表"重要思想、科学发展观、习近平新时代中国特色社会主义思想为指导，认真执行党的路线、方针、政策，模范遵守国家法律、法规。认真贯彻落实党中央、国务院关于深化医药卫生体制改革的重大决策和部署，及时研究解决改革与发展中的新情况、新问题，在推进改革中有新思路、新举措和新成效，作出突出贡献。模范遵守医疗行业规范，行风建设取得突出成绩，医德医风起到表率作用，科室内无医德考评不合格成员，无违反"九不准"情况发生。近5年内无医疗纠纷发生，目前无未解决医疗纠纷。科室凝聚力强，作风民主，团结和谐，密切联系群众；职工整体素质高，战斗力强，积极为人民群众提供优质服务，取得了突出的社会效益。各项规章制度健全，管理规范，纪律严明，近5年内本科室未发生违法违纪违规情况。

白求恩式医务工作者的评选条件是：积极践行社会主义核心价值观，模范遵守医疗行为规范，医德考评结果优秀，严格执行"九不准"各项要求。坚定理想信念。有崇高的人生信仰和职业追求，努力践行人道主义精神，立志为人民健康事业

---

① 习近平. 之江新语[M]. 杭州：浙江人民出版社，2013：218.

服务。遵守国家法律法规和行业及本单位规章制度，忠于职守，爱岗敬业。对患者极端热忱。坚持病患至上，热情周到服务；恪守职业道德，维护患者和服务对象权益；坚持廉洁行医，拒收"红包"、回扣；自我要求严格，群众威信高，是本单位医德医风模范。对技术精益求精。热爱学习，专业理论知识厚实；勇于创新，科研成果突出；刻苦钻研，实际操作技术过硬，是学科带头人或专业技术骨干。对工作极端负责。工作兢兢业业，吃苦耐劳，责任心强，模范作用好。完成任务出色，积极参加本单位组织的技术帮带和社会公益活动，在重大突发事件和承担急难险重任务中工作成绩突出，在本单位同行中名列前茅。

2016年12月，吉林大学白求恩医学部根据《关于开展"白求恩先进集体、白求恩式医务工作者"评选工作的通知》要求，经个人申请、集体申报、医院评议，评选表彰吉林大学白求恩第一医院神经内科、肝胆胰外一科、新生儿科、护理部，白求恩第二医院放疗科、眼底病科、急诊与重症医学科、关节外科，白求恩第三医院（中日联谊医院）手外科、甲状腺外科、心血管内科、核医学科，白求恩口腔医院口腔颌面外科护理组、急诊科，附属车城医院妇产科、心内科，附属吉林医院脑血管疾病诊治中心、妇产科疾病诊治中心等18个白求恩先进集体和第一医院郑杨、牛俊奇、傅耀文、所剑、赵刚、秦玲、张惠茅、邬巍，第二医院崔满华、金春顺、杨小玉、金珍婧、杨俊玲、张云峰、刘忠良、王旭东，第三医院马庆杰、王辉、朱冬冬、孙辉、李龙云、杨萍、南光贤、高宇飞，口腔医院魏秀峰、黄洋、刘红，附属车城医院李素菊、韩渝萍、孙丽敏，附属吉林医院李双斌、宫兵、袁凤娟等33名白求恩式医务工作者，旨在激励全体医务工作者向先进个人、先进集体学习，积极践行社会主义核心价值观，大力发扬"不畏艰苦、甘于奉献、救死扶伤、大爱无疆"的崇高精神，为卫生计生事业发展做出积极贡献。

二、与白求恩相关的纪念日、纪念活动与文化

（一）白求恩诞辰纪念、来华纪念和逝世纪念

亨利·诺尔曼·白求恩作为一名加拿大共产党员，带领由加拿大人和美国人组成的医疗队，不远万里来到中国，支援中国的抗日战争。1939年，在河北救治伤员时因手指感染细菌，医治无效，于河北唐县逝世。1939年12月21日，毛泽东同志发表《纪念白求恩》一文，高度赞扬白求恩"国际主义的精神"和"共产主义的精神"，"毫不利己、专门利人的精神"，"对工作的极端的负责任""对同志对人民的极端热忱"，"对工作精益求精"。毛泽东同志还指出，"现在大家纪念他，可见他的精神感人之深"[①]。白求恩同志对共产主义理想的坚定信仰，对医疗工作的执着热爱，对战友群众的温暖呵护不仅在革命年代深深地感动着中华儿女，即使在今天，中国人民对白求恩的伟大精神也依然无比崇敬。"白求恩的名字和他的精

---

① 毛泽东. 毛泽东选集（第二卷）[M]. 北京：人民出版社，2008：660.

神影响了一代又一代中国人，可谓家喻户晓、有口皆碑。2009年'中国缘·十大国际友人'网络评选中，白求恩以高出第二名60万张选票的绝对优势荣居榜首；2010年更成为'感动中国的外国友人'第一名；2015年我们隆重纪念抗日战争胜利70周年，许多地方和行业再度形成'白求恩热[①]。"2017年3月5日，全国人大代表戴旭光向第十二届全国人大第五次会议提出议案，建议将白求恩逝世日设立为"白求恩纪念日"。可见，人们怀念和弘扬白求恩的精神，不单单是弘扬白求恩医生个人的精神，也是弘扬我军我党的宝贵精神，更是弘扬中华民族的特色精神，学习这种精神，践行这种精神，有助于凝聚清风正气，为实现中华民族伟大复兴发挥重要作用。

（二）纪念白求恩的建筑

1.白求恩墓

白求恩于1939年11月12日在河北唐县去世后，我交通站历经五天将其遗体转移到余家寨，于17日夜悄悄将棺木葬于村南狼山沟口。1940年1月4日，白求恩的棺木从初葬地起出，被抬至唐县军城南关的古阅兵场，于1月5日下午召开追悼大会后，被安葬在南关古阅兵场西北角的高坡上。1940年2月，晋察冀边区决定在南关古阅兵场中心修建规模宏大的陵墓，以此纪念白求恩同志。直至6月，白求恩墓终于竣工，即位于新中国成立后定名的晋察冀烈士陵园内。1952年11月16日，河北省政府批准白求恩灵柩第三次迁葬。1953年3月17日，白求恩的灵柩被安置在石家庄华北军区烈士陵园。

今天，我们进入石家庄华北军区烈士陵园内西侧，会看到花岗石墓基，半圆形墓顶，汉白玉墓碑，刻有"白求恩大夫之墓"，两侧长廊陈列着白求恩革命活动的照片。"白求恩墓地从结构上分为三层，地下是砖券，整个地面上呈现的是五角星的形状，象征的是反法西斯的胜利，而墓基就位于五角星的正中央，白求恩墓的顶上立有一个地球的模型，以此来代表他的国际主义精神，十分具有意义。"[②]白求恩墓体底座的北侧刻有中英两种文字的白求恩生平，南侧刻着毛泽东同志《纪念白求恩》第一段中的文字："一个外国人，毫无利己的动机，把中国人民的解放事业当作他自己的事业，这是什么精神？这是国际主义的精神，这是共产主义的精神，每一个中国共产党员都要学习这种精神。"白求恩墓前广场立有白求恩全身塑像，创作者为雕塑家司徒杰。

据陵园工作人员介绍，多年来，除了当地群众，一些国际人士也多次前来祭扫。1972年8月，加拿大外交部长夏普访华，曾专程参谒白求恩墓，并参观白求恩纪念馆。1979年，白求恩逝世四十周年之际，加拿大政府代表团在白求恩陵墓前举行了纪念活动。2007年4月1日，加拿大前总督伍冰枝夫妇参谒白求恩陵墓，并敬献

---

① 李深清. 关于设立白求恩国家纪念日的建议[OL]. http://www.chinanews.com/df/2015/05-22/7293826.shtml.

② 白求恩墓地在什么地方[OL]. https://www.tookee.net/more/95693.html.

花圈。①

白求恩墓表达了中国人民对这位毫无利己动机的外国友人无私支持中国抗日民族解放战争的谢意和敬意，白求恩精神将代代相传。

2.白求恩纪念馆

为了缅怀和纪念国际主义战士白求恩和柯棣华，唐县人民修建了白求恩柯棣华纪念馆。

唐县白求恩柯棣华纪念馆始建于1971年。1985年，经河北省人民政府批准，馆址北迁，另建新馆，新馆由胡耀邦同志亲笔题名。1986年11月新馆落成，同年，与加拿大白求恩纪念馆结为姊妹馆。

纪念馆坐落在县城以北两公里的钟鸣山下，占地面积45959平方米，建筑面积2300平方米。主体建筑有"白求恩纪念馆""柯棣华纪念馆"和"纪念堂"。整个建筑气势宏伟，造型精美，为中国传统民族风格。

建馆以来，来访的党和国家领导人有胡耀邦、王鹤寿、刘澜涛、杨成武、吕正操、温家宝等；有来自加拿大、印度、日本、新西兰等十多个国家的国际友人。1997年纪念馆被省委省政府命名为河北省爱国主义教育基地；同年6月，被中宣部命名为全国爱国主义教育示范基地。②

白求恩纪念馆和柯棣华纪念馆各位于纪念馆西、东两侧，由中央的八角形带宝顶的纪念堂连接。

白求恩纪念馆展出180幅图片，陈列145个物件。分为"坎坷的青少年时代""投身国际反法西斯前线""奔赴中国抗日战场""战斗在晋察冀边区""永久的纪念""不灭的光辉"6个主题，展现了白求恩伟大的一生和人民对他的纪念。③

纪念馆除了做好接待参观、来访的工作，同时积极发挥纪念馆的爱国主义教育功能，开展了很多活动。1995年作为主办单位之一，在北京军事博物馆，举办了《白求恩事迹暨书画展》；和当地驻军共同举办《军民共铸爱国魂》活动；与北京、天津、保定等城市的医疗单位建立了广泛的联系，到他们那里进行白求恩事迹讲演；并成为20多所大、中、小学的德育基地；协助有关部门编写、整理、出版了《白求恩在唐县》《柯棣华在唐县》两部专著；协助河北电视台拍摄了《不灭的光辉》《第二个白求恩——柯棣华》两部专题片；协助中国电影协会、保定电视台拍摄专题片《世纪回响》。该馆编写的《伟大的国际主义战士》《唐县白求恩柯棣华纪念馆》两本爱国主义教育基地资料丛书，已分别由中国大百科全书出版社和河北人民出版社出版发行。④

① 白求恩、柯棣华等知名人士一直被中国民众缅怀[OL]. http://www.xinhuanet.com/politics/2015-04/05/c_1114876328.html.

② 唐县白求恩柯棣华纪念馆简介。

③ 王守刚，韩中华，冯海啸. 白求恩柯棣华纪念馆国际战士绽放生命之花[N]. 张家口晚报，2015-08-20.

④ 白求恩柯棣华纪念馆的教育意义[OL]. http://zhuanti.hebnews.cn/20150729/content_4934073.html.

白求恩纪念馆通过事迹介绍、藏品展览和特色活动，使参与者在一种精心营造的连接过去和现在的氛围、场所、空间中，能够得到情感的认同、情操的陶冶和精神的共鸣，使白求恩精神被一代又一代人铭记、发扬和传承，永远激励着人们追求坚定的理想、伟大的精神和高尚的情操。

（三）纪念白求恩的活动

1.纪念文章和口述

白求恩去世后，毛泽东同志很悲痛，为了悼念这位国际主义和共产主义的战士，写了一篇文章《纪念白求恩》，于1939年12月21日发表，并号召"每一个共产党员，一定要学习白求恩同志的这种真正共产主义者的精神"。[①]白求恩的名字也因此被中国人民所熟知。同一时期，聂荣臻同志在晋察冀军区报纸《抗战三日刊》上发表《纪念白求恩同志》。在白求恩逝世三周年之时，朱德同志在《解放日报》发表文章《纪念白求恩同志》。除了一些领导同志的纪念文章外，还有在白求恩身边工作过的人们的回忆文章和口述，如《伟大的国际主义战士白求恩》《跟随白求恩大夫两年》和《我所见到的白求恩同志》都具有重要的研究价值。

2.艺术形式的纪念活动

中国当代著名作家周而复，在白求恩逝世5周年的时候，发表长篇文章《诺尔曼·白求恩断片》，记叙了白求恩在晋察冀边区的工作和生活，是"最早、最全面地反映白求恩在中国的工作和生活的详细资料的记载"。[②]1946年12月，周而复在报告文学基础上创作了长篇小说《白求恩大夫》，影响较大。此外，有关白求恩的连环画也颇为有名。辽宁人民出版社出版的连环画，在2009年荣获"新中国60年中国最具影响力的600本书"之一。为纪念白求恩逝世40周年，人民出版社出版《纪念白求恩》一书，饱含了中国和外国友人对白求恩的怀念之情。还有详细再现白求恩最后生命历程的《白求恩在唐县》。2015年，为纪念中国人民抗日战争暨世界反法西斯战争胜利70周年，白求恩逝世76周年，由中国白求恩精神研究会组织，马国庆撰写《白求恩援华抗战的674个日夜》，诉说那些感人又不平凡的故事。

在传统视觉艺术方面，吴印咸和沙飞的经典照片作品、司徒杰的白求恩雕塑最为有名。白求恩纪念馆组织编辑了《白求恩纪念馆美术作品集锦》。2009年，"纪念白求恩逝世70周年"摄影展在平遥展出。2014年，纪念白求恩逝世75周年，由石家庄白求恩国际和平医院与当地媒体发起"纪念白求恩书画展"活动，并在白求恩纪念馆展出，获得社会各界积极支持和响应。同年，中国、西班牙和加拿大同时举办纪念白求恩摄影展，弘扬了白求恩精神，又为中国人民与西班牙人民、加拿大人民的友好联系搭建了桥梁。2015年，为纪念白求恩125周年诞辰，中国人民解放军白求恩医务士官学校和加拿大白求恩纪念馆联合举办活动，纪念白求恩的书画摄影展

---

① 毛泽东.毛泽东选集（第二卷）[M].北京：人民出版社，2008：660.

② 齐丽.从政治宣传到学术研究——我国白求恩研究七十年概况[J].上饶师范学院学报，2010（4）：29-34.

在该校展出，通过书法、绘画、摄影作品，展现白求恩的精神。

在影视艺术方面，20世纪60年代拍摄了反映白求恩精神的电影《白求恩大夫》。中、加合作拍摄电影或电视剧。2006年，杨阳执导的《诺尔曼·白求恩》在央视播出，获得观众的好评和认可，新华网点评，"一个立体、丰满的白求恩被呈现在观众面前——使观众走进了白求恩的精神世界，深入了他的内心"。2017年11月24日，围绕纪念和弘扬"白求恩精神"为主题的两部电影《白求恩在冀中》《大爱无国界》（暂定名）筹备创作座谈会在京召开。与会专家认为两部电影"是在新时代里用和平与大爱，彰显中国的国际主义精神的体现"①，是白求恩精神在新时代的继承和发扬。

3.医疗卫生行业的纪念活动

（1）确定"学习白求恩日"。2008年11月11日，由卫生部文明办、中国卫生思想政治工作促进会主办，在北京人民大会堂举行了"纪念白求恩、柯棣华来华70周年大会暨首届白求恩精神论坛"。在此次论坛上，原卫生部党组书记高强以"弘扬白求恩精神，为人民健康服务"为主题发表重要讲话，要求全国卫生界各级领导在实践中要深入、有效、持久地开展弘扬白求恩精神的活动，使白求恩精神更好地传承下去。

为落实会议精神，进一步弘扬白求恩精神，为人民健康服务，中国卫生思想工作促进会、白求恩基金管理委员会特向全国医疗卫生工作者倡议，将白求恩牺牲的日子（每年的11月12日）确定为"学习白求恩日"。在这个特定的日子里，我们将组织实施"白求恩爱心工程"，开展"白求恩专家义诊团""白求恩健康图书赠送"等活动，走进那些最需要医疗卫生关怀的地区和人群，为他们送去健康知识和医疗援助。倡议确定"学习白求恩日"，是为了进一步号召全国医疗卫生工作者深入开展学习白求恩、柯棣华活动，弘扬白求恩精神，牢固树立白求恩精神这一医务人员人生的最高追求，为重塑和谐医患关系，建设和谐社会做出积极贡献。②

（2）重走白求恩之路活动。2014年10月12日，白求恩国际和平医院医务人员和加拿大白求恩纪念协会医疗专家、白求恩亲属等68人组成中加"白求恩医疗队"。"他们沿着当年白求恩工作和战斗过的足迹，为老区群众送医送药，实地感受和传承白求恩精神。"③2015年7月10日，为纪念中国人民抗日战争暨反法西斯战争胜利70周年，白求恩逝世76周年，中加再次携手重走白求恩之路。

由白求恩精神研究会、加拿大白求恩医师联盟和北京电视台主办，北京麦瑞骨科医院、北京玛丽妇婴医院承办的"重走白求恩之路"正式启动，中方和加拿大

① 赵婧. 影片《白求恩在冀中》创作座谈会举行[OL]. http://culture.gmw.cn/2017-11/24/content_26893683.html.
② 卫生思想工作促进会确定11月12日为学习白求恩日[OL]. http://wangleyang.blog.sohu.com/104188742.html.
③ 陈辉, 陈江文, 刘会宾. 让"白求恩精神"漂洋过海——记白求恩国际和平医院"白求恩医疗队"[OL]. http://www.xinhuanet.com/mil/2015-01/20/c_127403962.html.

医务工作者和大学生组建了志愿医疗队，"重走白求恩之路"弘扬白求恩精神更具有现实针对性。旨在动员大学生积极参加社会公益活动，传承弘扬白求恩"毫不利己、专门利人""对工作极端负责、对人民极端热忱、对技术精益求精"的精神，赋予白求恩精神新的时代特征，为广大老百姓服务好。①

2017年7月15日，吉林大学第二医院白求恩志愿者医疗队赴河北唐县老区开展义诊活动，此次活动是以"继承老白校传统，弘扬白求恩精神"，重走白求恩路为主题，前往河北省唐县和顺平县，为老区人民开展医疗志愿服务。通过探寻白求恩的足迹，学习、领会和继承白求恩的精神，以提高医术和医德，在日后的工作中自觉践行白求恩的精神，让白求恩精神在新时代绽放光彩。

（3）纪念白求恩座谈会。2004年12月21日，中宣部等五部门在北京举行纪念白求恩逝世暨《纪念白求恩》发表65周年座谈会，"缅怀白求恩同志的崇高品德，重温毛主席发表《纪念白求恩》的重大意义，动员全国医疗卫生系统积极行动起来，以实际行动纪念白求恩，学习白求恩，弘扬白求恩精神，做白求恩式的医务工作者，忠诚地服务于人民的医疗卫生事业"。②2018年1月27日，纪念白求恩援华抗战80周年，"走进英雄世界，重温英雄梦想"座谈会在北京召开。白求恩精神研究会、白求恩公益基金会、白求恩医科大学北京校友会共同主办了此次座谈会。"为隆重纪念伟大的国际主义战士白求恩援华抗战80周年，深切缅怀白求恩为中华民族解放战争做出的杰出贡献，在全社会大力弘扬白求恩无私利人的伟大精神，共同推进新时代社会主义核心价值观建设。"③同时也为2019年举行"纪念白求恩逝世80周年和毛泽东《纪念白求恩》发表80周年"活动奠定了好的基础。

寻访白求恩式好医生。2016年7月30日，纪念白求恩奖章评选表彰活动开展25周年暨寻访"白求恩式好医生"大型公益活动，在山西省长治市人民医院隆重举行。通过举办这种活动，能更好地促进奋战在医疗卫生战线上的广大医务工作者积极践行白求恩精神，争做当代白求恩式的好医生，提高业务水平，提升职业道德，更好地为群众健康服务。

三、与白求恩相关的主要活动机构与研究文化

（一）主要活动机构

1.白求恩公益基金会

白求恩公益基金会于2015年9月由国家民政部批准成立，是具有独立法人资质的非公募基金会。英文译名为："Bethune Charitable Foundation"。白求恩公益基金

---

① 白剑锋. 传承白求恩精神"重走白求恩之路"正式启动[OL]. http://people.com.cn/GB/shizheng/1027/3070541.html.
② 中宣部等五部门举行座谈会纪念白求恩逝世暨《纪念白求恩》发表65周年[OL]. http://people.com.cn/GB/shizheng/1027/3074541.html.
③ 纪念白求恩援华抗战80周年座谈会在京举行[OL]. http://bqejjh.org.cn/news-detail.asp?id=1636.

会是民政部批准成立、主管的行业基金会。为践行白求恩精神，将中国人民和医务界最宝贵的精神财富世代传承，基金会携手国内外一切受白求恩精神感召的医学界专家、学者，以及社会爱心人士，构建白求恩公益平台，为建设、完善、促进我国慈善事业蓬勃发展而努力奋斗。白求恩基金会面向广大群众，特别是基层群众传播和普及医药卫生、健康教育与健康管理的相关知识，组织专家学者进行医疗健康读物的编写出版、远程教育等相关活动，进而完善专家对基层医生、对患者的教育，在构建和谐社会、和谐医患关系方面竭尽全力。它支持贫困地区人民的医疗卫生事业，改善就医环境和条件，救助贫困危重病人，提供优质、便捷、平价的医疗服务。白求恩基金会资助并组织国内医学专家亲临农村、基层医院进行专业指导、培训和义诊，提升医务工作者的品德、情操和医疗服务水平，推动强基层、重预防的分层分级医疗保健体系建设。它凝聚了海内外白求恩学子与国际友好团体以及国内外企业、人士，进行跨国界的人才培训、学术交流、健康咨询、专业会展等各种合作项目，使白求恩的国际主义和救死扶伤的人道主义精神更加发扬光大。基金会接受爱心企业捐赠，利用自身团队力量，监督并执行符合公益精神的各种捐赠项目，让更多患者受益，捐赠资助符合本基金会宗旨的相关公益慈善活动。

白求恩公益基金会继承和弘扬国际主义战士白求恩的伟大风范和高尚情操，以人道、责任、传承为宗旨，在医疗健康领域构建公益慈善平台，广泛开展帮扶弱势群体、宣传普及健康知识等爱心公益项目，为国家和政府分忧解难，为发展、完善我国社会救助机制而努力。

2.白求恩精神研究会

又称"白研会"。白求恩精神研究会是由从事白求恩精神研究的卫生系统及相关单位和个人自愿组成的全国性、学术性、非营利性社会团体。其宗旨是坚持以马克思列宁主义、毛泽东思想、邓小平理论和"三个代表"重要思想、科学发展观、习近平新时代中国特色社会主义思想为指导，遵守宪法、法律、法规和国家政策，遵守社会道德风尚，紧紧围绕党的中心工作和医疗卫生工作改革发展实际，广泛开展学习白求恩、弘扬白求恩精神的活动，为建设社会主义核心价值体系、建设社会主义精神文明、建设良好医学人文环境和医德医风环境、提高医疗服务质量做贡献。

白求恩精神研究会成立后，力图大力弘扬白求恩精神，推进社会主义核心价值体系建设。让白求恩无私利人的共产主义精神，精益求精的科学精神深入人心，为培育践行社会主义核心价值观做出贡献。大力弘扬了白求恩精神，推进社会公德和职业道德建设。要宣传更多的先进典型，为引领社会风尚、促进社会发展发挥更大的作用。要大力弘扬白求恩精神，提升中华文化的国际影响力。

2014年3月，习主席访问刚果期间，提炼总结出"不畏艰苦，甘于奉献，救死扶伤，大爱无疆"的中国医疗队精神，这一概括，闪烁着白求恩精神的光芒，彰显了中华文化的博大胸怀。希望通过医护人员的工作，让世界了解中国，了解中国白衣战士的人道主义精神和大爱情怀，向世界展示中国卫生事业的进步。

3. 白求恩志愿者协会

2010年12月4日，由吉大一院、吉林省慈善总会、吉林省生命关怀协会在长春举办"纪念国际志愿者日暨白求恩志愿者协会成立仪式"和开展"医务志愿服务进千所医院万家社区"主题系列活动，白求恩志愿者协会同时宣布成立。

白求恩志愿者协会开展了多种形式医疗志愿活动，全面推进白求恩精神传承工作。以"救死扶伤、服务社会"为己任，在非典疫情、汶川地震、玉树地震、雅安地震、吉林省2010年特大洪水以及省内交通安全事故等应急事件中，都第一时间派出白求恩志愿医疗队。志愿者们面对灾难挺身而出，与灾区同胞一同面对、共渡难关。协会志愿者、校中日联谊医院骨科主任朱庆三教授在2008年全国抗震救灾总结表彰大会上被评为全国抗震救灾模范个人。白求恩志愿者协会青年讲师团由上千名青年医生组成，常年由专业教师带队，到城市社区和医疗水平落后的乡村开展医疗专业知识社会调查、重大疫情防治、慢性病预防知识普及、医疗药品资助等活动。同时结合专业特点，以"国际护士节宣誓""白求恩逝世纪念日主题活动""医德医风知识教育大赛"等活动为载体，不断强化培养医学部学生的白求恩志愿精神。

白求恩志愿者协会完善了医疗志愿服务制度，发挥白求恩志愿精神在思想引领中的育人作用。吉林大学医学部自2010年开始将在职工作人员参与工作日外的志愿服务工作时数及效果作为业绩考核的重要部分，各医学院按照《形势与政策》课程实践成绩评比标准，为参与白求恩志愿者活动的同学评定课程实践部分成绩，形成医学部全体学生人人参与志愿活动的良好育人氛围，从制度上保证了志愿服务活动与医院的服务社会工作、医学院的教书育人及科研工作紧密结合。协会抓住暑期社会实践活动给我校医学生提供的专业实习机遇，将白求恩精神体系育人工作制度化、经常化。在我国革命老区，省内外地震、洪灾的重灾区，白求恩同志曾经奋斗和生活的地方建立社会实践基地200余处，派出志愿者3000余人次，开展支医、支农、支教系列帮扶活动，形成了弘扬白求恩精神，践行社会主义核心价值观的良好氛围。

白求恩志愿者协会创新医疗志愿服务形式，突出服务社会的针对性。在做好传统医疗志愿服务的同时，根据时代发展、社会需求拓展志愿服务活动。重点打造了集导诊、分诊、陪检、康复看护为一体的"蓝、红马甲志愿服务队"，有效缓解了医患矛盾。白求恩宁养志愿服务队从2008年开始至今派出志愿者12000余次，帮扶患者2253人。在志愿服务工作中涌现出许多感人事例，"全国宁养义工标兵"李培轩坚持为贫困癌症晚期患者进行陪护和心理辅导，吉林省志愿服务标兵张淑艳因为在成长的过程中得到过我校志愿者的帮助，立志要将爱传递给所有需要的人，倡议身边同学共同帮扶孤残儿童，并在听闻李培轩的事迹之后，主动联系加入白求恩宁养义工团队，在李培轩毕业后带领着宁养义工团队一直帮扶癌症晚期患者。协会志愿者还坚持利用新媒体进行医疗帮扶，利用网络平台针对医疗水平落后的地区开展"乡村医疗救护指导""网络会诊""电视医疗常识讲座"等活动，借助现代传播手段将白求恩专业医疗带到更多需要的地方。

（二）白求恩精神研究活动

毛泽东在《纪念白求恩》中所说："一个外国人毫无利己地把中国人民的解放事业当作他自己的事业，这是什么精神？这是国际主义精神，这是共产主义精神。"白求恩精神是与我国传统医德的结合与升华。弘扬白求恩尽忠职守、救死扶伤的精神是深化医疗改革，加强医德医风建设，构建和谐的医患关系的动力支持。白求恩不仅精通医术，更谙熟医道，他悬壶济世，具备了医生的仁爱之心。这是广大医疗工作者需要学习和必备的品质，是协调和约束一个医疗工作者的价值观，使每个医疗工作者都能用仁爱来对待患者，用信任和理解来构建良好的医患关系，使建设廉洁医院，引导医院公益化，做到一切为了病人，自觉从每位患者出发，服务于人民利益的需要。

总体来讲，对于白求恩精神的研究经历了从政治宣传到学术研究的过程。自白求恩去世到1950年，这段时期以宣传白求恩的崇高思想为主。1960年起，描绘白求恩生平和精神的电影和连环画陆续问世，宣传白求恩进入一个高潮时期。白求恩精神诞生于战争年代，践行于救死扶伤的烽火前线，更发扬于和平建设时期。自1963年以来，我国先后向亚洲、非洲、拉丁美洲、欧洲和大洋洲的67个国家和地区派出援外医疗人员约2.4万人次，累计诊治患者约2.7亿人次，为受援国培训了大批医务人员，留下了一支"不走的中国医疗队"，得到了受援国人民的充分信任和普遍赞扬，促进了受援国医疗卫生事业发展和人民健康水平提高。自20世纪70年代末期以来，有关白求恩的宣传逐渐开始向学术研究发展。进入1980年以来，白求恩研究呈现出许多新特色，新资料、新观点和新方法的注入，使白求恩研究越来越向学术研究的纵深发展。

1997年6月原国家卫生部党组批准成立了中国白求恩精神研究会，白研会紧紧围绕党的中心工作和医疗卫生工作改革发展实际，广泛开展学习白求恩、弘扬白求恩精神的活动，组织开展公益事业，为建设社会主义核心价值体系，建设社会主义精神文明，建设良好医学人文环境和医德医风环境，提高医疗服务质量做出了积极贡献。白求恩精神研究会积极探索新时期弘扬白求恩精神的途径、方法；通过深入调研，宣扬了一批弘扬践行白求恩精神的先进典型；通过开展国际合作交流，扩大了白求恩的国际影响力；积极组织开展公益活动，高标准办好会刊、通讯和网站等，做了大量卓有成效的工作。十几年来，中国白求恩精神研究会在研究、弘扬白求恩精神方面积极开展工作，取得了可喜成果，在中国职工思想政治工作研究会第十次年会上荣获"政研会工作奖"。编辑出版了《白求恩精神永放光芒》《白求恩精神赞》《白求恩言论摘录》《风范长存》《精神永驻》《时代在呼唤》《一切为了人民健康》等文集和会刊《白求恩精神研究》，并协助出版了《钱信忠文集》等专著。

践行和弘扬"不畏艰苦、甘于奉献、救死扶伤、大爱无疆"的精神，是对白求恩精神的继承与发扬。不畏艰苦、甘于奉献的优良传统，救死扶伤的人道主义精神以及大爱无疆的国际主义精神，在抗击非典、汶川地震、尼泊尔地震等医疗卫生行动中得到了集中体现。2014年西非埃博拉出血热疫情发生之后，中国先后组织1000余名医务人员组成5批援非抗击埃博拉医疗队奔赴西非抗疫前线，累计进行病毒检测5000余份，留观收治患者上千余例，培训当地医疗人员、社区防控骨干等1.3万余人。中国援外医疗队的奉献精神、严谨态度和精湛医术让世界看到了中国的大国担当，感受到了中国白衣战士的国际主义精神和大爱情怀，是新时期白求恩精神的传承与弘扬。

践行和弘扬"不畏艰苦、甘于奉献、救死扶伤、大爱无疆"的精神，是白求恩精神在推进卫生计生工作建设中的具体要求和集中体现。当前，在推进医改、加强医德医风建设方面出现很多新情况、新问题，但白求恩精神所倡导的全心全意为人民健康事业服务的方向必须坚持，对待伤病员热忱、负责的职业道德必须坚守，精益求精、不断创新的科学精神必须弘扬，救死扶伤、敬畏生命的底线不能突破，毫不利己、专门利人的共产主义精神必须肯定。这样，我们的医改才能坚持科学的方向，卫生计生队伍才会让群众满意，卫生计生事业才能与时俱进、继续发展。

四、与白求恩相关的主要医疗机构与医学单位

（一）吉林大学白求恩医学部

白求恩医学部的前身系白求恩医科大学，曾经有着悠久的办学历史和光荣的革命传统。学部管理基础医学院、公共卫生学院、药学院、护理学院、临床医学院5个学院，管理白求恩第一医院、白求恩第二医院、白求恩第三医院（中日联谊医院）、白求恩口腔医院4所附属医院，以及1个再生医学科学研究所。

1938年1月，白求恩来到晋察冀边区后，为解决医疗队医务人员匮乏的状况，多次向聂荣臻司令员建议创办一所卫生学校。1939年9月18日，经过紧张筹建，中国国民革命军第十八集团军晋察冀边区卫生学校成立，江一真任校长。学校成立前后，白求恩编写了教学大纲和9种教材，并经常为学员授课，手把手地传帮带。白求恩同志牺牲后，中国国民革命军第十八集团军晋察冀边区党委做出决定并于1940年2月16日举行大会，宣布学校更名为白求恩学校。1946年1月，更名为白求恩医科学校，校长张文奇。1946年6月，更名为白求恩医科大学，校长殷希彭。1948年，白求恩医科大学与北方大学医学院合并，升格为华北医科大学。1950年7月，更名为中国人民解放军天津军医大学，校长周泽昭，隶属中国人民解放军原总后勤部。1951年7月，更名为中国人民解放军第一军医大学，隶属人民革命军事委员会原总后勤部。1954年9月，奉命迁往长春，合并第三军医大学，仍称第一军医大学，隶属中国人民解放军

原总后勤部。1958年7月，集体转业，更名为长春医学院，院长王恩厚，隶属中华人民共和国卫生部，为卫生部直属的11所重点院校之一。1959年6月，更名为吉林医科大学，1978年3月，复名为白求恩医科大学，校长贺云卿，仍为卫生部直属的11所重点院校之一。2000年与原吉林大学、吉林工业大学、长春科技大学、长春邮电学院合并成为新的吉林大学，隶属中华人民共和国教育部。2003年，原白求恩医科大学各院系组成吉林大学白求恩医学部，2007年成立了白求恩医学院，增加了其对3个附属医院教学、学生管理等工作的统筹和协调职能。2012年，赋予白求恩医学部实质性的管理职能，由具有医学背景的副校长兼任白求恩医学部学部长，分管医学教育工作。

白求恩医学部依托综合性大学优势，继承和发扬白求恩优良传统，着力加强人才培养、科学研究、学科建设和师资队伍建设，提高医疗服务质量和水平。

（二）白求恩医务士官学校

白求恩医务士官学校，地处河北省会石家庄，是一所在抗日烽火中诞生、解放硝烟中成长、急难险重任务中壮大的英雄院校，也是我国唯一以人名命名的军校，前身是晋察冀军区卫生学校。

1939年9月18日，晋察冀军区卫生学校在河北省唐县牛眼沟村正式成立。军区任命江一真为校长，殷希彭为教务主任。与此同时，由军区后方医院第一休养所组建的特种外科医院，被确定为其附属医院，负责该校学员的教学实习任务。

白求恩为筹建军区卫生学校倾注了全部心血，早在1939年7月，他就总结撰写出《游击战中师野战医院的组织和技术》一书，作为卫生学校的教材。这部专著长达14万字，附有119幅图画，总结了从模范医院到特种外科医院开始的管理、救护经验，不仅对晋察冀军区卫生工作起到了重大指导作用，而且也对整个敌后根据地的卫勤建设产生了重大影响。

白求恩和卫生学校的教员一边负责学员的带教实习，一边指导医疗救护工作。1939年11月，日军向我边区进行冬季大扫荡，卫生学校参加了反扫荡斗争，与敌人周旋于平西、北岳地区。同年12月底反扫荡结束后，学校迁驻唐县张合庄。

1939年11月12日，白求恩不幸以身殉职，为了纪念他为学校创建做出的特殊贡献，1940年，学校更名为"白求恩学校"。1964年，编为原北京军区后勤部卫生学校；1969年，命名为原北京军区军医学校；1993年，更名为石家庄医学高等专科学校（对外称白求恩医学高等专科学校）；1999年5月，更名为白求恩军医学院；2004年9月，改建为第四军医大学白求恩军医学院；2005年白求恩军医学院撤销，并入第四军医大学，改建为第四军医大学（白求恩军医学院）；2011年第四军医大学（白求恩军医学院）改建为白求恩医务士官学校。

创建70余年来，在党和国家的支持和关怀下，在一代代白求恩传人的执着追求下，秉承"弘扬白求恩精神，争做白求恩传人"的校训，为部队培养"信得过、用得上、留得住"的合格卫生人才而不懈努力。建校迄今，已培养4万余名医务技术人才。学院始终坚持用白求恩精神建校育人，坚持为基层部队服务的办学方向，形成了既不同于地方医学院校，又有别于军医大学的办学特色。

（三）中国人民解放军白求恩国际和平医院

中国人民解放军白求恩国际和平医院，位于河北省石家庄市，成立于1937年11月7日，前身是晋察冀军区后方医院，1940年1月为了纪念白求恩同志，医院命名为白求恩国际和平医院，印度援华医疗队柯棣华大夫担任医院首任院长。白求恩国际和平医院是伴随着我们党和国家医疗卫生事业的发展历程成长起来的。

1934年10月，第五次反围剿失败，中央红军开始了两万五千里长征，在红军长征的队伍中，有来自江西、四川等地的刘小康、林金亮和廖明亮、谢锐利、马易时、董兴谱等12名红军医务人员，成为后来成立晋察冀军区后方医院的主力。

1937年9月，平型关战役胜利后，聂荣臻率115师一部以五台山为中心，创建了晋察冀抗日根据地。在平型关战斗中负伤的120名伤员，也被转移到根据地。为了使伤员得到及时有效的治疗，1937年10月，上级决定成立耿镇医务所。耿镇医务所，是当时晋察冀抗日根据地唯一的医疗卫生建制单位，为一个月后晋察冀军区后方医院的建立积累了宝贵经验。

1937年11月7日，在耿镇医务所的基础上，晋察冀军区后方医院宣告成立。军区任命廖明亮为院长，刘小康为政委，林金亮为医务科长。在抗战初期极其艰难的条件下，晋察冀军区后方医院的成立，标志着晋察冀抗日根据地的卫勤建设进入了一个新的发展阶段。

1937年，中国抗日战争爆发，为了支援中国人民反抗日本法西斯的侵略，白求恩被派遣来到中国。1938年6月17日到达晋察冀军区，聂荣臻司令员聘任他为军区卫生顾问。到达军区后的第二天，就赶往后方医院。从此，这个医院的建设和发展，就紧紧地和白求恩的名字连在一起。

白求恩在后方医院紧张工作近两个月时间中，他认为应该建立一个较"正规"的医院，作为"榜样"。他彻夜制订了一个创建"模范医院"的计划，呈聂荣臻司令员，并得到批准。1938年9月15日，"模范医院"开幕典礼大会在山西省五台县松岩口举行，聂荣臻司令员亲临大会祝贺。白求恩同志发表了著名的演讲，他激动地说："我在晋察冀军区后方医院工作快三个月了。起初，我认为这是你们的医院，现在我却看它是我们的医院了，因为是我们共同把它建立起来的。"他满怀激情地勉励医务人员说："一个医生、一个护士、一个卫生员的责任是什么？只有一个责任，那就是使你的病人快乐，帮助他们恢复健康，恢复力量。"

模范医院建成不久，便在日寇的扫荡中被烧毁。1938年12月15日，白求恩在山西省灵丘县杨家庄建立了"特种外科医院"，提出群众的家就是我们的医院，群众的炕头就是伤员的病床。

1939年10月28日，白求恩在巡视晋察冀军区卫生工作途中赶赴涞源孙家庄前线，在为伤员施行手术时左手指不慎被刀划破并遭受致命感染。11月9日，病情急剧恶化，1939年11月12日凌晨5时20分在河北省唐县黄石口村逝世，享年49岁。

1939年12月21日，毛泽东主席发表《纪念白求恩》一文，高度评价了白求恩的国际主义精神、共产主义精神和对工作极端的负责任、对同志对人民极端的热忱的精神，并号召大家要学习他这种毫无自私自利之心的精神。

白求恩国际医院在党和国家的关心支持下，秉承白求恩精神，发展成为一所集医疗、教学、科研、康复、保健和急救为一体的现代化综合性三级甲等医院，为国家医疗卫生事业贡献力量。1979年邓小平同志为医院题词："做白求恩式的革命者，做白求恩式的科学家。"1997年江泽民同志为医院题词："继承和发扬白求恩精神，全心全意为人民服务。"2007年胡锦涛同志为医院执行维和任务的医疗分队题词："忠实履行使命，维护世界和平。"

（四）白求恩医疗方队

白求恩医疗方队，是中国人民抗日战争暨世界反法西斯战争胜利70周年阅兵式上的受检方队之一，是由白求恩医务士官学校抽组编成的，领队是汪爱勤少将。

白求恩医疗方队，是中国人民抗日战争暨世界反法西斯战争胜利70周年阅兵式上唯一的女兵方队。在铁甲雄师、国之利器方队的压轴位置，以臂戴红十字、肩背医药箱的形象亮相。参加阅兵的女兵队员共计264人，普遍为大专学历，兵种齐全，最大年龄28岁，最小年龄19岁。女兵们身挎单兵急救箱，乘坐新型高机动急救车和中型运输车，女兵身背的药箱里面携带了药品18件，涵盖了通气、复苏、止血、包扎和固定5个模块，约重2.5公斤。

白求恩医疗方队，是中国人民抗日战争暨世界反法西斯战争胜利70周年阅兵式上唯一以人名命名的方队。这个唯一用人名命名的方队，旨在体现以白求恩为代表的援华国际友人及广大医务工作者为抗战胜利作出的贡献。该方队既展现了救死扶伤、生命至上的人道主义精神，也体现出我军卫勤队伍伴随作战、快速机动、立体救护的实战要求和能力，更体现以白求恩、柯棣华为代表的援华国际友人对中国抗战做出的贡献，更表达了对在抗日战争中作出巨大牺牲的医务工作者的尊敬和纪念。

白求恩医疗方队，是中国人民抗日战争暨世界反法西斯战争胜利70周年阅兵式上唯一由院校抽组的方队。白求恩医疗方队由中国人民解放军白求恩医务士官学校的学员抽调组成。白求恩医务士官学校由白求恩同志倡导并参与创建，诞生在抗日战场，是一所因战而生、为战而生的院校。抗战期间，学校坚持边教学、边战斗、边救治，参加百团大战、历次反"扫荡"等战役战斗百余次，向抗日战场输送1500余名医务人才。这是该校继国庆35年、50年、60年阅兵后，第四次抽组女兵方队参加首都阅兵。

白求恩医疗方队，是女兵方队首次以乘坐新型高机动急救车、中型运输车的形式亮相，展现了卫勤力量伴随保障、快速反应的实战要求和能力。高机动急救车，主要用于急救和运输伤员，具有通过障碍性能强、轮胎可自身充气、可零胎压续行等性能。女兵站乘的运输车名为"胜虎"，是中国军队最新型的第三代全时全驱越野车，越野性、机动性等达到国际先进水平。

同时，该方队的独特性还体现在"四个最"。其组建时间最晚，训练时间最短。边组建，边训练，边确定参加阅兵的服装、装具和展示形式。是中国乃至世界阅兵史装甲方队乘载员最多的女兵方队，人数为264名。方队中的张嫒是参加阅兵时间跨度最大的女兵，她是1984年国庆阅兵方队队员，时隔31年作为校官领队参加此次阅兵。是领队学历最高的方队，包括两名博士，两名硕士。

（五）与白求恩相关的纪念徽章、医疗机构标识

随着与白求恩相关的纪念活动和表彰活动的开展，各种相关的纪念徽章也应运而生。作为意义的中介，这些徽章、徽标是白求恩文化的符号化表现，是表达白求恩文化精神理念的文化载体，对其中具有代表性的徽章的图式、精神象征、价值表达进行分析和解读，不仅是传承白求恩精神的要求，也日渐成为人们了解和传播白求恩精神文化的一个重要渠道。

1. 白求恩基金会会标

图2-3-1　白求恩公益基金会会标

"会标"又称"会徽"，是一定团体或机构的识别标志。白求恩基金会会标作为一种象征性的符号，是承载白求恩精神的一种重要的文化标识。（如图样）该会标主体部分呈现为两个同心圆的结构，外形美观，整体感强。圆环内环绕的分别为该协会的英文名称"Bethune Charitable Foundation"和中文名称"白求恩公益基金会"以及两个红十字标志，内圆主体为环球，图案中间三分之二绘有中国版图，在中国版图中间放置的是国际上通用的白求恩同志的头像。

会标是一种具有象征意义的图像。"象征首先是一种符号。不过在单纯的符号里，意义和它表现的联系是一种构成的拼凑……象征所要使人意识道德却不应是它本身那样的一个具体的个别事物，而是它暗示的普遍性的意义。"[①]以白求恩基金会

---

① 黑格尔. 美学（第二卷）[M]. 朱光潜，译. 北京：商务印书馆，1979：10-11.

会标为例，会标中中英文名称上下呼应，红十字标志左右对称，符合我国讲求对称的审美需要，图案中间的中国版图图案采用红色，象征我国对白求恩精神的坚定弘扬，并显有我国的特色。人物头像中，白求恩目光坚定，凝视远方，寓意着坚定救死扶伤的信念，这也契合基金会一以贯之的价值追求。整体来看，该会标图文镶嵌结合，自然地以形载意，洁美好看，合情合理。

"白求恩基金会"全称是"白求恩公益基金会"，是由国家民政部主管且具有独立法人资质的行业基金会。该基金会以白求恩的名字命名，致力于发扬、继承和践行白求恩精神。白求恩基金会于2015年9月29日正式成立。建会以后携手国内一切受白求恩精神感召的医学界专家、学者，以及社会爱心人士广泛开展爱心捐赠、学术交流、分级诊疗、健康教育等爱心公益项目，为扶贫济困积极工作。2016年10月16日，《白求恩公益基金会章程》发布，一共七章五十八条。章程规定，白求恩基金会的宗旨：继承和弘扬国际主义战士白求恩的伟大风范和高尚情操，以人道、责任、传承为宗旨，在医疗健康领域构建公益慈善平台，广泛开展帮扶弱势群体的爱心公益项目，为国家和政府分忧解难，为发展、完善我国社会救助机制而努力。

2. 白求恩奖章

图2-3-2　白求恩奖章

"白求恩奖章"是国家为表彰在医疗卫生事业中做出卓越贡献人员而设置的荣誉称号。现行的"白求恩奖章"样式，其底色是金色，奖章正面中间有白求恩肖像，中间靠下部分的红色丝带上刻有"白求恩奖章获得者"的字样，主体边有麦穗状托起，圆周呈现为星芒状，形态饱满，挂钩由正红色和金色相间的金属绶带构成。马克思说："人们自己创造自己的历史，但他们并不是随心所欲地创造，并不是在他们自己选定的条件下创造，而是在直接碰到的、既定的、从过去承继下来的条件下创造。"①奖章主体图案基准颜色选择红色和金色，庄严尊贵，体现了中国文化喜庆热烈的气氛，富于中华民族特有的民族色彩和传统。它形象地诠释了白求恩精神内蕴的毫不利己、专门利人，对技术精益求精的价值观、荣誉观，体现了对白

---

① 马克思恩格斯. 马克思恩格斯选集（第1卷）[M]. 北京：人民出版社，1995：603.

求恩精神的礼赞，也表达了对获奖者的褒奖。同奖章一道颁发的还有一张纸质的荣誉证书。

实际上，"白求恩奖章"的样式设计在发展过程中还经历了其他两次变化：一种为圆形奖牌式设计，即金色底色，中间为白求恩的头像，下方刻有"白求恩奖章"字样，另一种为双五边形式设计，即主体为两个五边形的交错叠加，正面圆形内有白求恩肖像，反面中间刻有"白求恩式医务工作者卫生部颁发"字样，由红色和黄色相间的丝织绶带将奖章与刻有"白求恩奖章"的荣誉牌连接在一起。从胸章到挂章，三种不同的样式体现了奖章设计从稚嫩走向成熟，其表达的内涵也逐渐丰富。虽然奖章样式不尽相同，但是其正面图案设计都延续使用白求恩头像，以及都保留了"白求恩奖章"的字样，这体现出对伟大的国际主义战士白求恩的尊重和纪念，也喻示了要将白求恩精神时代化的诉求。

"白求恩奖章"于1991年设立，以著名国际人道主义医生白求恩命名，由中华人民共和国卫生部、人事部共同颁发，该奖是对医疗卫生模范个人的最高行政奖励。1994年，国家卫生部、人事部首次颁发"白求恩奖章"。以后不定期进行了多次的评选、颁奖活动。在奖项设立以来的20余年间，相继有60余位医疗卫生个人获得了该奖章。

与白求恩基金会徽标注重标识性不同，白求恩奖章更注重其表彰和彰显荣誉的功能。奖章不仅是对医疗工作者的鼓励，更凸显了医疗模范工作者的虔诚医者之心，也是对医者综合品质的一种高度认可。白求恩奖章也具有专属性，只授予先进的医疗工作者。这种"我有你没有"的专属权，大大增强了医疗工作者的自豪感，很多医疗工作者常以得到一枚白求恩奖章为荣。此外，白求恩奖章颁发场景具有特定性，它仅在全国卫生工作会议上颁发。通过荣誉感和神圣感的获得将白求恩精神内化于心、外化于行。

3. 白求恩医科大学徽章

图2-3-3 早期白求恩医科大学校徽

白求恩医科大学校徽为纪念国际主义战士加拿大著名胸外科专家诺尔曼·白求恩同志而设计。该校徽属于圆形徽章，带有典型的民国时期校徽设计的色彩，符合中国人尚"圆"的审美传统。其外环由校名的英文（NORMAN BETHUNE UNIVERSITY OF MEDICAL SCIENCES）和学校建校之年份"1939"字样构成。内圈以红色背景图案为底色，象征着红色的革命的共产主义精神，红色背景上镶嵌着白求恩头像和学校的中文名字"白求恩医科大学"，以此说明"白求恩文化"已贯穿学校的方方面面，构成校园文化的核心价值，即救死扶伤、坚定理想的共同追求，也象征着激励医科大学生认真负责、精益求精的意志品质。白求恩医科大学的校徽，一经设计就被赋予了丰富的白求恩文化内涵和精神底蕴，在很大程度上代表了该校独特的精神实质，是该校的形象标志和品质象征。

《战国策·齐策一》中记载："秦假道韩魏以攻齐，齐威王使章子将而应之……章子为变其徽章以杂秦军。"《现代汉语词典》对徽章的解释是："佩戴在身上用来表示身份、职业等的标志，多用金属制成。"[①]由此可见，身份识别是"徽章"的基本功能。白求恩医科大学徽章记录和讲述着当时医科大学生的精神样态和集体意识。该校徽不仅是一个身份识别标志，还代表了一种规训，教导的权力，它将该校的医学教育理念、人才培养的目标凝聚于自身，通过身份的认定，将毫不利己、专门利人等意识渗透给成长中的青年大学生，使白求恩精神在中国世代相传，在广大医科大学生心中生根、开花、结果。

白求恩医科大学前身为创建于1939年9月的晋察冀军区白求恩卫生学校，由聂荣臻元帅创建于河北省唐县。抗战期间，诺尔曼·白求恩大夫率领加美医疗队援助中国抗战，参加了学校的创建和教学工作。曾任学校外科教员和附属医院——白求恩国际和平医院院长的印度援华医疗队的柯棣华大夫，奥地利医生傅莱，德国医生汉斯·米勒，日本病理学博士稗田宪太郎教授等国际友人，都曾在校任教多年，在艰难的战争岁月里为学校做出了宝贵的贡献。该学校的建成与发展，闪耀着国际主义的光辉。抗战胜利后学校办学规模逐步发展壮大。白求恩同志逝世后，为了纪念他，1946年命名为白求恩医科大学。1951年命名为中国人民解放军第一军医大学，1954年与第三军医大学合并，校名为第一军医大学。1958年转归地方，1959年更名为吉林医科大学。1978年，恢复白求恩医科大学校名。2000年与原吉林大学、吉林工业大学、长春地质学院、长春邮电学院合并成为新的吉林大学，现为吉林大学医学部。学校以白求恩命名，不仅因为他是学校的奠基者之一，更重要的是为了继承和发扬他救死扶伤的革命人道主义精神，遵循他的办学思想，建设具有特色的医科学校。聂荣臻同志1943年给毕业生的题词写道："要有医学丰富的知识，要有人类高尚的道德，才配称白求恩的弟子。"老一辈无产阶级革命家朱德、彭真、邓小平等同志也先后为学校题词和题写校名。白求恩精神，深深地扎根在广大师生的心中，成为学校的传家宝。建校以来，学校始终把培养"政治坚定，技术优良，白求恩式的医务工作者"作为坚持不渝的培养目标。这使全校师生不仅有荣誉感，而且

---

① 中国社会科学院语言研究所词典编辑室. 现代汉语词典（第5版）. 北京: 商务印书馆, 2005: 605.

深有责任感，成为激励人们"团结，勤奋，求实，创新"的巨大精神力量。

4. 白求恩精神研究会徽章

图2-3-4　白求恩精神研究会徽章

白求恩精神研究会徽章，是为纪念和研究白求恩精神而建立的研究会的会章。该会章主体部分呈圆形结构，会章最外圈分别由该学会的英文名称"CHINESE BETHUNE SPIRIT RESEARCH ASSOCIATION"和中文"白求恩精神研究会"名称构成，图案中间是一张由橄榄枝围绕而成的蓝色世界地图，蓝色和橄榄枝象征世界的和平与安宁，世界地图象征白求恩精神研究会加强国际交流与合作，充满生机，有广阔的发展前景。同时，世界地图上镶嵌着白求恩头像，白求恩目视远方、眼神坚定，寓意着寻求世界和平的理想追求和坚定信念，头像正下方是学会的英文简称"CBSRA"。"具有完整性构图的徽章，能给人以深刻的印象和美的享受。"[1]白求恩研究会徽章由对称的橄榄枝边环围绕环球，边环相接，显得完整，文字构成的弧线与中间部分构成一个优美的图案。整个徽章"意""象"结合，主题明确，寓意深刻，昭示白求恩精神研究会的本质和使命。每一位白求恩精神研究会的会员，都应该爱护徽章，珍惜作为白求恩精神研究会一名会员的荣誉。

2014年1月，白求恩精神研究会经中华人民共和国国务院及民政部核准并注册登记，是具有独立法人资质的全国性、学术性、非营利性的社会团体。该学会最初由国家卫生部党组在1997年6月批准成立。中国白求恩精神研究会成立以来，紧紧围绕党的中心工作和医疗卫生工作改革发展实际，广泛开展学习白求恩、弘扬白求恩精神的活动，组织开展公益事业，为弘扬社会主义核心价值观，建设良好医学人文环境和医德医风环境，提高医疗服务质量做出了积极贡献。全国白求恩精神研讨会也组织开展一系列社会公益活动，宣扬了一批弘扬践行白求恩精神的先进典型。通过开展国际合作交流，扩大了白求恩的国际影响力；积极组织开展公益活动，高标准办好会刊、通讯和网站等，做了大量卓有成效的工作。与此同时，不断涌现《白求

---

[1]　张立. 徽章[M]. 沈阳: 辽宁教育出版社, 199: 89.

恩精神永放光芒》《弘扬白求恩精神　争做白求恩传人》等研究著作和成果。

近年来，中国白求恩精神研究会的工作，得到社会各界更加广泛的支持。2014年1月11日，白求恩精神研究会成立大会在北京隆重召开。全国人大常务委员会副委员长陈竺和全国政协原副主席张梅颖应邀出任该会荣誉会长，原国家卫生部部长高强等一批知名人士出任名誉会长，一批抗日战争时期跟随白求恩战斗、学习过的老战士和在研究白求恩方面有突出贡献的专家学者应邀担任高级顾问和顾问。学会制定了详细的工作章程，成为国家一级学会，得到国内外各界的高度关注。

该学会主要致力于：搜集、整理各个历史时期纪念、研究白求恩等国际友人的历史资料，开展学术研究和交流活动，编辑出版研究和弘扬白求恩精神的论著、会刊；研究白求恩精神的时代意义，探索新时期弘扬白求恩精神的途径、方法和手段；推动弘扬白求恩精神活动的广泛开展，宣扬在弘扬白求恩精神活动中涌现出来的先进集体和个人；加强国际交流与合作，参加国际间关于白求恩、柯棣华等国际友人的纪念与学术研讨活动；组织社会公益活动，开展对革命老区和边远贫困地区的医疗扶贫服务，等等。

"符号是一种表示成分（能指）和一种被表示成分（所指）的混合物。表示成分（能指）方面组成了表达方面，而被表示成分（所指）方面则组成了内容方面。"①白求恩基金会会徽、白求恩奖章、白求恩医科大学徽章和白求恩精神研究会徽章以4种不同的设计样式表达着4个不同层面的内容，它们或纪念，或奖励，或证明。作为传达意义的桥梁，这些徽章都是白求恩精神的象征与代表，是白求恩精神价值的呈现与表达，是白求恩文化的物化形式。对它们进行描述和解读，可以使我们更好地纪念伟大的国际主义战士、卓越的医学家白求恩，更好地把握、学习、传承白求恩精神。

通过如上文化载体对白求恩精神及事迹的宣传、颂扬与缅怀，我们不难看出，白求恩以及他所体现的人道主义精神、共产主义精神、国际主义精神，已经深深烙印在中国人民，尤其是中国医疗工作者的心中。他的精神也会一直指引着我国医疗工作者，以无比的热情投入工作，以满腔的热忱热爱工作。在社会主义新时期，我们所有的医疗工作者都要更加坚定地学习白求恩精神，培育和践行社会主义核心价值观，为我国社会主义建设奉献自己全部力量。

① 巴特.符号学美学[M].董学文，等译.沈阳：辽宁人民出版社，1987：35.

第三章　白求恩与器用文化

　　本章是对白求恩器用文化的论述和分析。通过对白求恩在不同时期的生活和工作中所接触的、使用的、改造的器用的记录和叙述，分析这些器用的实际用途、实用价值和担当的使命，还原这些器用的时空场景，从而搭建起白求恩与这些器用之间的内在关联和特殊的意义。这些器用在白求恩的一生中都具有记载他生命意义的特殊效用，它们也在白求恩的一生中打下了深深的烙印。这些器用，可以让我们领略到白求恩乐观向上、富有活力、思想坚定、内涵深刻、行动果敢和个性鲜明的精神形象。解读这些器用中所蕴含的文化内容、携带的文化印记和特殊的文化意义，对于我们探究白求恩的文化精神，展示文化白求恩形象具有重要的意义。

　　本章以白求恩的成长经历为叙事线索，沿着白求恩精神形成的脉络，逐渐呈现白求恩与器用文化的内在关联。在那个年代，这些器用见证白求恩求学、行医、从军的生涯。在今天，它们已经凝结成沉默的历史，但依然生动地宣讲着白求恩必将成为新时代楷模的过往。更为自豪的是，我们仍然可以借物追源，或是在某位医生的身上依然能见到白求恩的影子，或是在某个关键的环节又回想起白求恩的教诲。在实现中华民族伟大复兴的进程中，依然能够切实地感觉到当年白求恩同志注入中国医疗卫生事业的原始动力。

　　几十年来，白求恩精神在我国已经成为一种准则，一种楷模，一种传统，一种职业道德的最高境界。白求恩精神的影响已超越医疗行业的界限，已经深入每个时代的各个行业。我们以感性、直观和实际的器用为载体，可以有效和直接地激发读者传承和发扬白求恩精神的意识，感召读者身体力行，从自身做起，让白求恩精神薪火相传，生生不息！

第一节　童年白求恩与器用

　　白求恩的童年，是在加拿大安大略省北部的格雷文赫斯特小镇度过的。那里邻

近有许多水深清澈的大湖，周围山石环绕，遍生着树木，当地自由自在的自然环境及人文因素对他的塑造，以及素有行医、传道和教书传统的家庭教育，童年优越的家境中居家精美器物所营造的家庭氛围对他的熏陶，无异是一种肥沃的精神土壤，是培养富有冒险精神、敢于实践、大胆创造等性格特质的物质基础。

一、童年生活与家庭器物

19世纪中叶，美国的富人们每年会从匹兹堡、费城和纽约来到这里避暑，其中不乏一些传奇家庭，带着他们的男仆女佣、别致的藤条家具、绣花的亚麻布、美轮美奂的瓷器和上等银质餐具大举入侵。[①]因此，在器用方面对生活在这里的加拿大人势必产生深入的影响，尤其是白求恩这样的牧师家庭。

格雷文赫斯特的气候夏季炎热、秋季色彩斑斓、冬季寒冷，这里给人们提供更加充分的想象和创造的空间，这样生活的土地和气候都影响着白求恩一生认知世界的方式。正是这样的地理和人文环境，孕育了白求恩大夫的美丽心灵和不屈不挠的个性。[②]

白求恩童年生活的房子是19世纪经典的维多利亚风格建筑，两层木结构的百年老屋。前有宽大的院落，后有茵茵绿草，白色的窗框镶嵌其间，显得极为淡雅。房子坐落于长宽约50米见方的庭院中，庭院四周有十多株枫树，屋前枫树尤为挺拔高大。空阔的草地上种了些小花小草，门廊上摆放着一辆古老的富有挑战意味的自行车，前轮像摩天轮，后轮像汽车方向盘大小。

图3-1-1　白求恩生活过的坐落在格雷文赫斯特小镇生机盎然的庭院

许淏宇 摄

---

① 武冰枝. 诺尔曼·白求恩[M]. 任明辉，译. 北京：人民卫生出版社，2012：17.
② 武冰枝. 诺尔曼·白求恩[M]. 任明辉，译. 北京：人民卫生出版社，2012：19.

这是一个笃信上帝的家庭。白求恩的父亲是牧师，但白求恩更愿意像祖父一样，做一名外科医生，治病救人。母亲是一位英国家具师的女儿，秉性贤惠，举止温柔，她是一位能干而且颇有教养的家庭主妇。在母亲的操持下，白求恩生活在这样一个和谐、温暖、博爱，有秩序，又富有情趣的家庭，获得爱才会传播爱，因此注定他将会成为传播爱的"一个高尚的人"。

据说，白求恩的家中挂着一面铜锣，孩子们一听到锣声就知道是父母在召唤他们下楼吃饭了。可见这是一个充满乐趣的和睦家庭。

图3-1-2　白求恩小时候睡过的小床，温馨的家庭因此成为白求恩思想的摇篮
许淏宇 摄

这个家庭受当时的社会地位和白求恩父亲的职务影响，让白求恩的童年能够有条件接触和使用各种新奇的玩具和器物。参观过白求恩故居的同事所描述的：那里所有的家具陈设无不用料考究，做工精细，很多摆设都出自白求恩家族成员的制作或是复制品。家具都是曲线优美流畅，纹饰华丽、造型经典舒适温馨的欧洲样式的古典家私，参观全程仿佛走入了一座欧式古典家居博物馆。由此可见，白求恩发明创造的家族遗传基因了。

就像上面白求恩故居所保持的生活场景：白求恩的婴儿床极为可爱，周围雕栏，床角靠着一只可爱的玩具小熊，用过的长嘴奶瓶自然地放在煤油罩子灯旁。只见客厅、卧室、厨房、书房、家具、壁炉，甚至煤油灯等都朴素而庄重，仿佛房屋的主人仍然在这里生活和学习。客厅内挂着乳白色镂花窗帘，窗户下摆放了一圈花布沙发，沙发古色古香、很舒适，是很古朴的维多利亚时代的风格。

还有那些小物件，管风琴旁的煤油灯，餐桌上的印花水晶老式吊灯，墙上摆的镏金乌木罗马座钟，蕾丝的窗帘，甚至小到放墨水瓶的架子，都极具艺术魅力。一架古色古香、造型别致的管风琴上摆放着五线谱。据说，白求恩的母亲非常喜欢弹琴，她在音乐方面有颇高的艺术造诣。因此白求恩从小就受到良好的艺术熏陶。

图3-1-3　餐桌上的水晶老式吊灯　许溟宇 摄

图3-1-4　管风琴(钢琴)摆在会客厅的角落，当时的会客厅孩子们是不能随便进来的，非常严肃庄重的场所，墙上还悬挂着英国女王的两幅头像。白求恩的母亲喜欢在这里弹琴，她在音乐方面有颇高的艺术造诣，因此熏陶了白求恩的艺术气质　许溟宇 摄

图3-1-5　取材讲究、造型经典的木质装修和梳妆台

　　卧室的梳妆台是一个有五层抽屉的柜子，在柜子上放置了一面镜子，以及梳妆用具。梳妆台的镜子旁立有一张纸，上有一首手写的诗词，这是欣喜的父亲因为白求恩的降生，而为白求恩的母亲抄写并送给她的一首诗。

　　阳光透过纱帘映入一楼的餐厅里，墙边的缝纫机上还有未曾缝好的衣裳。餐桌上随意地摆放着一些餐具，瓷盘中盛着的面包好像还冒着诱人的余香，几串新鲜的葡萄放在高脚容器中，这似乎在等待着小楼的主人来用早餐。桌子的另一边摆放着积木、小火车，从前的生活场景仍然在继续。

　　这应该是一个家道富有、修养高雅、受人尊重的家庭。如果不是亲眼所见，真的很难相信，那个在中国冀中的孙家庄村外古庙里为八路军伤员做着手术，明显有着营养不良、清瘦苍老的白求恩大夫曾是这里的小主人。在故居内的优越家境和中国艰苦的抗战条件形成鲜明的对比，敬仰之情油然而生。故居里的一切都非常地贴近于生活，让人感到亲切和自然。白求恩在这里度过了充满新奇和快乐的童年。

图3-1-6　童年时的木质推车
许溟宇 摄

图3-1-7　老式取暖的炉子
许溟宇 摄

图3-1-8　用于烧木材取暖的铁炉子

图3-1-9　精美的盛器、毛制地毯、舒适的
　　　　　床笠　许溟宇 摄

图3-1-10　碗橱里也摆放着各种精美的餐具
　　　　　许溟宇 摄

图3-1-11　一家人在这里用餐（依据当年的生活习惯摆设）

图3-1-12　餐厅一角的缝纫机

图3-1-13　古老有趣富有挑战意味的
自行车

二、童年生活与教会器物

　　白求恩的童年是一个传教盛行的年代，白求恩也许就是在当时家中的客厅常听到这样的声音："只要你启蒙了中国，整个东方世界就将被你点亮。感动中国，也就推动了世界的发展。拯救中国，那么全世界都将被拯救。"[1]他听说了中国，也听说了那里亿万亟待拯救的人们。并且他的父亲科尔森·白求恩是安大略省格雷文赫斯特小镇一名普普通通、虔诚无比的牧师，忠实于工作和家庭，对子女的管束也很

----

[1]　武冰枝.诺尔曼·白求恩[M].任明辉，译.北京：人民卫生出版社，2012：23.

严厉。小诺尔曼·白求恩是家中长子，自然受到最严格的教育。

当时，作为长老会牧师的父亲，把家里的一个房间专门辟为办公室，用于教会日常事务的办公场所，在这里经常举办会议，或者为教友举行小型的婚礼。父亲一般不会让年幼的白求恩到客厅里玩耍，但是教会的影响耳濡目染和潜移默化，幼小的白求恩时刻遵循着：牧师一家人必须为社区内其他家庭做出榜样，要助人为乐，要遵守十诫，要抵制诱惑。[①]在当时的加拿大，宗教信仰是一项至关重要的活动，圣经的韵律、教士的祷告、感谢上帝的赐予，祈祷不幸者得到福音。白求恩的内心不断获得滋养。白求恩虽然未成为皈依父亲所信的教会，但是，他受父亲的影响走向了他认为的可以到达的另一种善和另一种现实的途径。他总是那样悲天悯人和洞悉人间疾苦。

图3-1-14　父亲兼做书房、办公室的客厅　许溟宇 摄

图3-1-15　书房的一角　许溟宇 摄

长老会的伦理标准和道德体系一直是他观察世界的基本出发点。这才有白求恩在中国革命最关键的两年里，把中国人民的解放事业当作他自己的事业，远涉重洋给中国人民提供最伟大和无私的帮助。这些方面注定白求恩长大后成为"一个有道德的人"。

---

① 武冰枝.诺尔曼·白求恩[M].任明辉，译.北京：人民卫生出版社，2012：22.

三、童年生活与医学器物

白求恩在温暖和谐的家庭中一天天长大，家里的玩具再也不能满足他的好奇心和行动力。正如丁言昭编著的《国际友人白求恩》一书中这样描述这个不安分的小朋友和他的爱好：白求恩小时候，经常随父母搬家，新的家、新的山水、新的树木、新的朋友……这一切都使他兴奋不已。热爱大自然、热爱小动物，尤其是狗和马，似乎是他的天性。

有一天，小白求恩来到马厩，马正在吃草，看见孩子上前抚摸它，觉得舒服，吃得更欢。小白求恩跑到马后，看见马尾巴挺好玩，便伸手去拉。他这一拉，不得了，马觉得疼，提起后腿，猛踢一脚。只听见小白求恩"啊哟"一声，然后"咚"地倒在地上。等到父亲赶来，小白求恩已失去知觉，只见前额有一条血痕。

"这孩子，想必是被马踢了。"父亲抱起孩子，自言自语地说着。没想到的是，马蹄子的教训，丝毫没有减退他对马匹的浓厚兴趣。

夏天，小白求恩和同学们比赛捉蝴蝶，看谁捉得最多，谁捉的蝴蝶最美。五彩斑斓的蝴蝶在广阔的田野上翻飞，犹如一簇簇正在盛开的花朵……大家东追西扑，忽然，有个同学指着大树的树枝喊道："快，快看，那只蝴蝶，好美啊！谁捉到它，谁就是冠军！"

"你去，你去。"同学们互相推搡，犹豫不决。只见小白求恩迅速爬上树，攀在最细的树枝上，那树枝颤抖着，几乎快要承受不了小白求恩的重量。说时迟，那时快，他敏捷地一把捉住蝴蝶，引来孩子们一阵欢呼。最后，小白求恩成了这个夏季的标本采集冠军。小朋友们都知道他就是行动上的高手。白求恩中学时最好的生物成绩得益于他对自然的亲近和对小动物的热爱，并且练就了他超凡有效的行动力，这也是他从医所具备的不可复制的宝贵品质。

图3-1-16　客厅墙上挂有一张白求恩祖父的像，他生前是多伦多大学医学院的创建人之一，据说，白求恩的长相很像他的祖父

白求恩选择从医，缘于他对祖父的敬佩。父母经常讲祖父的故事，说他给穷人看病不要钱，利用一切空闲时间钻研医术，动脑筋制作医疗器械……祖父不流于世俗，强烈的质疑劲头，尽职敬业的奉献精神，都成为白求恩童年崇拜的偶像。这些优秀的品质在白求恩的幼小心灵中开始生根发芽，对白求恩的一生影响深远。白求恩从父亲的建议中获得启发："当个好医生，必须从学习医学的基本知识入手，你要学习祖父钻研医学的精神……"自此，白求恩开始了他钻研医学的历程。白求恩家二楼的厨房、小餐厅首当其冲地成了他的医学实验室，餐具和厨具充当了他的实验器具。诺尔曼·白求恩原是白求恩祖父的名字，由于他希望自己长大后做一名像祖父那样的医生，并在8岁时宣布，选择和祖父用一样的名字"诺尔曼"，并将祖父的医生名牌挂在自己卧室门口，表示继承祖父衣钵的决心。白求恩的祖父曾经教导过："在医生的心目中，别人的生命更有价值。"我想这也成了白求恩一生恪守的行医之道。

观察小马、采集蝴蝶标本、模仿祖父，这些童年片段集中表现出白求恩具备了从事医生这个伟大职业的性格特质。

图3-1-17　二楼厨房的餐桌、水池及摆设
许溟宇 摄

图3-1-18　橱房里储存齐全的调料柜
许溟宇 摄

图3-1-19　灶台上的用品，包括锅、熨斗和烧水壶等，也许白求恩就是用厨房里的
器具解剖了一只苍蝇

图3-1-20　厨房里的摆设，架子上摆着当时的一应俱全的厨房用具

图3-1-21　焚化炉上挂着厨房里的各种用具，包括围裙和长袜子等，
各种锅放在上面的架子上，方便实用　许溟宇 摄

图3-1-22　这是一个摇水用的，当时没有自来水，就靠这个把地下水给泵上来，

直接就摇在洗碗池里，相当于现在的自来水。

现在中国仍有家庭在沿用这种方法取水

第二节　青年白求恩与器用

白求恩喜欢运动，不太喜欢专注于教条式的学问。中学毕业后，他中断了多伦多大学医学院的学业一年之久，去了北安大略的阿尔戈马伐木场工作，这使他对森林格外喜爱。大自然和加拿大地理环境对他而言不只是单纯的悠闲宜人，而是他生命的一部分。他喜欢独自闯荡，贴近原野而生活。他在危险环境中知道了日常生活和工作的艰苦。工作中，他需要艰难地向不会说英语的移民工人发出指令，才能协作完成任务，边疆伐木场的工人大多是文盲，很多人不会计算应得的合理工资，加之边疆的艰苦居住条件，都促使白求恩决心帮助这些工人们改变生活，通过传播知识的途径来帮助工友们争取社会福利和教育权益。于是，在苏必利尔湖附近的边疆学院当伐木工人，后来又兼文化教员，这份工作解决了他的学费和生活费用，强健了自身的体魄，同时满足了他热爱大自然、乐于帮助别人的愿望。他总是愿意牺牲自己的舒适去帮助他人。[①]因此，他和工友们建立了信任关系，期间，他利用所掌握的医学常识，已经可以用夹板等对一个胫骨骨折的波兰人做好急救处理，并叫了救护车，妥善地送上去萨德伯里的火车。

---

① 武冰枝. 诺尔曼·白求恩[M]. 任明辉，译. 北京：人民卫生出版社，2012：23.

图3-2-1　1911年秋冬，白求恩到苏必利尔湖附近的边疆学院当伐木工人兼教员，

白天在林中劳动，夜晚为移民工人上英语和文化知识课

青年时期，白求恩专注学医。第一次世界大战爆发，他应征入伍，参加战地救护，主动担任担架员。在战争中负伤，伤后疗养痊愈完成学业，获得医学博士。白求恩再次选择参军，并效力英国皇家海军，应用所学知识治愈了全船四分之一的西班牙流感官兵。六年间他三次参军，成功的医学实践，更加坚定他从医的决心和信心。随着他获准在一家重要的医院做手术并挂牌行医和被聘为底特律医学院医药学讲师，他学医所成，经济状况明显好转，还从法国购置了一辆汽车。当他信心满满之时，肺结核让他研制了"人工气胸器"，病愈后他拒绝金钱的诱惑，致力于结核病感染的研究。

在维多利亚皇家医院导师阿奇博尔德对他的严格训练和要求下，白求恩练就了过硬的手术基本功，使他对人体结构，甚至某些重要器官的结构，熟悉得几乎闭上眼睛也能准确摸到具体部位。这是做一名外科医生很难能可贵的超常素养。

广泛的社会活动，成为其开阔国际视野，提高技能，蓄积力量的一种自我塑造的过程。在西班牙，他发明的流动输血设备拯救了数百人的生命。白求恩在他的医学巅峰期，能够根据实际工作设计各种医疗器械，不仅绘制曲线精致，省力方便，而且符合机械原理，又提高工作效率，同时发表了相关的学术论文，成为当时具有世界影响力的医学专家。

一、青年求学与医学器物

白求恩幼年崇尚当医生的祖父，矢志从医。1916年他毕业于著名的多伦多大学医学院，之后，通过极为严格的考试与资格审查，成为英国皇家外科医学会会员和英国皇家外科医学院临床研究生。他尽情地享受伦敦的生活，经常光顾画廊，购买绘画作品，喜欢穿定制的西服，尽管当时他的收入与品位不相匹配，但他依然过得很愉快。尤其是他遇见了弗朗西斯之后。1923年8月，弗朗西斯从伯父那里接受了一

笔遗产，两人登记结婚。他们旋即去欧洲蜜月旅行，在半年的时间里参观艺术馆、滑雪和旅游，奢侈地花掉了弗朗西斯所继承的大部分遗产，两人回到北美，白求恩想当一名内科医生，但在加拿大没有找到合适的地方开业，他们来到底特律定居。在这座城市里，拥有了有衣穿，有饭吃，还有一套舒适的公寓，可以读书和欣赏美术的美妙生活。白求恩通过行医和教学来支付这些生活的费用。就在白求恩全身心地享受冒险生活经历的时候，他已经关注下层劳动人民的健康，他痛恨富人在享乐，同情穷人在咀嚼富人制造的苦难。他曾在贫穷的移民和工人社区中开设诊所，这些人经常无法向他支付医疗费。白求恩对他们慷慨大方，他的名字因此在穷人中流传。

正当白求恩踌躇满志之时，1926年却不幸染上肺结核，白求恩在肺结核的阴影笼罩下，随着浑身无力、咳嗽和痰液呈阳性，X光机发现他的一个肺部有一个大的空洞，他坚持与疾病抗争，最后被迫停止了工作。计划和期待被搁置，暗淡的前途一片迷茫，冲淡了他的乐观主义，结束了他对快乐和财富的追求，在特鲁多疗养院接受疗养。致命的肺结核造成的压抑和恐怖，日夜折磨着他，在床上躺了一年，空洞仍然在增大，绝望中，却激发他艺术创作灵感的迸发，第一批艺术作品问世，作品生动地再现肺结核对他的围困，同时也展现了白求恩多才多艺的创作才能。

肺结核不光改变了白求恩对待医学惯例的态度，而且使他懂得了疾病与经济和政治有着密切的关系。在卧床休息的治疗方法长期不奏效之后，他刻苦地学习，偶然看到一篇用人工气胸进行试验性治疗的文章。这种疗法包括把空气注入受感染肺部周围的胸腔，让肺有机会痊愈。在特鲁多疗养院，他自愿积极地进行一次非常冒险的尝试，虽然遭到拒绝，但他坚决进行了胸腔注气疗法，最初几次的注气效果不容乐观，后来却取得了相当迅速和积极的疗效，终于，白求恩的生命被人工气胸器给挽救。1927年12月，他痊愈了，在摆脱死亡和"特鲁多避难所"之后，白求恩逃出了那个暗淡的世界，生活变得一片光明。

白求恩与死亡擦肩而过，他亲身经历过两种治疗方法的比较，一种是休息，一种是气胸压缩疗法或手术。根据他自己的试验性结果，他极力倡导肺结核患者应尽早实施压缩治疗。

因此，白求恩更加专注于胸外科的研究，在肺结核的研究和临床诊治工作中，他强调了X光机对早期诊断肺结核的重要作用，提出了依靠肺部听诊、叩诊进行检查和观察是不够的观点，他认为这样会延误对疾病分期的判定。他倾向使用X光机积极判定肺结核病的分期，以便及早为适应症内的病人进行气胸压缩疗法。他的观点在他的广播剧《病人的窘境——或治疗肺结核的现代方法》中获得证实。并且，他在加美赴中国医疗队筹备援助物资当中，带上了必不可少X光机。随白求恩来到中国，对当时的医疗教学和救治工作都发挥了重要的作用。

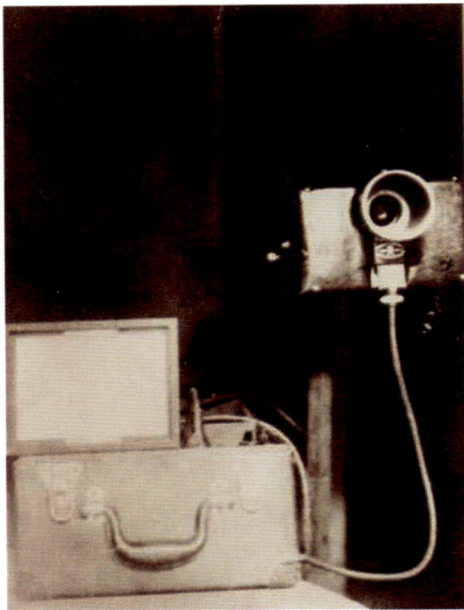

图3-2-2　白求恩当年使用的X光机的照片

　　被气胸压缩疗法和膈神经切断术挽救的白求恩，在身体上与肺结核的战斗结束了，而在医学上与肺结核的战斗才刚刚开始。白求恩开始利用一切可以利用的手段，专注地研究与肺结核的抗争，他激进的主张扩展到诊断和公共教育方面上。1928年初，病愈后的白求恩回到了加拿大蒙特利尔，成为皇家维多利亚医院加拿大胸外科开拓者、北美肺部外科手术之父爱德华·阿奇博尔德医生的第一助手。蒙特利尔的岁月，是白求恩一生中最富有成就的时期。在整整8年里，他达到了职业的顶峰。基于每一个开放性肺结核病例可引发传染十几例新的病例的事实，他不仅积极治疗病人，而且还帮助教导实习医生要持久地关怀病人，给病人以精神上的支持。实践中白求恩针对肺结核病人采取的高风险手术方法被证明是合理的。因工作而出名，在许多国家和国际外科专业人员大会上发言，1929至1936年在北美大陆最著名的医学杂志上发表14篇论文。

　　为了使世界摆脱肺结核的肆虐，他使用了广播电台这种新的媒体，为它撰写了一部有关治疗肺结核的短剧。他发表娱乐性讲演，指出肺结核产生的几个根源：房主狭窄的公寓导致拥挤的居住条件日益恶化，影响了健康，保守的医生、疗养院的官员及其各级政府未能对患者提供财政支持。[1]

　　不久，他便成为内、外科结合治疗这种"痨病"顽疾的专家，他钻研防治肺结核方面的成就让他在这一领域享有很高的威望，虽然冒犯了一些人，引来了争议，但都无法阻挡他在蒙特利尔逐步成为北美最优秀的胸外科医生之一。

---

[1]　拉瑞·汉纳特. 一位富有激情的政治活动家：国际主义战士白求恩作品集[M]. 李巍等，译. 济南：齐鲁书社，2005：33.

　　白求恩研究肺结核的热情还扩展到当时使用的许多手术器械中。大约从1930年开始，他勤奋地重新设计和制造自己的手术器械，他发明和改进了12种医疗手术器械，取代了他在手术室使用的其他原有器械。这些新的器械在手术室里非常引人注目，备受外科实习医生的欢迎，有一些甚至在手术室里使用了几十年。由此可见，白求恩的各种超人的才华和这些手术器械的实用价值。

　　比如"人工气胸器"，是他对于人体结构和机械原理的整合，在保证其治疗肺结核功能的前提下，做得既便于观察，又很美观。他在底部设计了一个气泵，可以帮助护士注气时增加压力，被称为"护士的朋友"；肋骨剪在目录中被描述为"长手柄，咬合有力，适用于所有肋骨，包括第一肋骨"。铁制助理医生的诞生，更是解放了劳动力，减少不必要的人力成本。他的发明和创造总是那么实用。

　　在他反复修改的肋骨剪和自动拉钩的设计草图中更能感受到他对技术的精益求精和对审美的追求。白求恩特有的热情和多才多艺表现在文学、绘画、摄影、宣传、演讲、手术、设计，甚至医学文章和医疗器械等方面。生活也赋予了白求恩表现他出众的创造与发明才能的广阔空间。他还曾在自己居住的公寓里为贫困儿童免费开办绘画班，亲自教他们绘画，还邀请艺术家为孩子们授课。他的各种才能无一不应用到帮助他人当中去。

图3-2-3　白求恩1931年在加拿大发明的铁制助理医生，现展于华北烈士陵园白求恩纪念馆　李季秀 摄

铁制助理医生

　　此项仪器是诺尔曼·白求恩大夫于1931年在加拿大蒙特罗圣心医院的胸腔手术及肺、支气管科时发明的。这件仪器是使用于上部胸腔手术时，以提高肩胛骨，使手术的位置能经常地露出来。因此简易外科医生的工作，同时减轻其助手体力上的支持，这项仪器是一个好的例子，以说明白求恩大夫对于解决特殊手术问题的发明才能，其内容已描述于白求恩大夫发表在公元1936年12月加拿大医学学会杂志的文章上。

图3-2-4　现陈列于白求恩国际和平医院的人工气胸器，加拿大白求恩纪念馆也有展出。

李季秀 摄

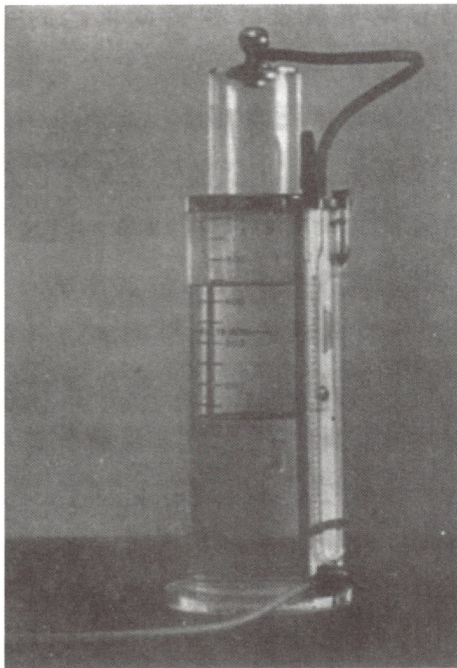

图3-2-5　白求恩发明的胸腔注气器械，它底部带有一个气泵，被称为"护士的朋友"，藏于加拿大国家档案馆，PA160619　来源于《一位富有激情的政治活动家，国际主义战士白求恩作品集》第36页插图

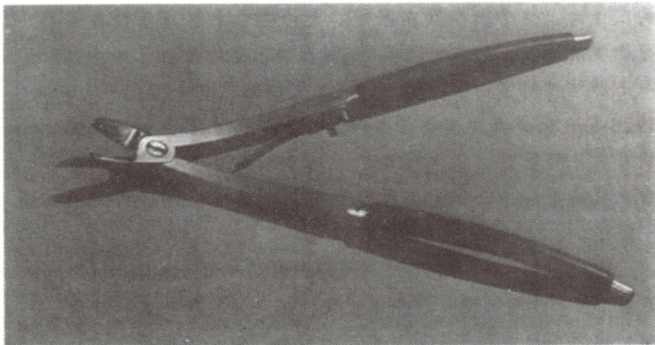

图3-2-6　白求恩发明的肋骨剪，也称肋骨截断器。藏于加拿大国家档案馆，PA1600723。
使用时间最长的医疗器械之一
图片源于《一位富有激情的政治活动家，国际主义战士白求恩作品集》第36页插图

图3-2-7　白求恩发明、设计、使用的医疗器械，肋骨截断器，1973年10月加拿大总理特鲁多代表加拿大政府赠送给了中国人民，现陈列于华北烈士陵园白求恩纪念馆

李季秀 摄

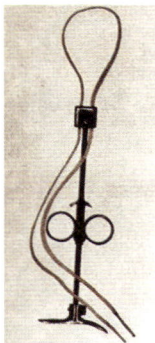

图3-2-8　白求恩发明的肺止血带

　　1931年夏，他和美国费城皮林父子公司签署了特许专利协议，后者负责全权制造和销售由白求恩发明，并以"白求恩器械"命名的外科手术器械，其中有一些至今仍在广泛使用，这足以说明当时发明这些器械的实用价值。

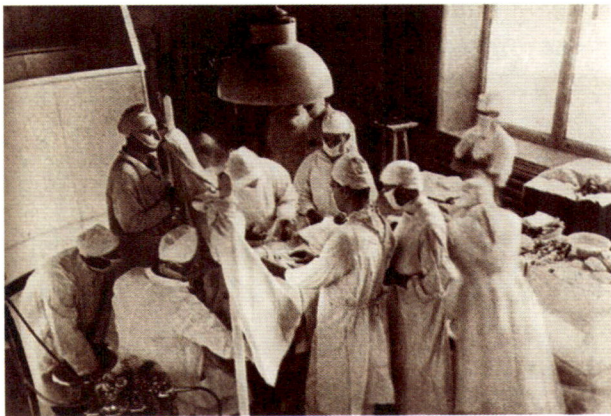

图3-2-9　1928年至1932年，白求恩在加拿大魁北克省蒙特利尔市维多利亚皇家医院工作近5年。这是白求恩在手术室工作的情景

图3-2-10　白求恩在这里——加拿大魁北克省蒙特利尔市维多利亚皇家医院学医所成，闻名遐迩

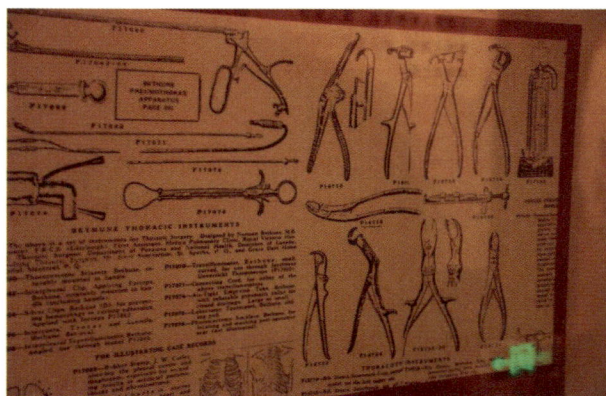

图3-2-11　白求恩设计的手术器械的图谱　李季秀 摄

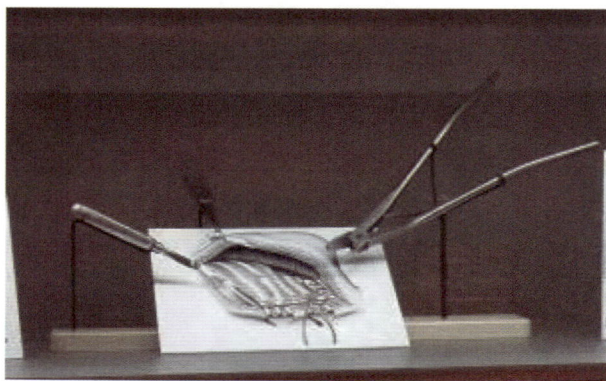

图3-2-12　白求恩发明的手术器械工作示意图　许溟宇 摄

图3-2-13　在加拿大魁北克省蒙特利尔市维多利亚皇家医院白求恩常常使用
自己发明或改造的器械进行外科手术的手术室

　　白求恩大夫，也是麦吉尔大学的校友。尽管白求恩的医学博士学位是在多伦多大学取得的，但是从1928年起，他曾经在麦吉尔大学附属的皇家维多利亚医院工作过数年。历史上大量图片和实物，展现了白求恩不平凡的一生，并突出了1928年至1936年间白求恩在蒙特利尔麦吉尔大学和皇家维多利亚医院的生活和工作经历。1932年，他发表《肺结核治疗宜趁早》的论文，鲜明地提出"肺结核的根源不是病灶，而是贫穷"，此时整个北美正陷入空前大萧条，贫穷这个"肺结核的根源"不但无法根除，而且越来越严重，对此他苦闷不已，称"医生无法解决应由经济学家和社会学家解决的问题"。

　　白求恩是个雷厉风行的人，不仅仅是钻研医学，他还凭借着在医疗学术上的成就，于1933年，被聘为加拿大联邦和地方政府卫生部门顾问，1935年，成为美国胸外科协会的正式成员，并被选入该协会的5人委员会。1935年2月至1936年12月,白求恩在权威医学杂志上又发表了5篇论文。1936年,他又成为蒙特利尔组建内、外科协会的准会员。他邀请了一批内科医生、外科医生、牙医、护士和社会工作者以及统计学家加盟成立了名为蒙特利尔人民健康保障协会这个非政治团体。协会研究20世纪30年代大危机对民众健康的影响，以及健康专业人员从中应起的作用。白求恩带领这个团体从病人、医生和社会状况等方面进行了深入而广泛的社会调查，掌握了全面而系统的第一手数据和资料，这个团体还提出几种公共健康保健的模式，号召医生要放弃名医所享有的一切，到人民中间去，呼吁改变整个医疗制度，建立覆盖全民的福利医疗。于是,诞生了一份具有里程碑意义的声明——《蒙特利尔人民健康保障协会宣言》，这份宣言涉及范围广，无懈可击，具有预知性。他第一个提出倡导从魁北克省推行全民公共卫生医疗保障制度。

　　显然，他的学业与医术逐年精进。做事大胆和想象力丰富，是白求恩作为一名外科医生的特点。一方面，过硬的手术本领，高超的手术技巧，深入的医学研究等方面达到很深造诣，发表学术论文，发明医疗器械，白求恩已经成为当时具有世界影响力的医学专家。另一方面，白求恩不仅仅善于钻研，而且更加具备实用精神，各种医疗器械的设计都是从应用的实际情况出发，以解决实际问题为目的，使他达到医学巅峰状态。他凭借自己的精湛医术和学识，先后在加拿大、西班牙、中国的反法西斯与反帝国主义的战场上奋斗着。

白求恩在1935年11月加入共产党，他阅读的书籍为他奠定了坚实的理论基础，他相信每个走进历史的人都在成就历史，而不单单是与历史相伴。这是他人生最后三年的强大动力。白求恩是未来之事的先驱，他总是锐意进取；他从来不随波逐流，当他决定投身于某件事的时候，他会全身心地奉献自己，没有最大限度，只有更大限度。①青年白求恩的思想悄然地在发生变化，"毫不利己、专门利人"的思想开始萌发，一个纯粹的人正在形成。

图3-2-14　白求恩在蒙特利尔市住所的起居工作室一角

二、战争时期与医学器物

在白求恩读医学院第三年之前，战争爆发在即，他离开了医学院。1914年8月，24岁的"医学生"白求恩和大多数人一样关注欧洲局势，受到英国对德国宣战消息的激励，白求恩应招入伍。当时他在入伍志愿书上签署了自己的名字，并在入伍资料中教育背景一栏内填写的是一名医学生。

1914年9月，白求恩接到通知前往集结在魁北克瓦尔卡蒂埃，的加拿大远征军。他通过医学考试后，被分派到了加拿大陆军医疗团第二野战医院。10月4日，他乘船穿过大西洋，前往英格兰，1915年4月29日，在冒着炮火抢救伤员的时候，一块弹片击穿了白求恩的左小腿。11月，白求恩因伤退伍。在白求恩的退伍记录上，军方给予白求恩的军事修养的评价是"他是一位模范生"。后来他又回到医学院参与一个速成项目，1916年毕业。1917年2月的一天，因伤从陆军退役的白求恩在多伦多暂短停

① 武冰枝.诺尔曼·白求恩[M].任明辉，译.北京：人民卫生出版社，2012：68.

留，一位老妇人拦住在街上闲逛的他，问他，这么身强力壮的小伙子为什么不去为加拿大去打仗。妇人把一根象征胆小懦弱的白羽毛插在了白求恩的衣领扣眼中。正是那根白羽毛激发了这位第一批入伍的爱国战士，白求恩下定决心加入海军。决定重返吞噬着他的祖国和欧洲的战争前线。他成为一名中尉医生，驻守皇家海军柏伽索斯号，在北海线服役。直到1919年早期，战争结束后他才结束服役。他还花了不到一年的时间在新加拿大空军任医务人员，做过飞行员暂时失明的研究。

一幅只有一根白羽毛的装裱画讲述了一个特殊的故事。一战中服役陆海空军的往事，精彩地记录着白求恩为加拿大做出的重要贡献。

2014年8月1日加拿大白求恩纪念馆特别展览，首次全面呈现白求恩的一战事迹，直观展示白求恩从1914年至1920年先后服役加拿大陆海空军的历史往事。展品包括当年白求恩的入伍志愿书和退伍纪录，在皇家海军时使用的印有他名字的皮箱，一战中的手术刀折叠包，白求恩参加空军高空作业试验的照片等。

见证白求恩参战决心的皮箱

图3-2-15　2014年8月1日，加拿大白求恩故居纪念馆展出的白求恩
一战服役期间使用的印有他名字的皮箱　李季秀 仿绘

仿照实物照片，草绘了这只皮箱。它是采用很结实、耐磨又很坚韧的牛皮制作的，很经典的皮箱样式，皮箱的两侧边用褐色牛皮掩边，每个转角处都用铆钉另加一块褐色的牛皮加以保护，使整只皮箱看起来很牢固和耐用。皮箱的缝线清晰，扣袢也是牛皮制作，盖合严实，便于携带。特别醒目的是皮箱上面印有白求恩的名字。皮箱的表面已经变得凸凹不平，岁月的风霜和战火的硝烟虽然斑驳了皮箱的表层，但这只皮箱依然见证了白求恩参战的决心。

担负白求恩拯救他人生命的有力器具——担架

1914年9月8日白求恩到达欧洲就加入了比利时伊普雷镇附近的第一加拿大师。当时加拿大人与法国、比利时和英国陆军正并肩战斗，住在新挖的战壕里，战壕极度曲折以设置许多枪位，十月份这些战壕就满是水、泥和老鼠。[1]担架员的工作就是把受伤的、出血的或疼痛难忍的士兵从战场搬回到战壕救护站，做初步处理后送回后方更大的医疗机构。白求恩认为担架可以担负他拯救他人生命的满腔热情，他受

---

① 武冰枝.诺尔曼·白求恩[M]. 任明辉，译.北京：人民卫生出版社，2012：33.

过医学训练，又习惯于干体力活，做担架员是白求恩给自己最合理的选择。这种经历也许是白求恩永远的记号。担架员总是暴露在战斗员所有可能的危险中，但他总是忠实地拯救他人的生命。

一战中他以各种角色直接拯救着他人的生命：担架兵、飞行员、海军。

图3-2-16　1917年白求恩在英国皇家海军服役时。题词是："爱兄赠，1917年11月10日"

图3-2-17　1920年白求恩在加拿大空军某部任上尉军医，着重研究了飞行眩晕现象产生的原因

图3-2-18　白求恩在第一次世界大战战场上主动选择担任战地医疗救护团担架兵

白求恩在加拿大做医生的时候，见惯了资本主义的丑恶嘴脸。资本主义带来的是经济危机，工人下岗，榨取的是劳动人民的血汗，留下的只有束缚劳动人民的枷锁。白求恩试图寻求公平的医疗体制。白求恩当时在那个医院是主治医师，非常可怜那些穷苦人，所以经常是看病不要钱。正当《蒙特利尔人民健康保障协会宣言》推行中，由于这项声明以及他公开劝告政府和医生放弃由私人为健康保健提供资金的做法时，白求恩招来医学界的广泛嘲笑。1935年8月的苏联之行，使他开始把共产主义作为一个方案来解决大危机暴露的社会不公。恰在此时，西班牙内战爆发，白求恩赋予了西班牙斗争的世界意义，援助反法西斯事业的冲动强烈地激励着他，他

立即前往西班牙，奔赴民主制度与法西斯主义这一世界矛盾即将爆发的地点。1936年至1937年他带着对民主斗士的钦佩之情，投身到西班牙战争当中。关于白求恩在西班牙的许多情况，至今仍笼罩着神秘和引来不少的争议，此处，只关注他创办的一个移动的伤员急救系统，成了日后被广泛采用的移动军事外科医院的雏形。他为了解决远距离的失血过多伤员得不到及时输血救治的问题，周密地规划所需用物和器械，发明了世界上第一种运输血液的方法，在医学上具有重要的意义。

白求恩的远见和高明就在于当他一旦参与到一个事件当中，就能够立刻看清事件的本质，并且能够掌握发起这一事件的根源，能够尽快找到解决问题的各种方法并为之不懈努力。

当白求恩到达西班牙时，他立刻认识到前线对血液的需求。虽然一套输血体系已经建立，但这套体系远离前线集中在巴塞罗那，无法最快实现这一体系的功能。输血服务即刻成功所需的两个条件——需求与就在眼前的供给。他经受了西班牙战争的洗礼，他非常清楚，什么工作将成为他在西班牙最伟大的贡献。在大城市打响的这场战役中，他按照计划和筹备方案，组织平民进行大规模义务献血的想法在当时是一个突破，输血站吸引了成千上万的献血者。白求恩指出，献血给了西班牙人一个切实的途径来表达他们对佛朗哥的愤慨以及与前线的战士休戚与共的情感支持。在他的激励下，加拿大输血服务队开创了战地救护的新局面。白求恩的前线直接输血技术在西班牙内战之后也在继续挽救着许多人的生命。后来白求恩在中国运用了同样的经验，尽管由于文化上对输血的抗拒使它最初受到了阻碍，但最终还是赢得了响应。

白求恩在西班牙不仅仅是一个有眼光的医疗革新者，还是一个天生的倡导者，他充分而机智地运用了吸引公众注意的手段。他迅速组建了西班牙—加拿大输血站，明显标有"加拿大输血服务队"字样的卡车充分展现了白求恩身为加拿大人的自豪感与民族主义，以及他政治的敏感性和宣传才能。

白求恩在向援助西班牙民主委员会发出的第一份正式报告中，介绍了他组建加拿大输血服务队所需的器械和用物以及输血服务队的工作程序：

……在西班牙买不到汽车。我打算要一辆福特牌客货两用车，作为一辆卡车与一辆小汽车之间的一个折中。这辆车必须能运载大约1.5吨的货物，必要的话可以用作一辆救护车，而且它应当非常方便，能够比较舒适地运输4个人。

在巴黎我买不到这样的车，我不得不去伦敦。我在这里用175英镑买到了一辆车，它有放在车顶上的行李架和内置箱子等一些改装附件，是满足我们要求的一种好的运输工具，所以我购买了用于流动输血服务的整套设备。①

---

① 拉瑞·汉纳特. 一位富有激情的政治活动家——国际共产主义战士白求恩作品集[M]. 李巍，等译. 济南：齐鲁书社，2005：161.

图3-2-19　白求恩（右）和索伦森在英国购置医疗器材后，返回马德里

流动性这个念头一直在我的脑中，所以像诸如冰箱、自动高压灭菌器、细菌培养器这样的设备全都购置齐全。它们以汽油或煤油为动力，不依赖电力。

冰箱是伊莱乔勒克斯牌的，以煤油为动力，效率很高。自动高压灭菌器(用于消毒各种溶液和瓶子等)以汽油做动力，细菌培养器用煤油做动力，蒸馏水的制作也用煤油做动力。

这样，我们4件主要的仪器大约有一吨重(仅自动高压灭菌器本身就重约450磅)，它们占据了车内的主要空间。

此外，我们有175个各种各样的玻璃器皿——真空瓶、血液瓶、滴瓶、容器等等。我们拥有3套完整的直接输血设备，包括最先进的英式(弗劳德)注射器、显微镜血细胞测量仪、整套的胸部仪器、2000组供检测血型用的A型人和B型人血清，以及防风灯和气体面罩等等。

总之，我们的装备由1375个单独的部件组成。我们有足够的化学药品制作静脉注射用的生理血清、葡萄糖和柠檬酸纳溶液，估计它们可以维持我们3个月的用量。

这些化学药品装在防水锡盒中，每种都单独称出重量后包好，这样把每一种药品加入一定数量的蒸馏水中就能获得适当浓度的溶液。①

现在，谈谈我们的机构。我们通过新闻界以及当地每天的无线广播发出需求献血者的呼吁。结果，我们拥有了数千名志愿者，现在正忙着将他们分组，编排成卡片索引。目前，我们有800名献血者，几天后将超过1000名。城里大约有56所医院。我们已经考察了整个情况，把医院的情况登记造册，包括医院的大小、能力、地址、隶属的组织、电话、主治医生和服务类别等信息。办公室里的一幅巨大城市地图（4×5英尺）迅速向我们指出去这些医院的路径。（我们的办公室过去是图书馆，整个墙上排列着8000本书籍，金色锦缎的窗帘，还有奥布松的地毯！）

① 拉瑞·汉纳特. 一位富有激情的政治活动家——国际共产主义战士白求恩作品集[M]. 李巍，等译. 济南：齐鲁书社，2005：161-162.

我们每天挑选一组献血者来采集AB型、A型、B型和O型血液。眼下我们每天处理1加仑左右的血液，然后将其贮存在冰箱里。接到医院来的电话以后，我们立即把长颈瓶里的血液转移到加热的真空瓶中，放进背包中运送。此外还带上瓶子、新鲜的生理血清和葡萄糖溶液，外加一个彻底消毒的锡盒，盒内有毛巾、镊子、手术刀、注射器、肠线和各组检测血清。我们有15套这样的设备。

这样，我们到达后可以马上开始工作。我们走到伤员身边，判定他需要什么——血液或者生理血清，或者葡萄糖，或者这些东西的组合。如果由于严重失血而需输血的话，我们马上用检测血清给他"验血型"，这一工作通过刺破手指，一个玻璃棒和生理血清来完成，只需花费2分钟验出。我们接着给他输送所需类型的血液（AB型、A型、B型或O型）。

如果有怀疑，我们随时可以输O型血，因为这种血型被称为"通用"血型。经过柠檬酸盐处理的血液放在冰箱里，我们不能确定它能保存多少时间不坏，但正在试验并希望能保持几个星期。[①]

白求恩创建的血液流动运输站模型，更加创造性地应用到中国的抗日战场当中，成为流动的群众血库，共同地拯救了无数的生命。

在西班牙的战场上白求恩他们曾申请需要更多的救护车，更多的夹板和X光胶片，更多的外国护士，更多的脑外科医生。他们认为，由于缺少钢盔的适当保护，头部受伤的比例很高，假如战士能戴上钢盔，可以避免70%的头部受伤。但他痛苦地说，"法国和英国不让我们买钢盔来避免德国和意大利子弹的伤害"。

图3-2-20　1936年12月下旬，白求恩创办的"加拿大输血服务站"宣告成立。这是白求恩在街头流动输血车旁准备开赴前线

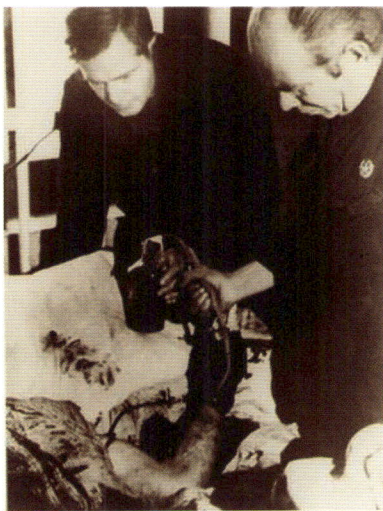

图3-2-21　白求恩奔波于马德里、巴塞罗那、阿尔梅里亚和马拉加前线之间为伤员输血

---

① 拉瑞·汉纳特. 一位富有激情的政治活动家——国际共产主义战士白求恩作品集[M]. 李巍, 等译. 济南: 齐鲁书社, 2005: 163-164.

共和国大规模溃败，白求恩带着一车的瓶装血液去帮助那些不幸的人们。白求恩他们在阿尔梅里亚西部狭长的沿海岸公路上，遇到了第一批可怜的共和国卫士们和大约10万人的难民。目睹了从马拉加到阿尔梅里亚的这次迁徙异常悲惨，白求恩发挥他的创作天才，充满情感地书写出来，名为《马拉加—阿尔梅里亚公路上的罪证》。

图3-2-22　1937年4月，在西班牙瓜达拉哈拉战役中，白求恩冒着枪林弹雨驾驶救护车亲赴火线，途中被迫匍匐越野脱险。这是脱险后次日的现场

在西班牙和中国的前线，救人其实就是与复杂危险的战争持续对抗的过程。发生在他身上的每一件事都意义非凡，每一次经历都为他以后做出的决定注入活力。许多人都说白求恩行动迅速，但并不冲动。一旦他决定要做什么，便立刻行动，从不浪费时间。[①]

关于白求恩离开西班牙，有人总结为白求恩可能具有易怒和专横的气质，这种性格特点在压力、危险和战争失败的影响下无疑被激化。第一，那些滥用"援助西班牙民主委员会"资金的行为轻易地激怒了白求恩；第二，新闻界对白求恩在向外宣传的独立性和出色才能方面的不断报道和称赞，引来西班牙人的嫉妒；第三，拍摄电影招来怀疑。这些因素招致一些处心积虑制造事端的西班牙官员对白求恩的非难。因此，有人向加拿大共产党报告对白求恩的忧虑，而且受到自己同志的冷落后，白求恩不得不离开了西班牙。

西班牙的经历看似不太成功，但他给西班牙共和国筹集资金的演讲却获得了巨大的成功。他的宣讲很有号召力，募集资金，成功争取合作。他成为一名真正的国际主义者，一个没有国籍的人，他唯一的归宿便是加入反法西斯的斗争。1937年6月，从西班牙回来后，在多伦多的第一次演讲中，他宣称："世界大战现在已经开始了。"而且更重要的是："这场战争——这次世界大战，将意味着今天世界上的法西斯主义的末日。"在这场历史性的冲突中,白求恩完全把自己看作是一位前线的战士。所以,人们毫不惊奇地看到,在这6个月中白求恩的注意力从欧洲战场跳到了亚

① 武冰枝.诺尔曼·白求恩[M].任明辉，译.北京：人民卫生出版社，2012：35.

洲战场,从西班牙跳到了中国。^①

第三节　中国抗战中的白求恩与器用

1937年7月30日,白求恩受邀参加美国洛杉矶医友晚餐会时,遇见了中国的教育学家陶行知先生。当他得知陶行知是受中国各界救国联合会派遣,自费出访欧、美、亚、非28个国家,宣传抗日救国时,他被陶行知先生的满腔热情和民族尊严深深地打动,立即伸出大拇指加以赞扬。白求恩了解中国正经受着日本法西斯的侵略,激起他心中强烈的国际主义和人道主义精神,于是,他毫不犹豫地向陶行知表示:"我愿意到中国去,和你们一起战斗!"他来到中国是出于对法西斯主义的恨,他决心帮助中国人民抗击日本法西斯,拯救中华民族于抗日战争的水火,感动于中国人民抗争到底的决心和勇气,他以实际行动温暖着一代又一代中国人民的家国情怀,并且点亮了中国人的共产主义追求!

1937年10月,《红星照耀中国》由戈兰茨公司第一次出版,在世界引起巨大轰动。《红星照耀中国》是美国著名记者埃德加·斯诺的不朽名著,是一部文笔优美的纪实性很强的报道性作品。作者真实记录了1936年6月至10月在中国西北革命根据地(以延安为中心的陕甘宁边区)进行实地采访的所见所闻。白求恩从中领略了中国工农红军以及许多红军领袖和将领的感召力和影响力,尤其是毛泽东和周恩来等最具代表性的人物形象,所以才有后来他们的相见如故。

1938年2月在上海出版中译本时,由于当时抗日战争已经开始,考虑到联合统一战线等情况,书名改为《西行漫记》。白求恩认为,假如西班牙已经发动起了一次反法西斯侵略的群众性抵抗运动的话,那么中国就能发动第二次。这对信仰共产主义的人们来说,是一份激动人心的信仰声明。就白求恩这位战士而言,他已经被迫从西班牙返回,就不能再错过第二次打击法西斯侵略者的机会。中译本出版后,在中国同样产生巨大的反响,成千上万个中国青年因为读了《西行漫记》,也像白求恩一样纷纷走上革命道路。还有艾格法特的书——《红军在前进》以及伯特兰的《中国第一步行动》也起到了积极引导的作用。因此白求恩更加向往到中国大显身手,也更加渴望见到毛泽东和周恩来这样的领袖人物。当他在1938年3月见过毛泽东之后曾写过这样的话:"他是一个伟人!是全世界最伟大的人之一!"

白求恩来到了中国的华北抗日战场,白求恩形容中国八路军就像投身于人民海洋中的鱼,他立刻穿上了八路军的军服,成为一条没有空隙停下来、没有时间喘

---

① 拉瑞·汉纳特. 一位富有激情的政治活动家——国际共产主义战士白求恩作品集[M]. 李巍, 等译. 济南: 齐鲁书社, 2005: 218.

息、就像一天到晚游泳的鱼。白求恩正像陶行知先生自我评价的那样："捧着一颗心来，不带半根草去"，他跨越万水千山，带来生活用具以及和中国抗日军民同甘共苦的决心，带来了便携式的英文打字机，带来了实用的X光机和小型发电机，带来了听诊器、一台血压计；他带来了止血钳、巾钳、拉钩、手术刀这样的武器；他带来了显现法西斯主义侵略行径的显微镜，他带来了记录日本侵略者残酷暴行的照相机；他带来大量的医学文献；带来了系统科学的管理理论；他带来了精益求精的医疗技术；他带来了满腔的革命热情，带来了……带着被中国人民的苦难、决心和勇气所打动的仁慈之心，为中国的八路军发明了药篓子，设计制作了药驮子，组织起群众输血队，编制教材，创办卫生学校，培训能够适应战斗的医务人员，留下一支永远不走的医疗队。他还留下了一份遗书和一份对中国人民浓厚的革命情谊，还留下了他对苦难中国走向胜利的期盼。虽然在当时的条件下，他本人也认为算得上奢侈地有一名厨师，一个勤务员和自己的房子，还有一匹日本良种马和一副好马鞍。正是这些生活中用到的器用和工作中发明创造的用具见证了他在中国的点点滴滴。来到了中国，白求恩发现了完全符合他的共产主义理想的一场革命和一个民族。他不断地完善自我，政治上走向更加坚定，最终成为一位大无畏的共产主义者，为了这个坚强的民族，全心全意地参与到这场革命当中。

一、白求恩在中国生活用的器物

白求恩来到中国，他来到一个语言不通，风俗习惯不甚了解，没有报纸，听不到广播，时时处处要有翻译配合才能交流，表达意愿，这是何等的孤独和无奈。对于这位既有远大抱负，又有沉甸甸的责任，同时又兼顾那么多急需改变的医疗救治状况，他的苦闷完全可以想见。所以他写日记，给朋友们写信，向中国八路军的领导呼吁，他把自己完全投入到一场革命中来。投入那么多的手术救治，编写教材，培训医务人员的任务当中去。他常常忘记吃饭，减少睡眠，马不停蹄地巡回在这村与那村之间。偶尔的闲暇，沐浴着暂时停止战斗的阳光，享受着宝贵的惬意时光，他是多么想与人畅所欲言，描绘心中对抗战胜利的向往！很有"说与旁人浑不解，杖藜携酒看芝山"的意味。然而抗日前线的炮声随时响起，他只有迅速拿起手术刀去冲锋陷阵，立即投入硝烟弥漫的战场。偶尔，日常生活有趣的片段也能激起涟漪，冲淡阴霾的日子，并通过这些生活的器物以及场景，来还原他与中国抗日军民的血肉联系和深厚情谊。

图3-3-1 仰卧在唐河边的山坡上，沐浴着阳光的白求恩

1.盛满革命情谊的餐具

白求恩在中国工作期间与何自新（助理）、董越千（翻译）结下了深厚的友谊。

白求恩早餐总要吃白煮蛋，说："Egg，Egg！"何自新听白求恩说："爱格，爱格！"不知啥意思，双手打开，意思是什么东西？

图3-3-2 白求恩用过的生活用品现陈列在白求恩国际和平医院 李季秀 摄

白求恩用手做成圆状，何自新立刻奔到厨房，拿来一个土豆，白求恩摆摆手，"No! No! No!"何自新又去拿了个地瓜，还是不对，两人大眼瞪小眼，你急，他也急，怎么办呢？忽然，白求恩弯着腰，叫了起来："格格格——大! 格格格——大!"

啊，原来是鸡蛋！何自新恍然大悟，他刚走了几步，回头看看白求恩，他得问如何吃啊！是炒着吃，蒸着吃，还是煮着吃？他用手势比画着炒菜的动作，见白求恩摇头，就跑进里面，左手一只碗，右手一个锅，意思是不是这样蒸着吃？白求恩再次摇头，嘴里喊着："Water，Water！""哇特是什么？"何自新更加弄不懂了，只好无奈地看着白求恩。

白求恩拿过锅子，往里放水，把鸡蛋放进去，啊，原来是煮鸡蛋，这还不容易！可是何自新老是达不到白求恩的要求，蛋黄不是太老，就是太嫩，终于有一天，白煮蛋的火候恰到好处，白求恩吃得可高兴了，奖励他一本书，并叫来董越千给两人拍照。白求恩坐着吃鸡蛋，何自新手捧着书，双脚立正，挺起胸膛，站在后面。①

好一幅充满生活气息的照片啊！从此以后，何自新更加细心地观察白求恩的任何生活细节，以便更好地为他服务。

图3-3-3　何自新一个恰到好处的煮鸡蛋换来书和一张自信的照片，

从中看出白求恩要求严格，精益求精于方方面面　董越千 摄

图3-3-4　白求恩用过的热水缸子现展于白求恩医务士官学校　李季秀 摄

① 丁言昭. 国际友人——白求恩[M]. 上海：中国中福会出版社，2015：30-32.

2.记录历史和宣传战事的照相机

白求恩来中国之前于1937年购置了柯达莱丁娜相机，柯达莱丁娜Ⅱ型(Kodak Retina Ⅱ)相机，设计特点是小巧便携，它是一台平视取景、双影重叠调焦的135折叠相机。折叠相机一般采用镜头前组移动调焦方式，柯达莱丁娜采用多头螺纹镜头整组移动调焦方式，确保了镜头的成像质量。该机从1937年开始投产至1939年停产，共有三款不同口径的镜头：Kodak Ektar50／3.5, Xenon50／2.8, Xenon50／2，白求恩的相机是Xenon50／2这款镜头。1938年，他来到中国，当他目睹了尾追的日本兵毫无遮拦，令他毛骨悚然的时候；当他看到硝烟弥漫了美丽的山川的时候；当他组织建设的模范医院成立的时候；当他正巡察在村这头的老百姓家的伤员，村那头却有信号报告已有日本兵窜进村，必须转移的时候；他为那些真实可信的画面所感动、所震撼，他利用这个心爱的莱丁娜相机记录下一个个珍贵的历史瞬间，保存下一个直观的、一目了然的历史。

图3-3-5　现陈列在中国摄影史料陈列室的白求恩赠给沙飞的照相机[①]

据沙飞之女王雁讲，沙飞第一次和白求恩见面挺特别：1938年5月，沙飞因为身体不好，住进山西五台县耿镇河北村的军区卫生部卫生所休养。6月，白求恩率领医疗队从延安到达五台县金刚库晋察冀军区司令部驻地。当时他骑着一匹枣红色骏马，身穿米黄色夹克衫，足蹬皮靴，架着一副金丝边眼镜，头发灰白而稀疏。在他身后，一列驮马背上的器材箱上还覆盖着树叶以便伪装，其中有大量的药品，还有显微镜、X光机以及一套手术器械。正在住院的沙飞策马赶到司令部，拍下了第一张白求恩的照片。

1938年8月初，五台县松岩口村为建"模范医院"而热闹起来。白求恩每天除了开处方、做手术之外，还亲自设计医院图纸，指挥施工。沙飞也常常背着相机到松岩口晃悠。9月15日，聂荣臻、宋劭文等在紧张备战的情况下参加了根据地第一所模范医院的落成典礼，身着军装的白求恩显得格外精神，沙飞拍摄了许多模范医院和

---

① 白求恩赠送沙飞的照相机[OL]. http://www.doc88.com/p-703223049429.html.

白求恩的珍贵照片。

　　沙飞用并不流畅的英语同白求恩交流，同样是摄影爱好者的白求恩自然乐于打开话匣子。他们一起讨论在战场上使用哪种照相机效果最佳，战地摄影与一般摄影的区别，怎样拍摄得又快又清晰等等。白求恩自己也为康复的日军战俘拍照，并同沙飞一起千方百计将拍摄到的照片向延安、重庆、敌占区以及国外发稿，力图让更多的人了解八路军的顽强抗战。很快，两人成了非常好的朋友。

　　渐渐地，白求恩对沙飞的摄影技术大加赞赏。他曾经写信给延安的马海德："……今后，我们打算就在这里（晋察冀根据地）冲洗胶卷，因为我们已经从天津弄来一些照相器材，我们还有一个很出色的摄影师……"

　　白求恩去世前夕，写了遗嘱，其中一句是"照相机给沙飞"。但照相机被交到司令部作战科长李廷占手里，他感觉这个照相机非常好，很珍贵，就没有立即给沙飞。沙飞得知后，很快去找他，不客气地说，你应该把照相机给我！

　　李廷占是长征干部，刚跟沙飞学会了照相，俩人关系不错，他就跟沙飞开玩笑说，你用手表换照相机。当时大家几乎都没有手表，但沙飞毫不犹豫地把手表摘下来递给他换回了照相机。当沙飞手捧着战友的遗物时，禁不住掉下了眼泪。他明白，战友的馈赠，是对中国抗战、对中国摄影事业的支持。他特别珍爱这部相机，一直随身携带，精心保护，并用这部相机拍摄了大量的抗日战争和解放战争题材的照片，用它培育了中国新一代的摄影记者。相机如同挚友一直伴随着沙飞，直至1950年3月，沙飞逝世后，沙飞的长子王达理把白求恩赠给父亲的相机及其他遗物，上交新闻摄影局副秘书长兼摄影处处长石少华保管。

　　1956年12月19日，中国摄影学会成立，石少华身先士卒把沙飞的遗物和其他一些文物，捐给刚刚成立的中国摄影学会。在中西合璧的木制小楼的一层，开设的中国摄影史料陈列室，室内添置一排红酸枝展柜，陈列着第一批社会捐赠和收购的珍贵摄影文物，白求恩送给沙飞的相机是镇室之宝，每逢东欧社会主义国家的摄影家来访，学会领导都会请他们参观中国摄影史料陈列室。

　　白求恩送给沙飞的相机，赋予相机一种文化内涵，它是全人类共同的精神财富。作为国际反法西斯战士的白求恩把相机带到中国，并用它向国外发稿，向世界宣传中国的抗战情况；后来相机传到沙飞手上，它的潜能被充分发挥，相继记录了抗日战争和解放战争；相机传到学会手上，它作为中国摄影史料陈列室的镇室之宝，持续发挥着中国摄影史物证的功效，相机就像接力棒一样，一代又一代地相传下去。

　　白求恩是一个技艺高超的摄影师，他在西班牙和中国都拍了很多照片，包括为毛泽东拍摄的珍贵照片。青年政治家毛泽东伟大的光辉形象定格了白求恩对他的赞赏，本就热爱摄影的白求恩也许就是用他的莱丁娜相机记录下他的眼中的毛泽东，并于1938年寄回了加拿大。

3.温暖过几代人的羔羊皮大衣

图3-3-6　为白求恩遮风挡寒的羔羊皮大衣原件现展于白求恩国际和平医院　李季秀 摄

图3-3-7　仿制白求恩穿过的羊毛大衣，现展于白求恩国际和平医院　李季秀 摄

白求恩穿过的羔羊皮军大衣的流传经过：

1938年6月，白求恩从延安到达晋绥军区，临别前把羔羊皮棉大衣赠给卫生部部长曾育生（现为任云南省卫生厅离休干部）。

1940年秋后，曾育生部长被调往延安学习离开单位时，把大衣赠送给部下吴业家。原成都军区38分部部长离休干部。

1947年吴业家又将大衣赠送给要转业回乡的管理员陈秀峰。陈秀峰回到家乡河北省任邱县七间房公社西坞三村，一直穿用着。

1968年陈秀峰病故后，将"大衣"移交给侄子陈老琐的母亲穿用，为其方便，把"大衣"改做成有襟的女式黑棉布皮袄。

1978年陈老锁母亲病逝。陈老琐又将黑棉布皮袄送给其姐陈小英穿用。（陈小英是陈秀峰的侄女）

1982年吴业家部长，通过河北省任邱县民政局，从陈小英手中将白求恩穿过的羔羊皮棉大衣的羔羊皮原件找回。1982年由原成都军区38分部政治处举行隆重交接仪式，将羔羊皮棉大衣羔羊皮原件敬献给白求恩纪念馆。1999年，为纪念白求恩逝世60周年，将羔羊皮棉大衣的复制件和羔羊皮的原件同时展出。

4.在巡回医疗和行军途中功不可没的马镫、马鞍

皮革包着木框做成马背上的座位被人们叫作马鞍。马鞍是马具之一，它的形状很适合骑马人的臀部，前面和后面都是向上凸起的，中间的部分比较低。马鞍可以阻止骑马人的身体向前后移动，因此骑马的人可以平稳地坐在马背上。匈奴人把马鞍带入了欧洲，西方的学者曾经这样评价道：马鞍是人与马完全结合在一起的关

键，这样不论马怎么跑，骑士们都能稳稳地坐在马背上。

图3-3-8、9　白求恩用过的马镫、马鞍现展于唐县白求恩柯棣华纪念馆　李季秀 摄

马镫在使用时拴在马上，是骑马人的脚悬挂的地方。马镫是匈奴人发明的，是匈奴人最伟大的发明之一。在唐朝时期，马镫被广泛使用。在匈奴人把马镫带到欧洲之前，欧洲人从来没有见过马镫。西方学者这样评价：它给骑手们一种安全感，同时也能让他们在马上站起来向各个方向转身。马镫和马鞍的使用，使骑手们骑马变得比较安全，骑马的人可以较平稳地坐在马背上，不会轻易地就滑落下来，马鞍还使坐在马背上的人不用花太多的精力，从而能减少疲劳感。

骑兵通过使用马镫和马鞍，能够很好地驾驭战马，大大地增强了战斗力。相信白求恩是借助这样的马鞍和马镫才完成了4个月里，1500余里的行程，建立13处手术室和包扎所的，完成1000多名伤员的救治。

4.凝结白求恩与聂荣臻深厚友谊的马褡子

马褡子，一种搭在马背上的口袋，口袋里可以装用物，可以当马鞍用。

图3-3-10　这件马褡子，长160厘米，宽90厘米，质地为布，1959年10月，由聂荣臻捐赠军事博物馆。1938年，白求恩率援华医疗队来到中国，经武汉转道西安、延安，于6月抵达晋察冀解放区所在地山西五台。白求恩被晋察冀军区司令员聂荣臻聘为军区卫生顾问，与聂荣臻建立了深厚的友谊。这个马褡子是白求恩在晋察冀军区工作期间赠给聂荣臻的纪念品。图片来自中国军事博物馆官网

图3-3-11　根据图片想象白求恩在此次巡回医疗中，也许用的就是这样的马鞍和马镫

图3-3-12　白求恩用过的马灯，现展于唐县
白求恩柯棣华纪念馆　李季秀 摄

图3-3-13　白求恩用过的马灯，现展于唐县
军城镇牛眼沟村晋察冀卫生学校旧址
李季秀摄

　　马灯，一种可以手提的、能防风雨的煤油灯，骑马夜行时能挂在马身上，因此而得名。沿海地区大部分用于船上，也有"船灯"的叫法，尤其是有风有雨的天气，真是渔民的照明利器！马灯是20世纪，在中国产生的一种照明工具。它以煤油作灯油，再配上一根灯芯，外面罩上玻璃罩子，以防止风将灯吹灭，夜行时可挂在马身上，在20世纪70年代用得最为广泛。

　　马灯，必有马鞍。马鞍是铁的筒架，下端有一油皿，螺丝盖，全封闭，油不滴漏。上端有两个铁盖，分层有空隙，便于出气。中间是一块玻璃罩。还有一根铁丝提手。这种灯，难得停留锅台灶角，大多在户外游走，与居家的罩子灯组成灯的家族，一主外，一主内，马灯是灯中的伟丈夫。

　　马灯，以煤油为燃料的历史，慢慢地被改写，现代LED的发展，是其有了新的光源，传统的外形，配上现代的光源，仍然让其为喜欢野营的夜行人照亮了道路。[1]

---

① 马灯[OL].http://m.baike.so.com/doc/7839572-10436206.html.

灯作为照明的工具，实际上只要有盛燃料的盘形物，加上油和灯芯就能实现最原始的功用。而具有一定形制的灯的出现，则是人类将实用和审美结合的成果。这类的油灯就是当时的中国老百姓用来照明的，与白求恩童年时期家里的油灯相比，还是不够美观，显得简陋，却实现相同的照明的功能。

图3-3-14　白求恩用过的油灯，现展于唐县白求恩柯棣华纪念馆　李季秀摄

图3-3-15　这手表就是白求恩在遗书中写到的留给潘同志（潘世征）的那只，现藏于白求恩国际和平医院　李季秀摄

图3-3-16　现陈列在白求恩国际和平医院白求恩的腰带

在中国，白求恩生活了近两年的时间，他当年在前线用过的生活物品：普通的餐具、老式的煤油灯、打着补丁的皮袄。这些连同他在前线俭朴生活的历史照片，

见证了那段中国革命的艰苦岁月，也见证了白求恩与抗日军民的休戚与共，为人民鞠躬尽瘁、坚强乐观的态度，白求恩对工作一丝不苟，对伤员字字深情的嘱托，感人至深。我们可以触摸到一个真正伟大的灵魂，感受到一种高贵的品质和动人情感。

二、白求恩在中国工作中的器物

白求恩工作中的器物包含了随白求恩漂洋过海来到中国的显微镜、X光机、便携式打字机、听诊器、血压计，还有大量的手术器械，这些器物助推了医疗救治的规范化和开启医学教育的新里程。

1.从微观了解宏观医学的显微镜

显微镜是由一个透镜或几个透镜的组合构成的一种光学仪器。用于放大微小物体成为人的肉眼所能看到的仪器。显微镜分光学显微镜和电子显微镜。光学显微镜是在1590年由荷兰的杨森父子所首创。现在的光学显微镜可把物体放大1500倍，分辨的最小极限达0.2微米[①]。

光学显微镜的种类很多，主要有明视野显微镜（普通光学显微镜）、暗视野显微镜、荧光显微镜、相差显微镜、激光共聚扫描显微镜、偏光显微镜、微分干涉差显微镜、倒置显微镜。

电子显微镜有与光学显微镜相似的基本结构特征，但它有着比光学显微镜高得多的对物体的放大及分辨本领，它将电子流作为一种新的光源，使物体成像。常用于生物、医药及微小粒子的观测。

第一架真正的显微镜，是用一片凸透镜和一片凹透镜重叠起来组合而成，又称为复式显微镜，是荷兰眼镜匠詹森父子制成的，后来经意大利天文学家伽利略加以改良，显微镜才有了更佳的效果。

最初的显微镜很简单，只能放大50~200倍，以后又不断改进，逐渐发展。光学显微镜可以观察到细菌的形状。人们利用它看到了物质内部的精细结构。看见所有物质都是由一些肉眼看不见的极小极小的微粒组成的。现在，由于数码显微镜的应用，越来越多的病理学实验室开始启动数字病理学实验室进行。

数码显微镜又叫视频显微镜，是在光学显微镜的基础上加了一个数码成像装置，可以将显微镜看到的实物图像通过数模转换，使其成像在显微镜自带的屏幕上或计算机上。目前，医学领域的发展越来越离不开显微镜，随着各类不同品种的显微镜越来越科学精密，显微镜所发挥的作用也越来越重要。

光学显微镜：观察细胞、组织、细菌等的外貌和形态，是常规的应用。

暗视野显微镜：观察目标的细节，包括缺陷、边界等。

荧光显微镜：观察特殊的结构、组织，对目标的性质鉴定及对物质（蛋白

---

① 显微镜[OL].http://baike.sm.cn/item/6ef7e450804d2a842159153067448a0d.html? from=smsc&uc_param_str=dnntnwvepffrgibijbpr.

质）、特殊细胞、特殊微生物的追踪。

偏光显微镜：鉴定一些对偏光敏感的特殊成分的性质。

生物显微镜应用于生物、病理、细菌、组织、免疫、遗传等教学和专业研究、临床实验的领域。

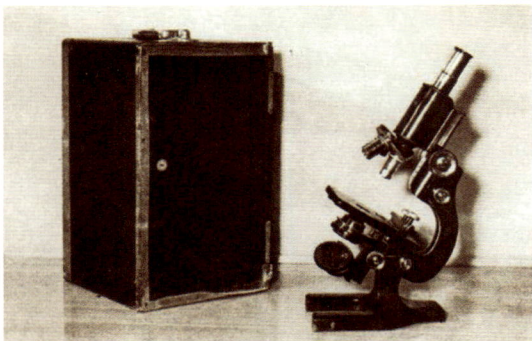

图3-3-17　白求恩用过的显微镜，现展于唐县白求恩柯棣华纪念馆

2.兼具诊断和教学职能的X光机

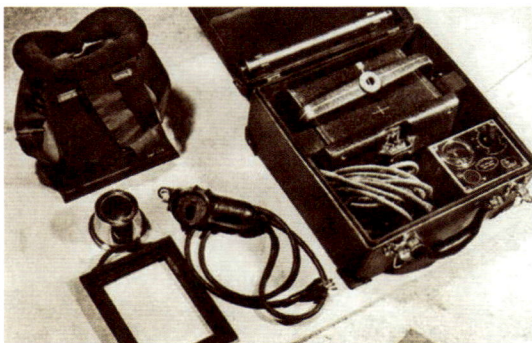

图3-3-18　白求恩带来的一部小型X光机（还另有一发电机）

图3-3-19　白求恩从国外带来的手提X光机，这架X光机是白求恩医疗队随身携带的医疗器械之一，1938年5月白求恩离开延安到后方医院巡视时，将它留在延安。长28厘米、宽21厘米、高16厘米，美国制造，缺变压器，白求恩以精湛的医疗技术为中国抗日军民服务，并培养了大批医务干部。1950年华北军区后勤部拨交。现藏于中国国家博物馆

X光机的医学应用："X光从根本上改变了我们对这个世界的看法和认识，尤其是我们的身体。"

（1）X射线诊断

X射线应用于医学诊断，主要依据X射线的穿透作用、差别吸收、感光作用和荧光作用。由于X射线穿过人体时，受到不同程度的吸收，如骨骼吸收的X射线量比肌肉吸收的量要多，那么通过人体后的X射线量就不一样，这样便携带了人体各部密度分布的信息，在荧光屏上或摄影胶片上引起的荧光作用或感光作用的强弱就有较大差别，因而在荧光屏上或摄影胶片上(经过显影、定影)将显示出不同密度的阴影。根据阴影浓淡的对比，结合临床表现、化验结果和病理诊断，即可判断人体某一部分是否正常。于是，X射线诊断技术便成了世界上最早应用的非创伤性的内脏检查技术[①]。

（2）X射线治疗

X射线应用于治疗，主要依据其生物效应，应用不同能量的X射线对人体病灶部分的细胞组织进行照射时，即可使被照射的细胞组织受到破坏或抑制，从而达到对某些疾病，特别是肿瘤的治疗目的。

（3）X射线防护

在利用X射线的同时，人们发现了导致病人脱发、皮肤烧伤、工作人员视力障碍、白血病等射线伤害的问题，为防止X射线对人体的伤害，必须采取相应的防护措施。以上构成了X射线应用于医学方面的三大环节——诊断、治疗和防护。

其中就是基于X光机对结核的作用，因为当时结核在全世界范围内肆虐。 另一方面，X光机在战地救护当中对骨折、子弹的穿透伤等清晰地显影，极大地提高诊断率、治疗的有效性和及时性。对于白求恩来说，投入战地救护当中，这架X光机发挥最大作用的就是他的医学诊断和教学作用。

3.医生离不开的听诊器

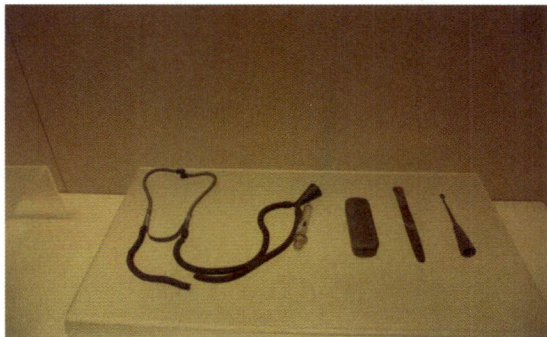

图3-3-20　现展存于唐县白求恩柯棣华纪念馆的听诊器、注射器、针盒等用具

李季秀 摄

---

① X光机[OL].http://baike.sm.cn/item/06ce658f2e26475a3f2821f1535b37fc.html? from=smsc&uc_param_str=dnntnwvepffrgibijbpr.

听诊器是内外妇儿医师判别心跳血压等生命体征必备的，是最常用的诊断用具，医生常常随身携带，现代医学即始于听诊器的发明。听诊器自从被应用于临床以来，外形及传音方式不断地改进，但其基本结构变化不大，主要由拾音部分（胸件）、传导部分（胶管）及听音部分（耳件）组成。听诊器前端是一个面积较大的膜腔，体内声波鼓动膜腔后，听诊器内的密闭气体随之震动，而塞入耳朵的一端，由于腔道细窄，气体振动幅度就比前端大很多，通过固体传声的原理，由此放大了患者体内的声波振动。

听诊器类型目前有单用听诊器、双用听诊器、三用听诊器、立式听诊器、多用听诊器以及最新出现的电子听诊器，一般由听头的不同组合分成多种类型。扁形听诊头常用于听诊高音调杂音大小，双功能扁形听头用于探测低频心音，扩张音和第三音以及第一、第二心音，已经能听到小儿的心音。钟形听诊头常用于听诊低音条高杂音，可以听到腹中的婴儿心跳。表式听诊头，常用于听诊手腕的脉搏声响[①]。呼吸系统可以用来听肺的呼吸音，判别肺内病变。量血压也常用到听诊器。

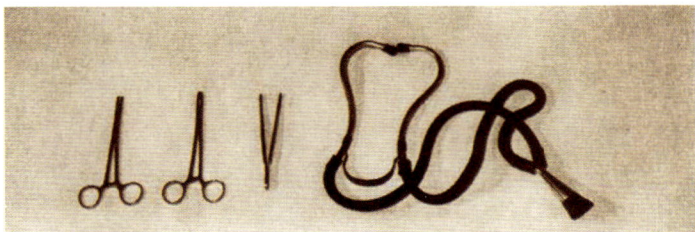

图3-3-21　白求恩用过的钟形听诊器、镊子、止血钳原件现展于白求恩国际和平医院

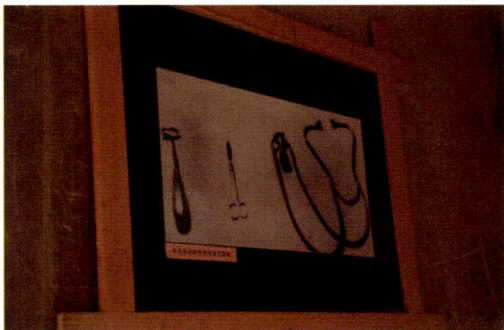

图3-3-22　白求恩送给晋察冀卫生学校的诊查工具

图3-3-23　这款听诊器长50厘米，是橡皮、金属的质地，1939年8月，白求恩看到与其一同工作的孟毅没有听诊器，便将自己使用的听诊器赠送给孟毅。新中国成立后，孟毅将此听诊器作为纪念品转赠给外甥女姚爱华。现陈列于中国革命军事博物馆　图片来源于中国军事博物馆官网

---

① 听诊器[OL].http://baike.sm.cn/item/a4c18165d6665f685599af1c9e606f47.html? from=smsc&uc_param_ str=dnntnwvepffrgibijbpr.

4.稀缺的血压计

这是气压表式血压计，携带方便，无水银污染，但其准确度不及水银柱式血压计。随着应用次数增多，会因弹簧性状改变影响准确性，但在当时战地救护当中，血压计是测量血压、判断休克状态、诊断病情、解决急救问题的稀缺器械之一。

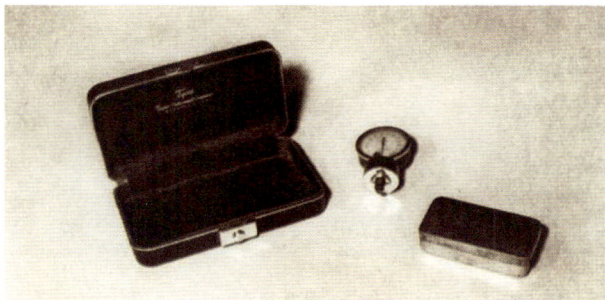

图3-3-24　白求恩带来的血压计、针盒，原件现展于白求恩国际和平医院

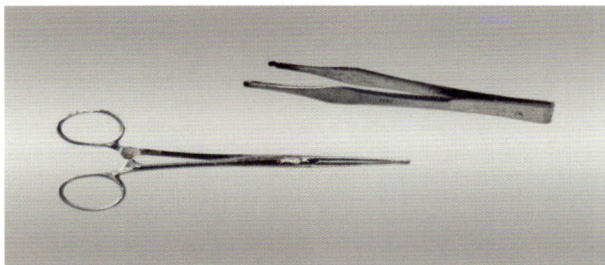

图3-3-25　这套止血钳长 13 厘米，镊子长 12.4 厘米，不锈钢的质地，是1938年白求恩在晋察冀后方医院为伤员做手术时用的。现陈列于中国军事博物馆　图片来源于中国军事博物馆官网

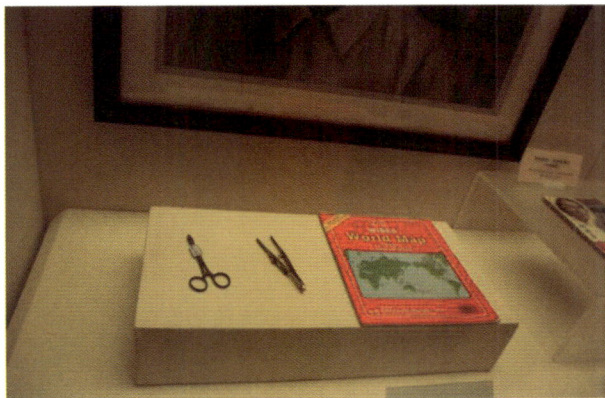

图3-3-26　唐县白求恩柯棣华纪念馆的白求恩用过的手术器械　李季秀 摄

图3-3-27　白求恩常常细心地保养这些手术器械

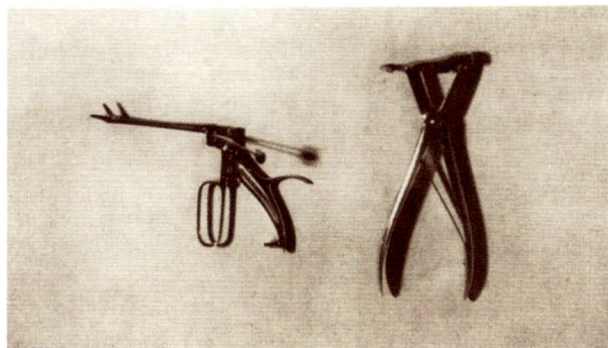

图3-3-28　白求恩用过的肋骨剪、组织剪

图3-3-29　现陈列于白求恩国际和平医院纪念馆的组织剪　李季秀 摄

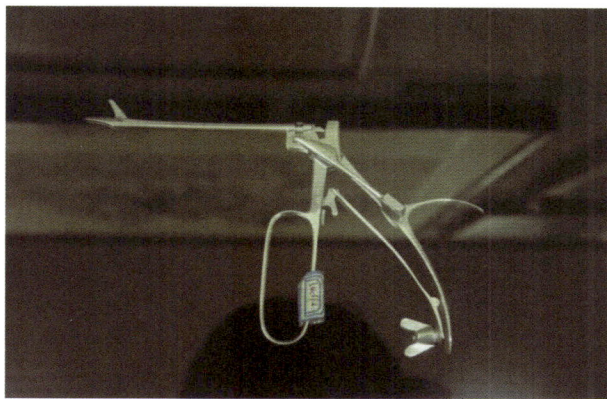

图3-3-30　现陈列于白求恩国际和平医院纪念馆的肋骨剪　李季秀 摄

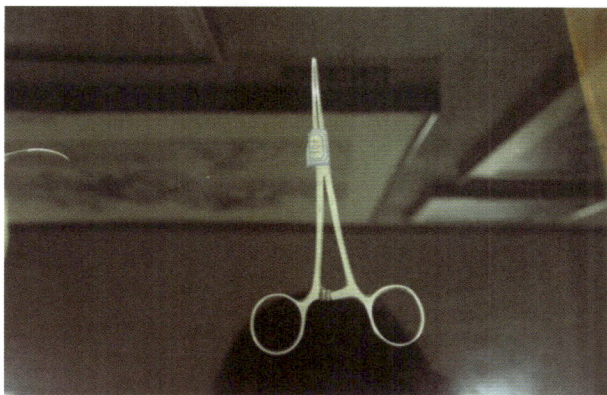

图3-3-31　现陈列于白求恩国际和平医院的白求恩用过的弯止血钳　李季秀 摄

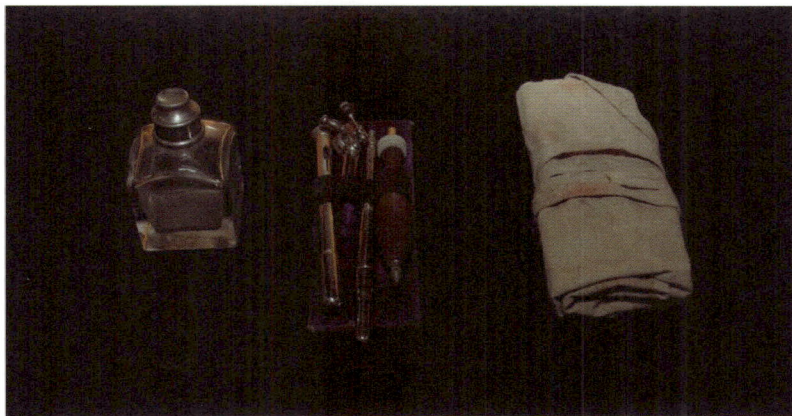

图3-3-32　现陈列于白求恩国际和平医院的白求恩用过的牙科铬白金手术器械　李季秀 摄

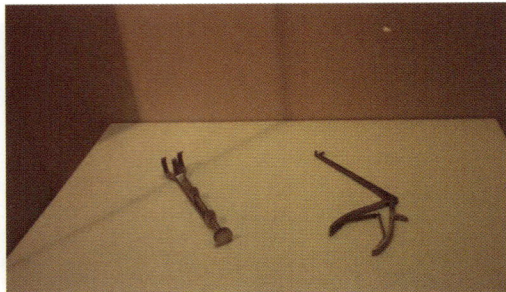

图3-3-33、34　现陈列于唐县白求恩柯棣华纪念馆白求恩用过的手术器械　李季秀 摄

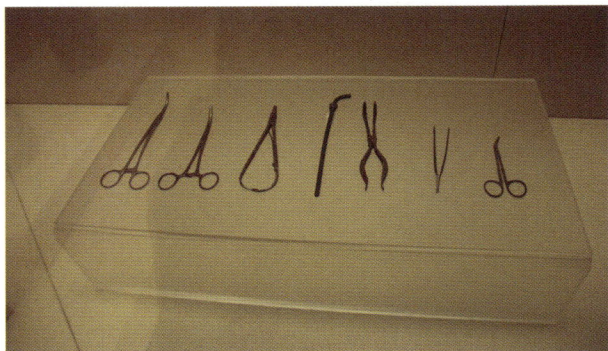

图3-3-35　现陈列于唐县白求恩柯棣华纪念馆的手术器械，白求恩常常精心地养护这些宝贝，
有的就是白求恩发明器械图谱中的一个　李季秀 摄

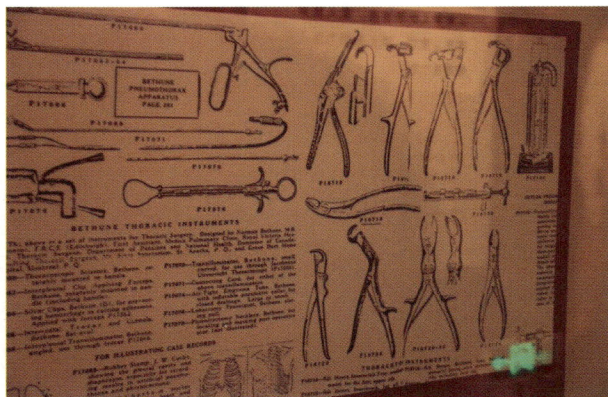

图3-3-36　白求恩发明的手术器械图谱　李季秀 摄

在当时医疗条件极端困难的情况下，白求恩带来的大批药品、显微镜、X光机和手术器械，极为宝贵，发挥着不可估量的作用。白求恩大夫生前十分珍惜这些手术器材，用它们为敌后抗日军民实行手术，挽救了许多战士的生命。

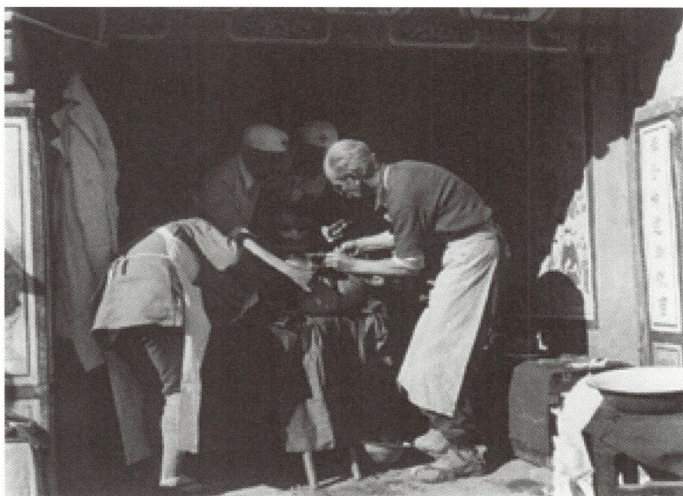

图3-3-37 白求恩在摩天岭孙家庄小庙中为伤员手术 吴印咸 摄

5.编写教材、发出文稿和报告的打字机

打字机（Typewriter）是用以代替手工书写、誊抄、复写和刻制蜡版的机器。它是用于书写的一种机械的、电机的或电子的设备。使用时，通过敲击键盘上的某一个按键，该按键对应的字符的字模会打击到色带上，从而在纸或其他媒介上打出该字符[①]。打字机让我们远离了用笔写字的束缚，从此开始了新的文化进程。

图3-3-38 白求恩用过的打字机

---

① 打字机[OL].http://baike.sm.cn/item/3515249db75c803e84a9912c626373c6.html? from=smsc&uc_param_str=dnntnwvepffrgibijbpr.

当时的打字机还不能像今天的打字机这样方便地打出来清晰的字。而且操作也比较麻烦，但我们从今天电脑键盘上的26个英文字母的排列顺序中，仍可以看到旧时的机械式打字机的影响。

当时的白求恩就是用他的这台轻便打字机书写材料向延安汇报工作，为医务人员编写教材，发出文稿和报告呼吁国际社会的援助，可以想见，这要花费他多少心血。白求恩那似乎无穷无尽的精力和才能，让他的影响超越了医学界，甚至在偏远的地区，他也能找到办法让外部世界了解中国的抗日战争。

图3-3-39　白求恩带来的英文打字机
现陈列于唐县白求恩柯棣华纪念馆　李季秀 摄

图3-3-40　白求恩编写的宝贵教材

图3-3-41　白求恩正在用这台打字机冒着酷暑编写各种教材

1939年秋天，白求恩马不停蹄地在各地战场救治伤员，只是因为中间有段时间，因脚部受伤，迫不得已在河北唐县和家庄居住了一个月。他休息也并未停下来，利用这个休养时间，为中国的八路军编写了《游击战中师野战医院的组织和技术》一书，随着这本书的印刷，白求恩真正懂得并融入了中国人民的抗日战争当中。

图3-3-42　当时白求恩在唐县和家庄条件
十分艰苦的宿办室

图3-3-43　白求恩医务士官学校陈列着
白求恩用过的桌椅的原件

图3-3-44　宿办室的场景照片

图3-3-45　白求恩在和家庄宿办室用过的油
灯、马灯，现展于唐县白求恩柯棣华纪念馆

图3-3-46　现陈列在唐县白求恩柯棣华纪念馆的白求恩用过的
桌、椅和行军床等用物　李季秀 摄

三、白求恩在中国改良过的器物

白求恩是一个不拘传统、敢于创新的人。他说："一个战地的外科医生，同时要是木匠、缝纫匠、铁匠和理发匠。"他自己用木匠工具几下子把木板锯断、刨平，做成靠背架，让手术后的伤员靠在上面使呼吸畅通。他一有空闲，就指挥木匠做大腿骨折牵引架、病人木床，铁匠做托马式夹板和洋铁桶盆，锡匠打探针、镊子、钳子，分配裁缝做床单、褥子、枕头⋯⋯

图3-3-47　白求恩指导铁匠赶制托马氏夹板

图3-3-48　白求恩自己动手用木工工具刨子，做起医用器材

图3-3-49　热火朝天地制作医疗用具的场面

图3-3-50、51　白求恩用过的木工工具　现陈列于唐县白求恩柯棣华纪念馆　李季秀 摄

图3-3-52　白求恩打制"托马式"夹板所用的铁具

图3-3-53、54、55　白求恩和工匠师傅们用几天热火朝天的劳作，就打好了100多件医疗器具，这就是他们的劳动成果　李楠 摄

托马氏铁制腿部夹板在大腿骨折中的成功应用得到了证明。在日常实践中,特别是在河北中部从东向西长途运送伤员的过程中必须使用。

1.驮在骡背上的流动医院

"卢沟桥"流动医院，是当时敌后根据地三种不同类型的医院之一。"卢沟桥"流动医院，创新了流动医院的任务，流动医院的编制，流动医院的装备标准。"卢沟桥"流动医院就是白求恩以实际行动时刻践行他"当一名好医生不仅要技术好，还要时刻准备上前线"思想的最好例证。

在白求恩的倡导下，筹建的示范医院，通过5个星期军民共同努力，白求恩亲自指挥，木工、铁匠炉、锡焊工、缝纫组、泥瓦工一齐动手应用这些木工工具，铁制工具，热火朝天地把医院落成了。这所医院在军区产生广泛而深远的影响,医院从规范建制、科学管理、人才培养以及树立新风等方面显有成效，敌人意识到这所医院构成的威胁，不惜动用大量兵力将其摧毁。可见敌人对此医院的重视。模范病室被摧毁，却无法摧毁白求恩为中国抗日军民提供科学、实用的卫生服务的决心。他充分考虑游击战争中队伍的极端移动性，没有固定的或永久的阵地，无所谓"前方"或"后方"，一切行动迅速、变化无常的特点。卫生工作设施必须随机而动，便于携带，便于取放和拆卸，便于转运。崇高的责任感激发他创造流动医院的热情，白求恩经历了4个月冀中的游击战争环境，得到了怎样打仗,怎样流动转移,怎样护理伤员，怎样搬迁医院的实战经验。面对当时的境况，富有科学思维和创造才能的白求恩，看到我军战斗的千变万化，他认为游击战争中医院的特点应是搬得动，展得开，打得响。前方医院应机动灵活，后方医院要分散隐蔽，要求医院运输、装备从编制上创新。细心的白求恩到冀中以后，观察到农民往地里送粪用的粪驮，既好装，又好卸，十分方便。由此，启发了他的灵感。他利用战斗空隙时间，找来几个心灵手巧的木匠，亲自设计和指导木工制作，经过反复地修改，终于做成了第一个"药驮"。①"药驮"形象而有趣地取名"卢沟桥"。桥顶是个没有盖的箱子，里边可以存放各种夹板;"桥"的两边各有三个抽屉,抽屉设有若干小格,可以装各种手术器械和药品;两个药驮子上横搭一条门板，就成了一个轻便灵活的手术台。也就是说，一个手术室，一个换药室，一个小药房都可以放在马背上驮走。一个小型的医院就这样在马背上诞生了。这个流动的医院有条不紊，井然有序。

白求恩这样描述驮在骡背上的流动医院的运转情形:

我们的装备还算充分,包括一个可折叠的手术台、整套的手术器械、麻醉剂、25副木制夹板、10副铁制托马式夹板和无菌纱布等，所有这些都由3只骡子驮着。3名大夫和麻醉师(董同志)骑马，剩下的大夫包括手术室护士、厨师、2名护理员、2名马夫步行。由于在乡间跋涉很困难,骑马和走路差不多一样慢,每次到达目的时,步行人员

---

① 冀国钧, 张业胜. 诺尔曼·白求恩在中国[M]. 北京: 中国协和医科大学出版社, 2007: 56.

和驮着设备的骡子只比骑马的人慢2个小时左右。[①]

白求恩根据自己亲自在前线救护的统计资料，拟定了一个可供做100例手术，换500次药，配500个处方的流动医院装备标准，可保证一次中、小战斗的前方救护任务。其装备原则是：

便于携带。为了防止行动起来箱子内药瓶振动，每个瓶子置入棉瓶套内。瓶子用半寸宽的松紧带套在瓶颈以使固定，松紧带两端钉在抽屉两侧，要求取出瓶子时，只需将松紧带提起即可。

便于取放。每件物品都有一定存放的位置。如头、胸、腹、四肢各类器械，都固定在特定抽屉里，常备药品按编号顺序存放，在无灯光的情况下，护士能取出任何所需要的药品或器械，用完后又能放回原来位置。

便于使用。平时做好准备，用时得心应手。常用的内服药尽量制成浓缩的合剂，临用时加水服用。在第2个"卢沟桥"顶上有1柳条筐，其中备有标准敷料:5袋消毒急救包，每袋50个；10袋消毒的小棉花垫，每袋50个；10袋消毒的大棉花垫，每袋25个；5袋消毒的大棉花棍，每袋50支；匹绷带布；一个绷带缠络器；10磅未消毒纱布；10磅脱脂棉；5磅未消毒土棉花；半匹白布；10个空敷料袋子。[②]

随着"卢沟桥"流动医院不到一刻钟的推广演习以及搬进课堂的示范表演，这种"卢沟桥"流动医院的价值得到了实践的证实。争取了抢救时间，提高救治效率，降低了术后感染率。

聂荣臻司令员曾赞扬白求恩的科学精神说："白求恩把红十字汽车换成带驮架的骡子，把汽车夫变成马夫，这种改变就是把高度的科学知识运用到边区的具体环境，是很科学的，正因为他有科学的基础，才能想到在这样的环境下怎样做到科学化，今天汽车在边区之不科学，正如骡子在美国之不科学一样。"他又说，"白求恩同志实事求是的工作作风，他不说一句空话，也不墨守教条，他最善于把他的进步科学知识，与现实的战争环境，与农村条件相结合，他的每一种改进的设计，都是非常切合实际的。"凡是科学的东西都有强大的生命力，在解放战争及抗美援朝战争中，各种类型的"卢沟桥"广泛应用在新的战争环境中。如今，在物质条件极大丰富的条件下，出现了汽车流动诊所、列车流动门诊部、飞机流动专科医院、军舰医院等，从这些现代化的流动医院中，可以看到60年前白求恩创造的"卢沟桥"流动医院的原则，医院应适应人民的需要，不断改革创新，继续为人民服务。现在，中国革命军事博物馆收藏着"卢沟桥"药驮子的原件，在华北华北军区烈士陵园白求恩纪念馆、白求恩国际和平医院、分别保存着药驮子的模型。驮架保存在白求恩医务士官学校。

---

① 拉瑞·汉纳特. 一位富有激情的政治活动家——国际主义战士白求恩作品集[M]. 李巍，等译. 济南: 齐鲁书社，2005: 407.

② 冀国钧, 张业胜. 诺尔曼·白求恩在中国[M]. 北京: 中国协和医科大学出版社，2007: 58.

图3-3-56　白求恩设计制作的"卢沟桥"药驮子。这种药驮子一直用到解放战争，进入了大城市。药驮子的原件现保存在中国人民革命军事博物馆，白求恩国际和平医院、华北军区烈士陵园白求恩纪念馆等地分别保存着药驮子的模型

　　白求恩在十分繁忙的情况下,冒着炎热酷暑,潜心研究，总结的游击战争中医疗实践,结合"流动医院"的发明，用半个月时间完成长达14万字、119幅插图的《游击战中师野战医院的组织和技术》一书。这本书便于携带、针对当时问题、是战伤外科急需的教材，柯棣华称赞说，"这真是一本不可多得的好书。好就好在他把西方现代医学手段运用到中国战争实际。"[①]

　　《游击战中师野战医院的组织和技术》是解决游击战中军事医学问题的医学专著，为中国的军事医学做出了历史性贡献。它从宏观上考量师野战医院的选址，从流动医院的构架、流程的设计、细节的功能来保障他心中疗伤模式的实现，这本书凝结白求恩最后两年的心血，是科学家智慧的结晶。为维护人类生命健康,为推进人类进步事业立下了不朽功勋。书中的119辐插图清晰明了地描述各种技术的实施。如在手术室如何抬伤员、十三部消毒法、"卢沟桥"药驮的设计构思、操作程序跃然纸上，一目了然。下面引用的三幅图，虽然不很清楚，但也足以呈现著作者的构思严谨，贴近实际，科学实用，并且所涉及的用物，在流程图上，都明确地规定了相应的位置、规格尺寸以及用途。比如现在保存在白求恩医务士官学校的药驮架就能在该书的第106图上找到他的位置。比如家用的一口锅在第二十一图中找到相应的位置。

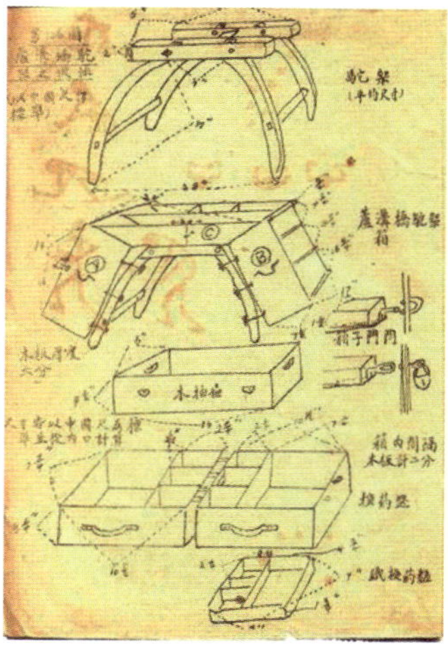

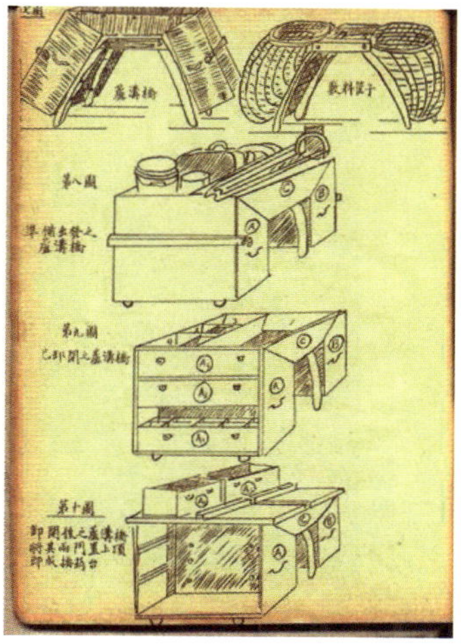

图3-3-57、58　药驮子手绘图纸

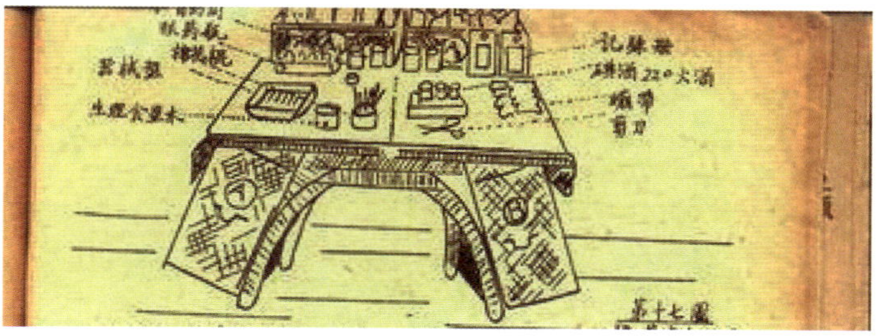

图3-3-59　能驮在马背上的手术台

图3-3-60　白求恩发明的药驮子的一部分，为图3-3-57中的驮架现展存于白求恩国际和平医院纪念馆，设计细致巧妙，做工精巧，就连不同处的隔板的厚度、宽度、格式都做了明确的规定。

在马背上，行进在硝烟弥漫的华北平原，抢救了无数的抗日英雄　李季秀 摄

2.能够迷惑敌人的荆篮成为药篓子

为了方便医疗队到村内治疗伤员，白求恩和同志们一起设计了一种换药篮子——在一个农村常用的荆篮里放一个特制的木盘，木盘上放一个带若干块隔板的匣子，匣子里装着消毒敷料和药品。这种药篮携带方便，而且便于伪装，只要上边盖一块土

布就足以达到迷惑敌人的目的。而且这种药篮使用起来也十分方便。掀起盖布，取出药匣，拿出药品，就可以给伤员换药，篮底的木盘还可以放一些药品器材。

图3-3-61　白求恩改良使用的药篓子，现展于唐县军城镇牛眼沟村晋察冀卫生学校旧址

李季秀 摄

3.既美观又实用的看护用围裙

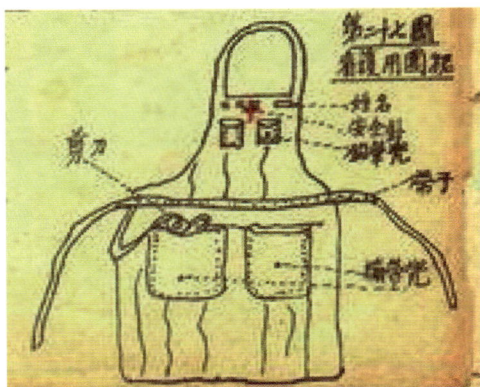

图3-3-62　白求恩设计的看护用围裙

图3-3-63　穿着看护围裙正在手术的白求恩

4.机动便利的群众血库

1938年6月，白求恩在支援中国抗战过程中，每天要给10个以上的伤员做手术。一个股骨粉碎骨折的伤员需要做离断手术，可是伤员失血太多，处于严重的贫血和感染状态，必须立即手术。由于白求恩在1936年的保卫马德里，反对法西斯佛朗哥的战争中，组织过一个加拿大输血站，对马德里周围的前方医院和本城医院供应血浆和血液，科学、安全地治病疗伤，挽救了失血者及患有各种伤病患者的生命。白求恩有效地利用他在西班牙组织献血站的经验，几经思索，果断地说："要输血！"他相信，动员和依靠群众，是八路军敌后生存、发展、壮大的法宝，他应用医疗队带来的直接输血器，要给伤员输血。这既解决血液储存和运输的问题，又可以获得广泛的血源，血液保存在群众中，随用随取，这是用不完的大血库，一定会大大地提高救治成功率。

他简要地说明了伤员的情况，期待有人自动报名。但当时人们对输血没有足够的认识，总以为输血对自己有很大损伤，影响工作、行军和打仗。在山西五台县松岩口军区后方医院，"输血"是当时一个比较新鲜的技术，中国在大城市只有少数几家医院才能开展。在野战医疗条件下输血，是人们连想也不敢想的事情。白求恩首先详细讲述了采血操作、标准血型制作、血型鉴定、配血试验、储存、运输、保管等基本知识，接着推来一名胸部外伤的患者，32岁的卫生部部长叶青山第一个献了血。

验过血型，白求恩让叶青山和病人头脚相反躺在床上，拿出简易输血器。带着针头的皮管连接在他们靠紧的左右两臂静脉上，皮管中间一个三通阀门，阀门上连着注射器。白求恩把阀门通向叶部长，抽拉针栓，殷红的鲜血便流入注射器，再转动阀门，血液便流入患者体内。大家热烈鼓掌，战地输血在中国军队野战外科史上第一次取得成功。第二个病人推来了，白求恩主动躺在了他的身旁不容置辩地说："我是O型血，抽我的。"白求恩以实际行动倡议和身先示范组织了群众性"志愿输血队"，他由衷地称赞为"群众血库"。为了抢救受伤的战士，白求恩大夫曾3次献血。他解除群众对输血的顾虑，无声地感召了当时的抗战军民的输血热情。

5.家庭用锅变为消毒锅

白求恩指出消毒小组是全医院各部门最重要的一个，如果敷料消毒不够，其他工作怎样好也等于无效，它将被不洁的敷料毁坏。消毒小组专门负责来清洗、消毒及整理全医院的敷料。并且对消毒小组的人力配置、职责、选址、器具、工作步骤都做了明晰的规定。

消毒小组人员：

护士1人，负责一切。

图3-3-64　白求恩在牛眼沟村用过的"消毒锅"

现存于唐县白求恩柯棣华纪念馆　李季秀 摄

4个见习生，他们每两个星期调换一次……除非十分忙乱的战斗时间不可用民夫。

消毒小组地址的选择：必须靠近换药室。

消毒小组的器具：3把剪子，1个绷带缠络器，1轴红线，1个洗衣板，1捆绳子，1盘铅丝，6条肥皂。以上物品除绷带缠络器以外其他皆放在"卢沟桥"上箱子里。另外需要向老百姓借3个大洗衣盆，1个大锅，1张桌子，1套大蒸笼，2块大木板。

消毒小组的工作步骤：在此图内箭头指定的方向表示13个不同的步骤：

第一步：由三等看护生将换药室、手术室、病房的污染敷料提到消毒小组，放在木板上。

第二步：污秽敷料分成两堆，第一堆是应当洗的，第二堆是应当焚烧或埋的。

第三步：应洗的一堆再分成两堆——污秽的及比较洁净的，应当先洗比较洁净的一堆。

第四步：第一个大盆满注凉水，这个叫"浸洗盆"，每次不得放入太多，大部的脓血在这个盆洗去，洗完后放入第二个大盆。

第五步：第二个大盆满注热水，敷料需要充分擦洗，这个盆叫"擦洗盆"。盆里的水每5分钟更换一次，或者在任何时候看到水已变色即可换清水。纱布等要彻底一块一块擦洗。洗净后放在末后的盆里。

第六步：第三个大盆满注温水，这个盆叫"漂洗盆"，纱布从第二盆内带过来的污水现在可以漂下，需要一件一件来漂洗，漂洗完毕放置在一个干净的大木板上。

第七步：所洗物品皆要按类分别开来，然后挂在晒衣绳上，晒衣绳需要每日拭净。

第八步：所晒的物品必须用竹夹子夹住，或者两条晒衣绳绞住，以免被风吹下。晒衣绳的位置选在阳光强烈的地方，每天至少晒到6个小时。

第九步：晒干后，收集到一个房子里，这是一个方桌子，铺以白布，四周用铆钉钉住。桌子的一面靠墙，靠近墙角的桌子上放置未曾消毒的纱布、脱脂棉、绷带布、空敷料袋子、安全针、针线等。一切敷料在这个桌子上做。做好的敷料放在一个干净袋子里。洗过的绷带要重新用绷带缠络器缠好。然后，将所需要消毒的敷料袋，装在另一个桌子上。

第十步：这个桌子上的敷料放在蒸笼里。

第十一步：置入蒸笼的敷料袋子需要打开口，使蒸气充分浸入敷料内。

第十二步：蒸笼放在沸腾的锅上需要蒸四个半小时。

第十三步：蒸完的袋子从蒸笼里取出来放到桌子上并将各口系紧。在所有袋子上的一定位置上缝一条红绒线来表明：这个袋子和其中的物品已消毒，未用以前不可打开。

从浸洗到晒干，到整理，到消毒，一袋敷料共需十一个半小时。计算法如下：

半小时——分类、浸洗、擦洗、漂洗。

六小时——晒干。

半小时——整理。

四个半小时——消毒。①

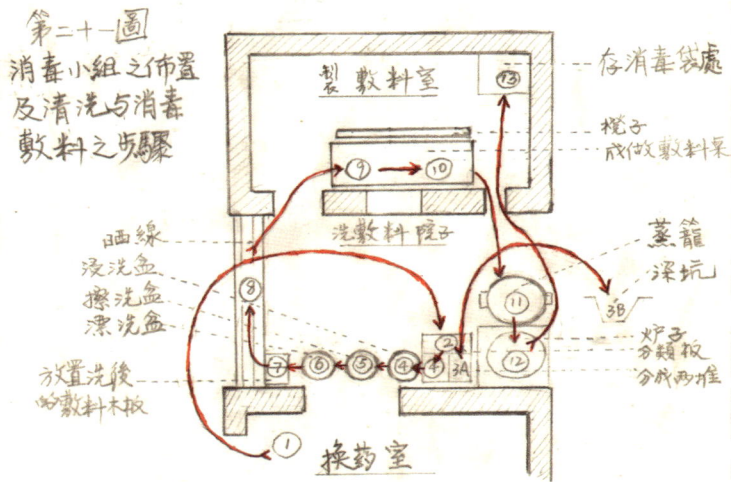

图3-3-65 《游击战中师野战医院的组织和技术》中的消毒流程图 李季秀 绘制

正是因为白求恩这样严格的消毒规程，解决了当时的包扎敷料消毒不严的问题，大大降低了战地救护的感染率，提高了救治的成功率。

6.就地取材、自制手术台

手术台是治疗外科疾病、进行手术的医疗器械。这是白求恩就地取材,用门板制作的手术台，在手术台的一头，还设有一个略低于台面的两个小孔，为进行手术时，方便人体中的血水等流状物质可以通过手术台上内置的小孔流下，以保持手术台面的干净清洁。

图3-3-66 现陈列在白求恩医务士官学校的手术台 李季秀 摄

① 冀国钧,张业胜. 诺尔曼·白求恩在中国[M]. 北京: 中国协和医科大学出版社, 2007: 35-37.

白求恩在1939年8月15日写给援华委员会的信中这样描述他在中国的工作、生活和他所经历的战争的情形：

……我们必须竭尽所能来帮助这些卓越的人们，我们必须给他们输送更多金钱和人员。特别需要各类技术人员、医生、公共卫生人员、工程师、机械师——任何充分掌握某种专业技术的人。去年，我行程3165英里，其中400英里是步行穿越山西、陕西和河北省，完成了762例手术，检查了1200个伤员。重新组建了军队卫生部门，写了3本教科书并译成中文，建了一所卫生学校。

生活节奏很快。我非常需要一个能与之谈话的同志，你知道我多么喜欢谈话!我不介意日常的辛苦——热和极冷、脏、虱子、食物单调而不合口味，也不担心山间行军和没有炉子、床，不能洗澡。我发现我都能适应，而且能在不干净的佛教寺庙里做手术。背后一尊20英寸高的面无表情的佛像从我肩上盯着我，我感觉就跟在现代化的手术室里做手术一样——那里有自来水，好看的绿瓷砖墙、电灯以及成百上千的附属设施。为给伤员敷裹，我们必须爬到土炉子——炕上。伤员没有褥子，没有床单。他们穿着褪了色的旧军装躺在那里，把背包当枕头，盖着填充了棉花的毯子。他们很伟大，他们当然能赢得战争的胜利。①

白求恩在1939年1月10日写给援华委员会的信中这样写道：

我的生活条件非常简陋,有时也可以说十分艰苦。这让我回忆起我年轻的时候在加拿大北部丛林度过的岁月。这个村子和其他中国小村庄一样,由许多泥和石头建成的平房组合在一起(以家庭为单位)。三四间房子面对面围起来合成一个庭院,院子里还养着猪、狗、猴子等动物。人和房子都很脏。我自己有一间房子,里面用砖砌着一个长长的炉子(这里指的是两端分别与炉子和烟囱相连的土炕——译者注),我的床和桌子就在上面。我自己做了一个马口铁的炉子,烧煤和木头。窗户(只有一个)是用白纸糊的,脚下是压实的泥地,墙面也是泥抹的……②

图3-3-67　军城镇牛眼沟村如今的模样　李季秀 摄

① 拉瑞·汉纳特. 一位富有激情的政治活动家——国际主义战士白求恩作品集[M]. 李巍，等译. 济南: 齐鲁书社，2005: 460-461.
② 拉瑞·汉纳特. 一位富有激情的政治活动家——国际主义战士白求恩作品集[M]. 李巍，等译. 济南: 齐鲁书社，2005: 432-433.

四、捐赠的器物与历史纪念

1.加拿大捐赠的医学器物

图3-3-68　白求恩发明、设计、使用的医疗器械，肋骨截断器，1973年10月加拿大总理特鲁多代表加拿大政府赠送给了中国人民，现陈列于华北烈士陵园抗日纪念馆　李季秀 摄

2.白求恩送给游胜华的手术器械

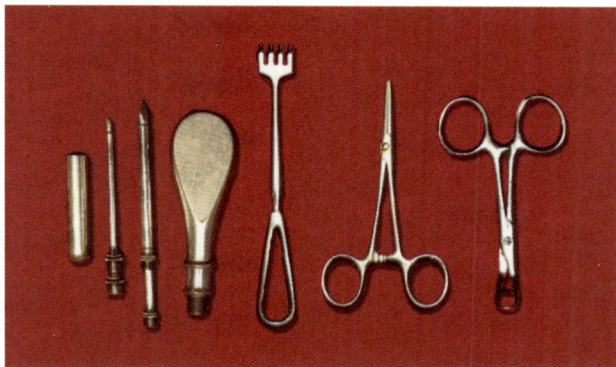

图3-3-69　白求恩遗嘱中给游胜化的八件手术器械中的七件

　　图中的手术器械是2007年游胜华的子女游进、游黎清捐赠给中国人民抗日战争纪念馆的，这就是白求恩遗嘱中提到的给游副部长的八件手术器械中的骨锥、巾钳、止血钳、拉钩等四件[①]。另外四件中的两件捐赠给白求恩柯棣华纪念馆，两件留作纪念。

　　白求恩到晋察冀军区后，聂荣臻派游胜华协助白求恩的工作，照顾他的生活，并要求他把白求恩的外科技术学到手。游胜华是白求恩最满意的外科医生之一。这些手术器械在白求恩遗嘱中有明确记载。

　　"亲爱的聂司令员：

　　今天我感觉身体非常不好，也许我要和你们永别了！……

　　给叶部长两个箱子；游副部长八种手术器械； 林医生可以拿十五种；卫生学校

---

① 　白求恩送给游胜华的手术器械[OL]. http://www.zg1929.com/wenhua/wenwu/20121109/56289.html.

的江校长，让他任意挑选两种物品作纪念！……"

3.六件"功臣"手术器械陈列于白求恩纪念馆

2009年11月10日，燕赵都市报报道曾任白求恩助手的老红军陈昌业的家属将珍藏的六件医疗器械捐赠给华北军区烈士陵园。这六件珍贵的物品，都是当年白求恩抢救伤员时使用过的医疗器械。

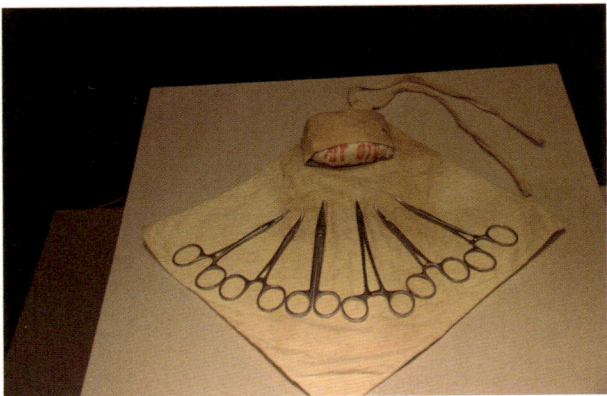

图3-3-70　老红军陈昌业家捐赠给华北军区烈士陵园的六件珍贵的医疗器械　李季秀 摄

图3-3-71　图中左一即为捐赠医疗器械的陈昌业

这六件器械的收藏和捐赠过程：

2009年11月12日，是伟大的国际共产主义战士白求恩逝世七十周年纪念日。华北军区烈士陵园接收到六件珍贵的物品，它们都是当年白求恩抢救伤员时使用过的医疗器械。历经七十年风雨，这些医疗器械犹如人们对白求恩的追思，依然如故又如新，承载着一段历史的伟大功绩。

值得一提的是，这六件医疗器械此前一直被老红军陈昌业珍藏。2003年陈昌业病逝前托付女儿陈梦珠，一定要把这些医疗器械捐赠给纪念白求恩的相关部门，以表达对白求恩大夫的热爱与怀念。

陈昌业，男，福建省上杭县临江镇人，1931年在家乡参加红军，1934年加入中国共产党，参加了二万五千里长征。抗日战争爆发后参加了平型关战役，后任晋察冀军区第一军分区后方医院一所所长。1939年担任白求恩助手，并负责其安全保卫工作。在革命工作期间，陈昌业与白求恩建立了深厚的友谊。

据了解，1939年10月30日，白求恩在河北省涞源县孙家庄小庙救治从摩天岭战斗中下来的伤员后，又带着医疗队来到易县狼牙山的一个小山村——干河净，为驻扎在这里的晋察冀军区第一军分区后方医院一所的伤员做手术，陈昌业时任该所所长。

白求恩曾三进三出干河净，先后在这里工作了一个多月。当时，白求恩看到所里医疗器械很缺乏，离开时留下了一批手术器械，包括美国、德国、日本制造的各种刀、剪、钳子、镊子、拉钩等。

陈昌业后来调离干河净医疗所时，从白求恩留下的器械中挑选了六件常用的留作纪念和日后使用，并带着这些器械南征北战，到地方参加卫生工作也一直珍藏在身边。

陈昌业的家人表示，陈昌业生前希望把这些珍贵的器械捐赠给合适的部门。为了却老人的心愿，陈昌业的女儿陈梦珠终于联系上华北军区烈士陵园，决定将这六件医疗器械捐出。2009年10月中旬，陈昌业的妻子范女贞在北京亲手把这些医疗器械捐赠给华北军区烈士陵园有关负责人手中[1]。

捐赠前，中国白求恩研究会副会长张业胜进行鉴定，所赠医疗器械确实是白求恩生前所用。据了解，今后这些医疗器械将作为馆藏文物永久陈列在华北军区烈士陵园白求恩纪念馆内供后人瞻仰。

白求恩来到中国是出于对法西斯主义的恨，因此决心帮助中国人民抗击日本法西斯。真相是他坚决追寻的目标，毛泽东的八路军为白求恩呈现了抗日战争的真相，在他的最后一封信中看到白求恩继续追随毛泽东的八路军，与日本侵略者殊死搏斗的决心。[2]我们无从知晓白求恩对中国革命的胜利具体做出了多大的贡献，但他给苦难中的中国带去的是胜利的希望,实实在在帮助着抗战中的中国人民。

在中国，白求恩似乎找到了社会发展的新方向以及如何去影响它们的方法。他要创造历史，而不是去无谓地等待。白求恩总是在战争看不出任何调停的情况下，投身其中，亲身参与大事件的进程。[3]尽管白求恩有着急躁易怒的缺点，但是他有能力改变。"尤其是在他生命的最后两年时间里，这些改变让他受益良多……他无私为人的品格也是在那时候形成的。"白求恩虽非教士，却远胜于教士，因为在中国最关键的两年时间里，他对中国的帮助集中体现了一个教士无私忘我、舍己为人的

① 6件"功臣"手术器械陈列白求恩纪念馆（图）[OL]: http://news.s/o/20091110/063516581723s.html.
② 武冰枝. 诺尔曼·白求恩[M]. 任明辉，译. 北京: 人民卫生出版社，2012: 2.
③ 武冰枝. 诺尔曼·白求恩[M]. 任明辉，译. 北京: 人民卫生出版社，2012: 9.

牺牲精神。①这种精神如同"不可再得的高贵礼物"——《游击战中师野战医院的组织和技术》一样，这就是毛泽东所评价的热情、无私、表里如一的国际主义精神。

白求恩投身于一场结局未知的动荡之中，除了他建立医疗救助系统，他还培训了精准医疗队伍，编写了医疗手册，用简单易行的方法救助了前线将士的生命外，他凭借着非凡的战斗力、想象力和创造力，因陋就简、就地取材建设模范医院，创办一所一面战斗、一面学习、一手拿枪、一手拿书本的白求恩学校。而且他见到了乡亲们的菜篓也能激发灵感，他似乎总是在寻求更高明的医疗方法，优质高效的外科器械，先进的外科手术操作规程。如果手边没有，他就去发明创造。他决不满足于一般化的或者不够理想的医疗器械和治疗方法。②白求恩不只是精通医学，他还具有很强的政治意识和实用精神，他适应性很强，能鼓舞人心，且似乎有无穷无尽的精力。他指导当地的工匠们，拿起刨子、凿子、锛子、拉锯的这些日常工具，亲手做起了药驮子，也许是他青年时期做过伐木工人的原因，这些工具在他手里变得更加灵活，像是获得灵性，创造出那么多的便于战地救护的各种用具。没有书自己编，没有学校自己建，没有人才自己培养！这就是一个真实的白求恩，一个与中国人民结下了深厚友谊的白求恩，最终成为"一个脱离了低级趣味的人，一个有益于人民的人"。

他在中国用不到两年的时间缔造了一个传奇，从未有过任何一个外国人给抗日中的中国，带来那么大的亲和力和感召力。汇聚这些器用及应用场景，全然展现这位非同凡响地拿着"手术刀"这样的武器，冲锋陷阵在华北抗日战场上的高大形象；呈现他风尘仆仆、不远万里来到中国，毫无利己的动机和传播他广博的为人类谋福祉的仁爱之心；呈现他系统引进科学管理，完善医疗救护的卓越才能；呈现他真正懂得并融入了中国人民的抗日战争当中，著有《游击战中师野战医院的组织和技术》奠定他为新中国军事医学做出的历史性贡献；呈现他把中国人民的解放事业当作他自己的事业，坚决反抗法西斯侵略的国际主义情怀和共产主义精神。从而让读者领略到一个不朽于中国乃至世界的白求恩。

① 武冰枝. 诺尔曼·白求恩[M]. 任明辉，译. 北京：人民卫生出版社，2012：24.

② 马国庆. 白求恩援华抗战的674个日夜（第1版）[M]. 北京：人民文学出版社，2015.

第四章　白求恩与文学作品

亨利·诺尔曼·白求恩（Henry Norman Bethune，1890年3月3日—1939年11月12日），是一名伟大的医生。他不仅具有专业的技术，同时还以其伟大的人道主义精神和国际共产主义精神，为中国的革命事业做出了突出的贡献。在中国八路军的医疗系统当中，白求恩因其专业的医疗技术、高超的医疗手段和极端负责的专业精神，成了影响中国革命历史的一位伟大的革命人物。

白求恩大夫是医疗战线的楷模，他将中国人民的解放事业当成自己的事业，在充满艰辛和危险的反法西斯战场上，诠释生命的意义，体味人生的哲理。他的感人事迹被创作成各类文学作品，为中国人民乃至世界人民所传扬。白求恩精神已融入我们民族的血脉之中，成为中华民族优秀品格和高尚情操的一个重要组成部分。中外文学家纷纷通过自己的笔触，为白求恩撰写了人物传记，在多种形式的文学作品当中，各国作者从多个角度全方位向世人们展现了伟大的白求恩形象，使人们心目中的白求恩形象逐渐立体和生动，让白求恩的精神不断影响着世人。文学作品来自现实，但是却远远高于现实。现实生活当中的人物和事件都会为文学工作者在进行文学创作的过程中，提供丰富的创作题材。例如，加拿大著名作家麦克伦南在其代表作品《长夜漫漫》当中，通过将白求恩的特征和经历的事件赋予到小说主人公杰罗姆·玛特尔的人物形象和个人经历中，向世人们展示了文学中的白求恩，对于后世了解这一伟大的历史人物，理解他的精神和内涵都具有十分重要的意义[①]。

本章分别从白求恩本人创作的文学作品及其他人创作的关于白求恩的文学作品进行了基本概述，随后在此基础上对白求恩文学作品的现实影响进行了梳理和总结，旨在进一步弘扬和发展白求恩精神。

[①] 彭贵昌. 祛魅与重构——论加拿大新移民华文文学中的"白求恩书写" [J]. 中国比较文学, 2017, (01)：160–172.

第一节　白求恩本人创作的文学作品

作为一名伟大的医生和共产主义革命战士，在中国抗日战争期间，白求恩不远万里来到中国，对中国的抗日战争事业做出了卓越的贡献。自从白求恩参加到八路军的革命工作当中，始终秉承着艰苦奋斗的理念，在一次为受伤战士进行急救手术的过程中，白求恩不幸感染，于1939年11月12日，在河北省逝世。期间，在高强度的工作之余，白求恩仍然保持着对文学创作的高度热情①。

一、白求恩创作的小说

1938年12月末，白求恩先后完成了充满抗战热情的小说《哑弹》与《创伤》。在这两篇文学作品当中，白求恩对人类的敌人进行了严肃的思考，他认为人类的敌人不会在额头上贴明标记，让人们一眼就能认清他们并且躲避他们。白求恩认为人类的敌人与之完全相反，他们是受到人们尊敬并且是社会和国家的支柱，但是他们却像刽子手一样残暴，人类若想向前发展，必须消除人类的敌人，因为正是他们对人类造成了创伤②。

在《哑弹》中，白求恩描绘了战争背景下的河北平原保定市外当地农民艰苦的生活状态，他借助了老人的口吻，表达出了自己对战争与侵略者的痛恨之情。在小说的最后，白求恩通过刻画了老人为保护禾苗拔出杂草的动作，表达了对中国革命事业未来发展道路美好的愿景，同时他表达了自己对革命成功的期盼。

在另一部小说《创伤》当中，白求恩将故事发生的背景同样放在了抗日战争时期的华北地区，描绘了在灵丘附近八路军伤员的状况，赞颂了八路军无畏伤痛、英勇奋战的革命精神。在小说当中，白求恩将战士的伤口比喻成了干涸的小池塘，将伤口下隐藏的脓肿比喻成了决堤的河流。笔者认为，这不仅是对战士伤口的描述，同时也是对当地经历战乱的中国大地和中国人民生存状态的描述。在小说《创伤》当中，白求恩还对日本帝国主义以及资产阶级进行了强烈的谴责。白求恩认为日本军国主义和资产阶级通过一系列的大屠杀活动获取自身利益，统治阶级虽然从战争当中获得了利益，但是却让整个国家受到世人的指控和谴责。通过侵略战争与征服获得的胜利和利益是不道德也是非正义的。

1937年1月2日，白求恩在马德里时，创作了纪实类小说《马德里：战争中的平静》，对当时在战乱当中的西班牙马德里和马德里人民的生活状态进行了细致的描

---

① 陈庆妃. 通往"白求恩"的旅程[N]. 文艺报, 2016-12-23（005）.
② 高志文. "白求恩传人"：像当年的白大夫一样亲[N]. 解放军报, 2016-06-30（005）.

绘。在文章当中他提到，虽然外部环境十分混乱，但是马德里却依然在这样的环境中保持着自身内部的平静，并没有激烈的阶级对抗和城市骚乱，马德里社会的小资产阶级、小店主和工人都渴望着反法西斯战争的胜利[①]。

1940年，白求恩创作的短篇小说《中国肥田里的秽草》，刊登于香港《大路》杂志副刊号上，这篇小说最早发表于美国《进步周刊》。小说中描写了河北保定城外乡村中一位普通的辛劳耕耘的老头，他的一生中一直在和田间的"秽草"作斗争，日本人占领城市后，拿走了老人的收成的一半却一个钱都没有给他，并且时常盘问他儿子的下落。然而老人对此只是装傻只字不言，他对日本人充满了深刻的仇恨，并且在为田间作物除去秽草的时候，将自己的情感灌输于除草这个动作中，会狠狠地除去秽草并不自觉地咒骂。直到有一天老人在田间除草时发现了一个炮弹，他认为这是儿子的部队打来的炮弹，并决心将炮弹送去儿子的部队。但是儿子曾经告诉他：我们游击队在一个地方从来不耽搁很久。所以老人只能按照大致的方向，赶着毛驴去寻找儿子的部队。老人一路上自己接受暴晒却用树叶遮盖了炮弹，他将运送炮弹当作一项光荣的任务感觉到油然而生的自豪。当老人终于找到儿子所在的部队时，感觉到他印象中的部队和他的儿子都发生了很大的变化，所以老人变得有些小心翼翼和惊慌起来，直到他发现自己的行为受到了他们的重视，老人重新快乐起来，他觉得他铲除了很大的秽草，将中国的野草清除了许多。白求恩在这篇小说中，以象征的手法进行描写，细致地描绘了人物形象和其心理变化，对于当时对中国农民生活并不算了解的白求恩来说，不得不说是一篇力作。这篇小说的创作，体现了白求恩医生对中国民众的热爱，也从侧面反映了当时白求恩之所以全身心投入中国解放战争的出发点。

二、白求恩创作的诗歌

夸特罗·卡米诺斯是西班牙马德里的工人住宅区，经常遭受敌机的野蛮轰炸。1937年1月2日，该区的一所医院被炸，激起白求恩大夫的义愤，因此创作了诗歌《我从夸特罗·卡米诺斯归来》。诗歌描述了白求恩医生在夸特罗·卡米诺斯所看到的战乱场面：孩子、妇女、老人们血肉模糊的尸体，人们面临死亡的恐惧和战争中凄惨的呼号声。

《血红的月亮》是白求恩大夫于1936年10月24日启程去西班牙参加反法西斯斗争前写的一首短诗，曾刊载在1937年7月第一期《加拿大论坛》上。诗中描绘了白求恩医生在看到惨淡的月夜所想到的战争中牺牲的战士们和正在为自由和世界奋斗的战友们。

---

① 祝瑾, 傅智勇, 张秋菊. 新时期弘扬白求恩精神对培养我国医学生医学伦理素质的意义[J]. 中国医学伦理学, 2012, 25（01）: 132–133.

白求恩还创作了描绘爱情的诗歌《致小马》《回忆》等[①]。在白求恩创作的多部诗歌作品当中，《致小马》是他在蒙特利尔为自己的爱人所创作的一部作品。在诗歌中，他为自己的爱人、女画家玛丽安·斯科特起了"小马"这一充满爱意的绰号。在诗歌当中，他将与爱人美好的过往进行了回忆，同时又对自己当下的生活状态进行了分析，因为战争的原因他们现在分隔两地，所以白求恩在诗歌中表达了自己对爱人的歉意，但是他仍对未来充满信心，表示"以往的奇迹也会再次出现"以及"朝气蓬勃的地球永不沦陷"，表达了他对战争胜利的信心和对美好生活的向往之情。在后世为白求恩撰写的回忆录当中，人们都对这位伟大的无产阶级革命家和具有国际人道主义精神的伟大医学家给予了高度评价[②]。

三、白求恩创作的散文

"像干涸的池塘一样的伤口，上面覆盖着一些黑褐色的泥土；边缘撕裂了的伤口，周边长了黑色的坏疽；整齐的伤口，在结实的肌肉群里钻进钻出，像被大坝挡在里面的河；向外绽开的创口，像颓败中的兰花或者是压碎了的康乃馨，这些肉做的丑陋的花。"这是白求恩创作的散文《伤口》中一段关于伤口的精彩描写，用了大量贴切、新奇、生动的比喻。看到这一段描写，很难想象这陌生而优美的文字出自一名拿着手术刀的医生之手。

他就是加拿大籍的著名外科医生、伟大的国际主义战士诺尔曼·白求恩，一个我们小时候就熟悉并且敬仰的人。1938年1月，他"为了帮助中国的抗日战争，受加拿大共产党和美国共产党的派遣，不远万里，来到中国"，救治了无数抗日英雄。据《光明日报》的资料，白求恩出身于一个富裕的教会家庭，青年时代就热爱文学，写了大量作品，具有很高艺术才华和扎实的创作功底。文学是思考人生的工具，作为一个善于思考，关注社会实际问题的文学青年，他不务空谈，秉承着"人要去最需要你、最能体现出你价值的地方"这一人生信条，放弃了舒适的物质生活，学医行医，以高超的医术服务社会，始终不渝地实践其人道主义精神。一战时他以担架员和急救员身份前往欧洲前线，二战时先后前往西班牙和中国，始终在前线战地医疗队工作。他改进和发明了大量医疗器械和装备，提出了建立社会卫生健康保障系统的思想和主张，至今仍惠及加拿大人。在他的故乡加拿大安大略省东南部的格雷文赫斯特镇，有一个白求恩故居纪念馆，里面的解说词称他为"现代医学改革家和发明家、战地军医、艺术家、作家和慈善家"。

白求恩一生致力于治疗人与社会的伤口，特别是在中国目睹了法西斯侵略战争给中国人民带来的巨大创伤时，有感于内，寄予文字，就写成了《伤口》这篇具有极高人文价值和艺术水准的散文。可惜这一直不为国人所知，直到最近被旅美学者

---

① 张晓燕.《纪念白求恩》教学实录与反思[J]. 教育艺术, 2010,（11）: 35+31.
② 齐丽. 从政治宣传到学术研究——我国白求恩研究70年概况[J]. 上饶师范学院学报, 2010, 30（04）: 29-34.

沈双在1940年4月号的英文杂志《今日中国》中发现，并译成汉语。

也许只有一手拿着手术刀，一手拿着笔的白求恩才如此熟悉伤口，才能如此精确传神地描写伤口，并把人身上的伤口推广至整个人类社会，揭示出"战争的秘密——利润，生意！"正是那些逐利者"制造了伤口"。

白求恩治愈了无数伤口，却对自己伤口的恶化无能为力。1939年11月12日，他因救治伤员而感染自己手指上的伤口，带着未竟的人道主义和国际主义理想，离开了这个多灾多难的世界……

时至今日，人类社会的伤口仍然没有愈合，还有人打着冠冕堂皇的旗号，将战争作为一本万利的大生意来经营。那么，谁来给伤口缠上绷带，并像白求恩一样举起手术刀，阻止它的蔓延呢？

附：白求恩作品《伤口》

像干涸的池塘一样的伤口，上面覆盖着一些黑褐色的泥土；边缘撕裂了的伤口，周边长了黑色的坏疽；整齐的伤口，在结实的肌肉群里钻进钻出，像被大坝挡在里面的河；向外绽开的创口，像颓败中的兰花或者是压碎了的康乃馨，这些肉做的丑陋的花。有黑血不断涌出的伤口。夹杂着预兆不祥的气泡。说明还在出血。

肮脏的旧绷带被血粘在皮肤上。慢点儿！先润湿一下。打穿了大腿。把腿拿起来。怎么像一个大袋子，长的，松软软的，血红色的袜子，圣诞节装礼物的袜子。那个健康的坚实的腿骨呢？已经碎成十几片了。用手指把它们拣出来。像狗的牙齿一样，锐利而有棱角。再摸一下。还有骨头留在里面？有，在这儿。全部都拿出来了吗？是的，不，还有一片。这块肌肉死了吗？捏一捏。是的，是死了。把它切掉。怎样才能愈合？这些从前那么强壮的肌肉，现在被撕裂破坏到这样的程度，它们还能够恢复以前那样强韧的弹性吗？拉一下，放松，再拉一下，再放松。以前是多么轻松的事。现在全完了，全毁了。还能拿自己怎么办？

下一个！简直是个孩子。17岁。腹部中弹。麻醉剂。准备好了吗？气泡从打开的腹腔里冒出来。粪便的味道。粉红色的膨胀了的肠子。四个孔。把它们合上。缝得像钱包的拉锁一样。用海绵把盆腔清洗一下。管子。三根管子。很难把它们合起来。让他保暖。怎么办？把这块砖头浸在热水里。

坏疽是一个狡猾的四处蔓延着的东西。这位还活着吗？是的，他还活着，在严格的意义上讲。给他静脉注射盐水。也许能够唤起他身体里那些无数的小细胞的记忆。让它们想起那个有着暖乎乎的海水的家，它们最初的食物。如果它们的记忆更远，能够达到一万年前，那么它们会记起别样的波浪，别处的海洋，以及在大海和阳光孕育之下而产生的生命。它们也许会因此而抬起那疲惫的头，深深地吸取一下养料，挣扎着活过来。也许会这样的。

还有这位。他还会在秋收的时候跟在毛驴后面沿着大路边跑边喊吗？不能。这一个永远也跑不起来了。一条腿还能跑吗？那他怎么办？他只能坐在那儿看别的孩子跑。他会想什么？他的想法不难想象。可怜有什么用？可怜是对他所做的牺牲的一种蔑视。他是为保卫中国而做的。帮他一把。把他从台子上扶起来。把他抱在怀里。怎么，好轻啊！像孩子一样。是的。你的孩子，我的孩子。身体是一个美的东西。它的部件多么完美。它活动起来多么准确。听话，强壮，坚实。但是当身体被损坏的时候，是多么的可怕。那个生命的微焰一点一点地黯淡下去，终于熄灭了。像一个蜡烛一样。轻轻地熄灭了。它在即将熄灭的时候抵抗了一下。好像说了一句话，之后就沉寂了。

没有了。清晨六点钟。天啊！这屋里真冷！开开门。远处深蓝的山顶上，露出了一缕苍白的微光。一个小时以后太阳将会升起。上床睡觉。

侵略战争是一笔大的生意吗？是的，不管这些凶手以什么样的方式来掩盖他们的罪恶，不管他们用多么冠冕堂皇的理由都无法掩盖这个事实。他们打仗是为了以屠杀的方式来开拓市场，以强奸的方式来掠取原材料。偷窃比交换更为廉价，杀戮比购买更为简单。这就是战争的秘密——利润，生意！

这些人类的敌人长什么样？他们难道头上带了标记可以使人辨别出来吗？没有。他们像野兽一样凶狠，像疯子一样残酷，像刽子手一样无情。一定要消灭这些人，人类才可能继续存在。否则世界将永不安宁，所有允许这些人存在的组织也必须消灭，是他们制造了伤口[1]。

四、白求恩的信件、报告与日记

1939年11月11日的凌晨，白求恩在临终前，感觉到自己的身体状态十分不好，凭借自己顽强的意志力给当时中国共产党八路军司令员聂荣臻写了一封信，在信中他透露出自己的身体情况并且拜托聂司令给加拿大共产党的总书记带去一封信，表达了自己的爱国热情和不畏牺牲的伟大精神。

白求恩在华工作期间，曾经写下了《白求恩给延安的工作报告》《白求恩给晋察冀军区司令部的报告》《白求恩关于改进卫生部门工作的建议》《白求恩给美国援华委员会的工作报告》等工作报告，对于中国革命工作中的医疗条件改善及医疗体制改革提出了很多良好建议，为中国的革命事业后援做出了卓越的贡献。

在白求恩的日记当中，许多他工作和生活中遇到的小事都会被他认真仔细地记录下来。例如，在他的日记当中曾经记录到他在中国参与抗日战争战地医疗救援工作的过程中，有一次发了很大的脾气。因为在他为伤员救治的过程中，血库中的血浆严重短缺，需要在现场的人员为伤员献血，但是很多人都十分害怕不愿意献血。于是，他立即抽了自己的血。在此种情况下，翻译工作者向白求恩解释，中国人并不是不愿意献血或者害怕抽血，而是大家都对没有见过、没有听说过的事情存在着恐惧的心理。面对此种解释，白求恩欣然接受并且理解了现场人们的反应和行为，

---

① 评 "白求恩的《伤口》"，取材于 "天涯杂谈" [OL]. http://bbs.tianya.cn/post-free-346505-1.shtml.

随后他多次对自己进行抽血，为在现场的人们演示并且解释了抽血的作用以及好处，让人们逐渐接受了新的思想和新的观念。通过这一小事可以了解到，白求恩在当时经济政治动荡，社会发展十分落后的中国，为人们带去了新的观念和先进的思想。帮助中国人开阔了眼界，涤荡了落后陈旧的思想[①]。

五、白求恩创作的其他形式作品

《一个肺结核患者的历程》是白求恩大夫于1927年11月创作的一套壁画。该壁画一共九幅，每一幅壁画下配有一首讽刺诗。创作这幅壁画时，白求恩医生正在特鲁多疗养院接受肺结核病的治疗，因此受到情绪影响，在笔墨渲染中难免透露出伤感，但是最终还是以其毅力和勇气战胜了病魔。五年后的1932年，白求恩医生又创作了同题的文章，原载于当年8月第一卷第一期《荧光镜》。

图4-1-1　《一个肺结核患者的历程》系列壁画第六幅

《白求恩关于晋察冀军区卫生学校教学方针》为白求恩1939年6月20日为晋察冀军区卫生学校拟定的教学方针。他在月底从冀中回唐县后，即交军区卫校实施。该教学方针以训练护士与医生为目的，并附加了训练专业化护士课程，包含麻醉、按摩、病室特别课程以及手术室管理等方面的教学课程，并附有军医课补习课程。

在参与中国抗日战争时期，白求恩根据自己的工作经历，凭借着自己对医疗事业的热爱之情，撰写出了《战地治疗技术》《战地救护须知》《模范医院组织法》以及《游击战争中师野战医院的组织和技术》等多部战地医疗教材。

第二节　其他人创作的关于白求恩的文学作品

在白求恩逝世之后，国内外的许多文学工作者与白求恩研究学者纷纷为其撰写了传记、诗歌、小说、散文等形式多样的文学文化作品，对白求恩的生平事迹进行

① 孙永波. 浅析当代白求恩精神的渊源[J]. 中国医学伦理学, 2016, 29（03）：383-385.

了全面系统的描述。

有关白求恩的各类文学作品，都充分体现及弘扬了他的国际主义精神，恪守医德、极端负责的人道主义精神和毫不利己、专门利人的奉献精神，集中体现了其博爱的文化内涵。

一、关于白求恩的传记

1.关于白求恩形象及思想与精神方面的传记

加拿大籍华人作家李彦曾经于2015年3月在《人民文学》当中发表了关于白求恩人物形象、思想感情和精神象征探究的一部伟大的作品《尺素天涯——白求恩最后的情书及其他》。这篇文章当中，作者用实例论证的方式，最大限度地打破了时间和空间的界限，全方位地为人们展示了全新的白求恩形象，并且为人们普及了一段鲜为人知且令人难忘的与白求恩相关的历史史实[①]。

在创作这一作品的过程中，李彦通过认真研读《纪念白求恩》并且对白求恩去过的各个地方发生的各类事件进行收集和整理，认真思考了白求恩为何会在加拿大和中国产生不同程度的影响，又是什么样的原因导致了这一差距

图4-2-1　1941年9月，世界大战爆发白求恩应征入伍次年因负伤退役
（图片来源于白求恩精神研究会官网）

的产生。在此种背景下创作的《尺素天涯——白求恩最后的情书》及其他开篇便带给了读者一个可以引发深度思考的问题。在对于白求恩的生平事迹进行研究的过程中，作者发现有一名叫比尔·史密斯的加拿大人保留了白求恩在延安时期与毛泽东同志的一张合影，并且还留有当时写给他的情人莉莲的一封情书，而这封情书的主人正是比尔·史密斯的母亲。文章题目当中所提到的最后的情书，指的就是这一封白求恩写给他情人的书信。

这一时期的历史较为沉重，但是作者却利用了十分新颖的立体手法，将历史史实与现实社会紧密相连，采用历史和现实穿插叙述的方式，为人们营造了较为立体的阅读空间。从一个角度进行分析可以得出，作者通过平铺直叙的方式，引领读者进入作者所在的现实世界。从另一个角度进行分析又能得出，作者通过回忆的方式与读者一起进入白求恩生活的历史年代。此种在现实生活与历史环境当中自由往来的写作模式，为文章的空间性和立体性提供了帮助。读者在阅读这篇文章的过程中，不仅会被白求恩的经历和故事所吸引，同时还会对作者的叙事方式以及线索的

① 周国全.学其源，效其本——学习白求恩精神的体会[J].红旗文稿，2012(08)：23-26.

铺排方式等产生好奇心，引领读者继续阅读文章的后续内容。比如，在文章当中，作者写到几次寻找比尔但是又得而复失的过程，极大地增强了文章的可读性与悬念感。当作者经过几番努力最后终于找到比尔之后，故事却发生了重大的转折，让人们在出乎意料的情况下对作者的经历和作者笔下所描绘的白求恩故事关心备至。故事在作者的笔下亦悲亦喜，读者也能站在作者的角度体会这一故事给自己所带来的震撼①。

从这一文学作品的创作过程中可以看出，加拿大籍华人女作家李彦在对故事进行铺排之时，能对人物的生活背景进行深度挖掘。从她对加拿大共产党人比尔·史密斯的现实生活研究中发现了比尔的祖辈都与中国有着密不可分的渊源。因此，李彦便从此处着手，一面在不断探索比尔祖辈与中国之间关系的同时，一面还对白求恩的历史背景和人物经历等进行了细致的研究。通过此种手法，向世人们展示了中国革命事业不仅仅只是中国人的事情，同时也是世界历史当中不可忽略的一个组成部分。此种行文的方式，可以让文章更具全局性和立体性。当读者在进行阅读的过程中，便可以在历史与现实交织之中，感受到历史往复循环的独特魅力。正如作者在文章当中所提到的，她所创作的这篇文章，绝非单单对白求恩这一位英雄人物的崇拜，而是对于人类发展历史的回望，在检视自己来时足迹的过程中，实现对自我价值的审判。

在《尺素天涯——白求恩最后的情书及其他》当中，作者通过同时推进多条线索，为读者们构造了较为立体和广阔的阅读空间。在对现代社会中发生的故事进行描写的过程中，作者也将其分成了两条线索，其中一条是对现实社会当中，生活十分贫困的比尔·史密斯的状态以及因为贫困而不得不出卖父母的遗物等方面进行了描述，另一条是作者在对白求恩的生平事迹进行研究的过程中，分别前往了伦敦、魁北克、北京、五台山等地。时间跨度也从2009年一直到了作品正式发表之前。此外，在对白求恩生活的历史年代进行描述的过程中，作者的时间跨度更是从20世纪的二三十年代一直到2015年，长达百年之久。通过如此细致和全面的分析和描述，作者笔下的白求恩更加明朗和丰富②。

在描写白求恩与凯瑟琳邂逅情境的过程中，作者向读者们展示了白求恩坚定的革命热情、反法西斯精神以及独特的人格魅力。从他与情人之间往来的书信当中可以看出，白求恩即使在条件十分恶劣的状态下依然保持着昂扬的生活热情和坚强乐观的品格。在白求恩与情人往来的书信当中，他曾经说过他十分怀念家乡的美食。在当时战争的环境当中，他并没有向爱人抱怨工作的辛苦和战争的危险，而是通过与她谈论他们共同熟悉的事物，拉近了与爱人之间的距离，表达了他对爱人的爱意。

作者在文章当中除了对白求恩的经历进行了介绍，同时还运用了大量的篇幅对

① 石骥. 新形势下再论弘扬白求恩精神培育医院文化[J]. 西南国防医药, 2015, 25(12): 1277–1279.
② 英涛. 大力弘扬白求恩精神　推动各项工作迈上新台阶[N]. 保定日报, 2012-02-03(A01).

他的后人比尔·史密斯的生活情况进行了描绘。因为作者所介绍的主要人物与现代读者生活的时代之间存在着较远的距离，但正是通过此种写作手法有效拉近了读者与文章之间的距离。并且，作者也通过此种对比的方式，让人们了解到伟大的共产主义革命战士的后代竟然要依靠变卖父母遗物的方法维持自己的生活。引发读者思考产生这样状况的原因究竟是什么。在作者略带沉重的叙事过程中，读者可以根据自己的理解在文章当中和历史史实当中寻求到答案①。

此外，《尺素天涯》还具有质疑和悬念的写作特点，在故事的推进过程中，作者通过设置各种悬念，让非虚构的作品更加具有文学色彩。作为新闻专业出身的作者，在写作过程中会借助其独特的新闻敏锐度，让作品更加具有新闻特点。综合以上两种特质，《尺素天涯》在保留了重要历史事件的基本内容之后，通过描写白求恩与爱人之间所发生的故事，并且对他的情感生活中留下的谜团等都进行了细致的探索，让读者在阅读的过程中也能主动参与到探究环节之中，从而增加了文章的可读性，提高了文章对于普通读者以及不了解那段历史史实读者的吸引力。读者们可以跟随作者的步伐，在质疑和思索的过程中逐渐了解作者的写作意图以及写作思路。将历史和现实之间的矛盾统一全面地挖掘出来，同时，因为作者身份的特殊性，在写作的过程中作者能同时兼顾到中外不同地区读者的阅读习惯。将自身中西交融的文化底蕴融入作品的创作当中，为读者展现出更加广阔的精神世界和写作视野。无论是对于不远万里前往中国参与革命工作的白求恩，还是从中国实际出发探访白求恩先进事迹的李彦，都对中西方文化交流做出了卓越的贡献②。

2.工作与生活等方面的传记

白求恩于1935年，自愿加入了共产党，并且随后来到中国投入了帮助中国共产党抗日的伟大革命事业当中。加拿大著名学者罗德里克·斯图尔特与他的夫人莎浪·斯图尔特，在长期的对白求恩人物事迹和革命精神等方面工作的研究过程中，辗转加拿大、西班牙以及中国等地，在白求恩生活、居住和工作过的地方进行了考察。他们根据在加拿大、西班牙以及中国等地收集到的与白求恩相关的文献和口述史，并且将所有资料进行了整理和汇编，撰写了《诺尔曼·白求恩的思想》《白求恩在西班牙》以及《不死鸟：诺尔曼·白求恩的一生》等作品。其中，于2013年出版的作品《不死鸟：诺尔曼·白求恩的一生》当中，作者根据时间的线索，将1890年到1907年，白求恩童年时期和青少年时期的经历进行了详细的描写，为后续白求恩辗转欧洲各国艰难困苦的生活状况奠定了基础。除了对白求恩童年与青少年时期生活状况的描写，书中还从1907年到1919年，白求恩在战争当中的工作状况进行了记录，并且对随后五年白求恩在伦敦的工作和生活情况也进行了刻画，让白求恩在

---

① 徐培宏. 在质疑中彰显个性，在探究中生成课堂——关于白求恩年龄的质疑探究[J]. 语文学刊，2011（04）：164–165.

② 魏晓玲. 白求恩精神与培育和践行社会主义核心价值观[J]. 河北软件职业技术学院学报，2014，16（04）：65–68.

文学文化作品当中的形象更加丰满和立体。

根据《不死鸟：诺尔曼·白求恩的一生》当中第八章"在圣血中受洗蒙特利尔"以及第九章"血雨腥风马德里"两部分的描述，可以看出在当时社会动荡的背景下，白求恩依然保持着最纯粹的社会道德和伟大的革命主义理想。他放弃了优越的生活条件，选择了参与加拿大援助西班牙的人民志愿军，并且在军队当中担任了战地救护队队长的职务，在战场他冒着枪林弹雨为伤员实施救援。日本帝国主义对中国发起了全面的侵华战争，当得知这一消息之后，白求恩毅然决然地参与到了救助中国人民的抗日战争当中，并且在1938年来到了中国。

4-2-2 关于白求恩的书籍、画册
（图片来源于白求恩精神研究会官网）

在《不死鸟：诺尔曼·白求恩的一生》当中明确记录了白求恩秉承着"一切为伤员着想"以及"一切工作为了伤员"的工作原则，在工作过程中顾不上个人的得失与个人的安危，为了能及时对伤员进行抢救，他将工作的救护所设在了离前线较近的区域并且在战斗总常常几十个小时不间断地为伤员进行手术。书中还描写到，在战争中敌人的炮火直逼救护所，但是白求恩凭借着伟大的革命精神和过人的勇气连续工作了69个小时，最后完成了115名伤员的手术工作。在医疗机构中的血库库存不足的时候，白求恩也曾经多次进行了献血，最后甚至奉献出了自己宝贵的生命。在对研究白求恩生平事迹和医疗救援技术的相关文献当中，也有关于白求恩是如何在资源和设备都十分匮乏的情况下，为一名伤员缝合好了嘴上的伤口，并且帮助他治疗好了"兔唇"。

在《白求恩在西班牙》一书当中，重点介绍了白求恩在西班牙的遭遇以及在西班牙时的工作环境。在西班牙的内战爆发之前，当时已经四十六岁的白求恩是加拿大当地一名杰出的外科医生，不仅拥有十分稳定的工作、令人羡慕的收入，同时还具有较高的社会地位。书中描写到，在1935年白求恩参与了前往苏联的医学考察队，此次出访是他人生当中的一个重要转折点。在苏联，白求恩对当时的苏维埃政府的医疗体制十分关注，并且苏联医疗体制对

4-2-3 白求恩在西班牙前线往返途中
帮助运送撤退的难民
（图片来源于白求恩精神研究会官网）

于普通人民群众的关切程度也对他产生了深刻的影响。在这次出访回国之后，白求恩加入了加拿大当地的共产党组织，并且开始了为加拿大全民医疗项目的建立奔波忙碌[①]。

1936年7月，佛朗哥领导的国民军在意大利和德国的法西斯支持下，与西班牙的共和政府正式开战，法西斯对西班牙人民的残酷暴行激发了白求恩内心深处的伟大国际人道主义精神。在同年10月，白求恩仅仅带着自己的手术用具和其他的一些医疗器械只身前往西班牙。在到达了马德里之后，根据对输血方法的创新研究，他在当地建立了新型的输血服务机构，让市民进行献血并且保存，之后以流动送血站的形式，为战场前线与后方的伤员提供了输血救助服务。赫苏斯·马哈达教师在偶然间了解到了白求恩的英雄事迹以及白求恩从马拉加到阿尔梅利亚的逃亡之路上所拍摄的动人心魄的照片，便开始大量收集与白求恩有关的资料，最终撰写成了《白求恩在西班牙》一书。

二、关于白求恩的诗歌和散文

很多文学家和革命家以及其他行业的人士，以诗歌的形式对白求恩同志的奉献精神及革命情操进行了歌颂。

著名诗人田间于1983年时曾随中央老区访问团访问唐县，在此地满怀激情地纪念国际友人白求恩，写下了诗歌《献给国际友人》。"你在花丛中躺着，留给山中一把火，山中人迈起四化步，敢把那魔窟冲破。不朽之爱，不朽之歌，传给世界永不落！"诗人在诗中以"山中一把火"来形容白求恩医生带给中国革命的影响，描绘了中国人在其精神感染下冲破旧社会的禁锢，实现四化，走入新社会的壮举。以"不朽之爱，不朽之歌"来形容白求恩精神的世界范围的传播，赞誉了白求恩同志勇于奉献、敢于冲破的不朽情怀。

原晋察初创时期一军分区卫生部部长尹明亮，曾于晋察冀与白求恩相识并为其伟大情操所感动，写下了名为《忆白求恩大夫》的诗歌，记录了白求恩同志在华期间体现出的高明医术，以及其谦逊热情的优秀品质和舍生忘死的高尚情操。

著名的革命诗人冯玉祥也曾经写下了以《悼白求恩大夫》为名的诗歌。"一位外国人，名叫白求恩，来自加拿大，不辞苦与辛，为我独立战争矢志献其身。服务在前线，救伤又治病。意志何坚毅，博爱火热心。医术亦高妙，着手即回春。伟大垂不朽，永昌芬芳名……"诗人在诗歌中阐述了白求恩医生不远万里从加拿大来到中国，在中国战争的最前线服务于中国军民，治病救人、欲火奋斗的艰苦卓绝的革命精神以及其不顾自身安危、奉献于革命事业的高尚品质。赞誉了白求恩同志坚强的意志、高超的医术、博爱的精神和勇于奉献的情操。

[①] 孙国林. 红都延安的神秘来客系列之五：白求恩从加拿大医生到中国人学习的楷模[J]. 党史博采（纪实），2012（09）：22–26.

现代文学作品当中还有许多散文作品，如《还白求恩的人情》《你不知道的白求恩》等都对白求恩的人物经历和精神品质进行了纪念与弘扬。

三、关于白求恩的论文

与白求恩有关的论文许多，其中最具代表性的为中国共产党领导人毛泽东主席在白求恩逝世后，为了悼念他而亲自撰写的题为《学习白求恩》的文章。在新中国成立之后，国家政治部在对《毛泽东选集》进行编撰的过程中，将这篇文章收录其中，并且将题目的名称更改为《纪念白求恩》。

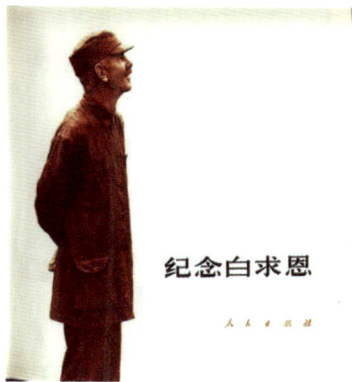

图4-2-4 《纪念白求恩》

这篇评论树立了白求恩同志无私奉献的光辉形象，歌颂了他毫不利己、专门利人的伟大精神。为了帮助战火中挣扎的中国人民，白求恩同志放弃了当时优渥的生活条件及医学的职业前景，写下了遗嘱义无反顾投入解救中国人民的伟大事业中。

《纪念白求恩》同样倡导了医者仁心的精神典范，身为一名医护人员，白求恩同志在当时恶劣的医疗条件下，在没有先进仪器的情况下，用自己的一生践行医生的神圣职责，努力服务患者的敬业精神。

歌颂白求恩精神与弘扬其伟大情操的研究论文同样很多。如王晶创作的《白求恩的人生价值观》、张立明创作的《从真诚的人道主义者到伟大的共产主义者》、张文创作的《白求恩的价值观与医德医风》等等，无不彻底剖析了白求恩精神的精髓，追溯了白求恩一生奉献的事迹背后所依存的一位医务人员的人生价值观与人道主义精神。

四、以白求恩为人物原型的小说

以白求恩为人物原型进行创作的小说形式的文学作品同样有很多。

《通往天堂的最后那一段路程》是薛忆沩创作的短篇小说，其主角怀特医生的原型就是白求恩医生。小说中作者运用了丰富的联想和细致的描写，重塑了一个具有白求恩医生精神的人物形象。小说中怀特医生在接近革命圣地的时候，曾经给自己的前妻写过一段话："如果我这个无神论者也在寻找自己的'天堂'，那么，你就是我寻找的原因，你也是我寻找的结果。"在这篇小说中，从另一个侧面还原了白求恩同志的人生，让我们从另一个角度认识了白求恩的人物形象。

薛忆沩的小说《白求恩的孩子们》2012年由台湾新地出版社出版，是一部长篇小说。小说描写了两个家庭里的三个孩子，在特殊历史阶段，在白求恩"毫不利己、专门利人"思想影响下的悲剧命运和曲折历史。它横贯中国"文化大革命"至今近四十年的跨度，或者可以称作"一个年代的副本"。作者站在中国"纪念白求恩"和西方"白求恩传"的两极，用哲学和思辨再现历史，重新阐述个人在历史中的错位和历史判断的双重价值。中国版白求恩的毫不利己、专门利人，与西方版中骄傲任性，追求个人价值，把战争当作生命的驱动力的白求恩，作为同一个人在不同价值体系中被塑造的不同形象，在作者笔下有极富含义的注解。更重要的是，作者描写了一代人，不仅是中国人，还有加拿大人，在白求恩精神中长大，在精神上，他们是白求恩的孩子，但他们并不知道真正的白求恩是怎样的人。历史的双重标准及复杂，让这个时代显示出荒诞的合理性。可贵的是，《白求恩的孩子们》重建了一段特殊的中国历史①。

在小说《长夜漫漫》当中，小说主人公杰罗姆·玛特尔集中体现了一种群体本位的思想，在突发事件当中也能将集体利益放在个人利益之上，由此体现了小说主人公的集体精神和博爱主义思想。小说主人公是现实社会当中白求恩形象的化身，作者通过描写杰罗姆·玛特尔以群体本位的思想意识打破狭隘的民族主义意识和阶级等级偏见等陈旧思想的局限性，集中体现了白求恩伟大的博爱精神，将爱奉献给全人类的伟大人道主义精神。

五、关于白求恩的题词

1. 国际名人对白求恩的评说

1987年3月18日，当时的加拿大总督让娜·索维给予了白求恩高度评价，"白求恩是我们的好大使"。2000年8月19日，加拿大总督克拉克森指出，从个人职业的角度评价白求恩，他是一位极其特殊的人物，他用特殊的方式度过了自己的一生。从某种意义上说，白求恩的精神已经超出了国界，不仅代表了伟大的国际救援主义精神，而且还体现了宇宙般宽阔的胸襟。加拿大驻华大使贝祥提出，对白求恩医生的纪念已经成为联系两国之间情感的重要纽带，白求恩精神是"滋养着深深扎根于我们人民之间友谊的见证"。白求恩的外甥女珍妮特·康乃尔曾说过，白求恩是一位伟大的人道主义者，他的一生都会被铭记在亲人们心中。白求恩为理想奋斗的精神和为革命献身的精神，都是后辈们学习的榜样。在当时的社会环境和历史背景当中，白求恩的许多想法有悖于传统观念，难免招致了人们的不理解，但是在社会不断变化发展的今天，"在绝大多数问题上都见证了他的思想是在大大超越了他所处的时代"。

2. 中国名人对白求恩的题词

在白求恩逝世之后，中国共产党领导人中共中央主席毛泽东亲自撰写了《学习白求恩》。在1939年12月1日，延安地区召开了白求恩追悼大会，在会上毛泽东同志题了挽词："学习白求恩同志的国际精神，学习他的牺牲精神、责任心与工作热

---

① 冯新平. 个人在开放时代的困境——评薛忆沩《白求恩的孩子们》[J]. 华文文学, 2017（3）：54.

情。"在12月21日，毛泽东同志为中共中央八路军政治部与卫生部的同志们出版的《诺尔曼·白求恩纪念册》当中，亲自撰写了《学习白求恩》一文，并且为白求恩题写挽词："救死扶伤，实行革命的人道主义。"1941年，毛泽东同志将这一题词书录给了延安中国医科大学，为白求恩精神的继续传承与弘扬做出了有益的贡献。

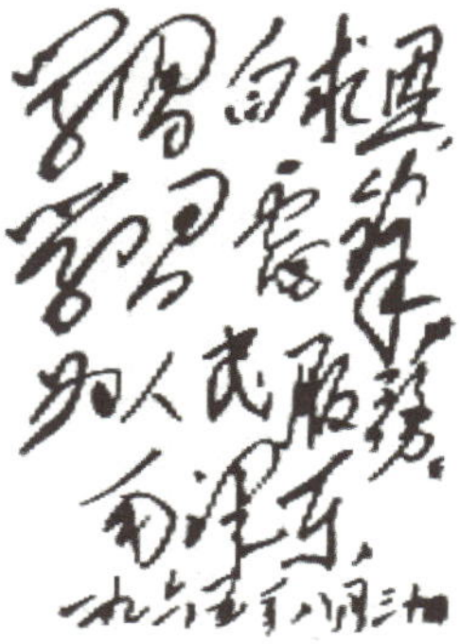

图4-2-5　毛泽东题词（图片来源于白求恩精神研究会官网）

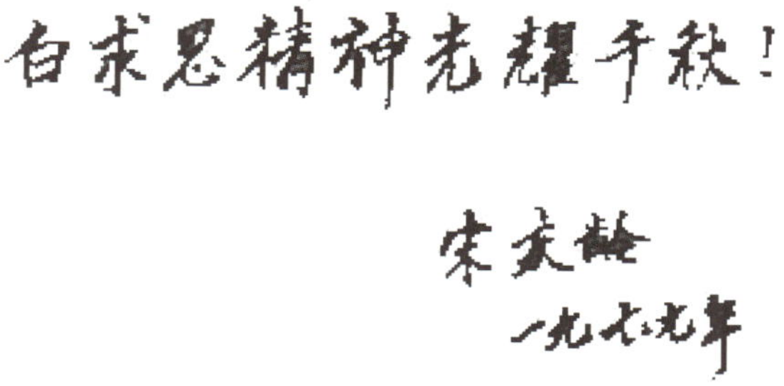

图4-2-6　宋庆龄题词（图片来源于白求恩精神研究会官网）

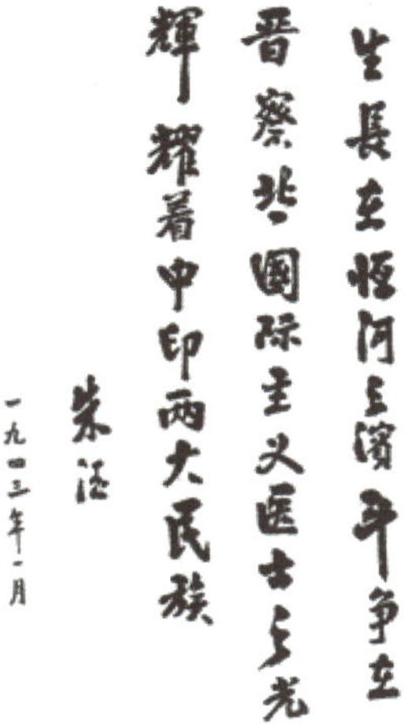

图4-2-7　朱德题词（图片来源于白求恩精神研究会官网）

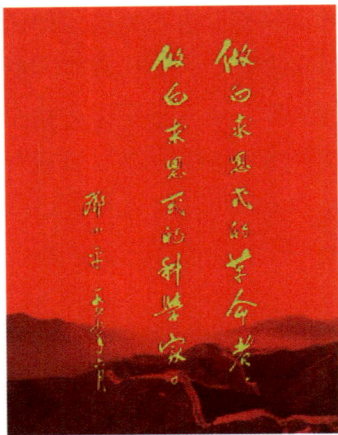

图4-2-8　邓小平题词
（图片来源于白求恩精神研究会官网）

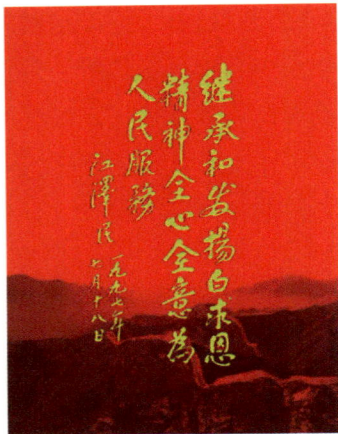

图4-2-9　江泽民题词
（图片来源于白求恩精神研究会官网）

第三节　白求恩文学作品对现实的影响

　　各类文学作品都充分弘扬了白求恩把最广大人民的根本利益作为最高标准，树立人民利益高于一切的观念，始终坚持全心全意为人民服务的宗旨。通过各类文学作品的创作抓住、继承和发扬白求恩精神的根本，深刻揭示白求恩精神的丰富内涵及其强大生命力的根源。在新时期，为了进一步提升我国医疗领域当中各项医疗服务项目的质量和水平，确保我国医疗卫生服务体制改革落实，实现医风医德改革。在白求恩127周年诞辰以及白求恩逝世78周年之际，通过分析不同形式和类型的文学文化作品，探究白求恩精神对现实生活的意义仍具有十分重要的作用。虽然现代社会发展变化导致了当今社会与白求恩所在的革命环境之间存在着十分明显的差异，但是在现阶段市场经济不断发展的社会环境当中，人们不能遗忘革命先烈对于现代社会发展所做出的贡献，不能忘记我国仍处于社会主义建设发展的初级阶段，需要明确新时期弘扬和发展白求恩精神的现实意义。

　　不论是在革命时代中，白求恩自己撰写的医学报告以及文学作品，还是后世为了纪念白求恩所创作出的诗歌、传记、散文、论文以及报刊等形式多样的文学作品，都集中地体现出了白求恩伟大的革命主义精神和国际人道主义精神。在我国社会主义建设初期阶段，弘扬白求恩精神十分必要。社会主义初期发展阶段不能将无偿劳动作为社会主义道德建设中的一项基本内容，在意识形态领域当中无偿劳动具有相对超前和独立的特性，同时会对社会主义市场经济的发展产生一定的影响。社会主义建设的终极目标是实现共产主义，白求恩精神直接体现了优秀的共产主义道

德品质，并且也成了人们追求道德发展的精神楷模。在新时期，各类文学文化作品当中体现出的白求恩精神能不断指引人们迈向更高的道德目标。加之，市场经济对于社会思想道德发展存在一定的负面影响，因此在新时期弘扬和发展白求恩精神更具紧迫性。市场经济在一定程度上滋生了个人主义、享乐主义和拜金主义，此种情况体现了时代和社会对于白求恩精神的需求。产生于资本主义发展相对完善的加拿大的白求恩精神具有相对完整和完善的发展体系。在条件相对艰苦的抗日战争时期得到了进一步发展，因此白求恩精神在当今社会主义社会当中，仍具有一定的指导意义。新时期，为社会主义事业的发展不断奋斗的年轻人需要从不同领域之中了解和学习白求恩精神，持续继承和发展白求恩精神，让白求恩精神在中华大地上不断生长结果，使之成为推动我国社会主义事业建设和社会主义和谐社会发展的巨大精神力量。

一、白求恩文学作品中体现出的精神

在《纪念白求恩》当中，毛泽东对白求恩精神的基本内涵进行了界定，首先毛泽东指出，白求恩精神是一种伟大共产主义精神以及国际主义精神；其次，毛泽东还指出了白求恩精神是一种无私奉献、舍己为人的精神；最后，毛泽东指出，白求恩精神是一种对人民群众满怀热情，对本职工作精益求精的精神。在我国经济、政治、文化和医疗等领域全面发展的背景下，新时期需要对白求恩的精神内涵进行全新的探讨和理解，无论是在医疗救援领域，还是在社会生产与生活的其他领域，都可以通过深刻理解白求恩精神的内涵与本质，为工作和自身的发展提供十分有益的帮助。

作为医疗救援和医学职业道德当中具有较强活性的成分，白求恩精神能为医风医德建设和医学伦理的发展提供强大的动力支持。在新时期继续弘扬和发展白求恩精神可以为实现医学原则的精神内涵提供帮助。在新时期的背景下，白求恩精神已经被注入了更加具有时代特色和具有活力的新内容，将更多的人文医学理性元素与更加专业的医疗职业精神要素融入白求恩精神当中，使新时期的白求恩精神最终呈现出以下特点：第一，白求恩精神极富鉴定的医学职业道德信念、高尚的人道主义思想以及医学理性精神。这一特点有利于规范现代医疗领域的医务工作人员救死扶伤的行为以及提高精神领域的素养，从而可以帮助医务工作者坚定发展自己的医学理性，实现善良总原则的深化发展。第二，白求恩精神具有舍己为人的医疗奉献精神。具体还可以细化分为对于工作的高度负责的态度以及对于同事和患者的热情态度。从善良总原则的角度进行分析可以得出，当前我国医疗体系当中的医务工作人员需要对患者的生命和健康具有高度负责任的态度，既要保证自己不能够触及医务工作职业道德的底线，又不能具有狭隘和偏私的观念。在工作的过程中，需要时刻将白求恩精神作为一切工作的出发点和落脚点，将为人民服务作为工作的重点。

规范和要求我国的医疗服务群体将患者的生命安全和身体健康作为第一要素，用善良的工作态度和高尚的道德素养为保护医疗消费者和医疗患者的权益做出积极贡献，从而有效保护我国医疗体系的整体声誉。第三，白求恩精神在新时期的具体表现形式为德才兼备。从事医务工作的医疗体系工作人员需要在日常工作的过程中，不断发现和总结工作中存在的问题，针对潜在的安全隐患需要采取有效的防范措施。并且在工作环节当中，重视总结工作规律，对于同一种类型病症制定出多种合理有效的治疗方案，并且从中选择最适合当前患者病情病症以及身体承受能力的治疗办法，帮助患者减轻病痛。以德才兼备的医务工作者形象，彰显出我国医疗体系当中独特的医学人文主义精神的特质，这一精神特质同样也是新时期白求恩精神的本色。第四，新时期的白求恩精神需要积极倡导公共卫生精神以及医疗公益性。医疗服务活动作为我国第三产业当中的一项支柱产业，在医疗消费市场不断扩大以及市场经济当中"利润效益"原则的双重作用下，必须加大力度倡导医疗产业的公共卫生精神以及医疗公益性。将新时期白求恩精神当中的医学职业精神作为其新的内涵，呼吁全社会将白求恩精神作为医疗体系建设、医学科学发展以及社会主义和谐社会的建设与发展的必然选择和重要推动力量。

二、白求恩作为文学文化形象的意义

不论是从白求恩自己创作的文学文化作品，还是从他身边的同事以及后世的白求恩研究专家等为其撰写的文学作品当中，都可以较为全面和系统地分析出白求恩作为文学文化的独特形象。例如，在《诺尔曼·白求恩》当中，作者通过将更加具有观赏性、艺术性和思想性的多角度描写手法运用在作品的撰写过程当中，为读者呈现了一个较为全面和具有一定历史高度的白求恩文学文化形象，为后世人们继续研究白求恩人物形象和白求恩精神都提供了较为可靠的理论依据。

与此同时，白求恩在文学作品当中的文学文化形象还可以为人们创作其他领域如影视、戏剧以及歌曲等普及白求恩相关历史和文化知识，继续弘扬和发展白求恩精神等工作提供二次创作的

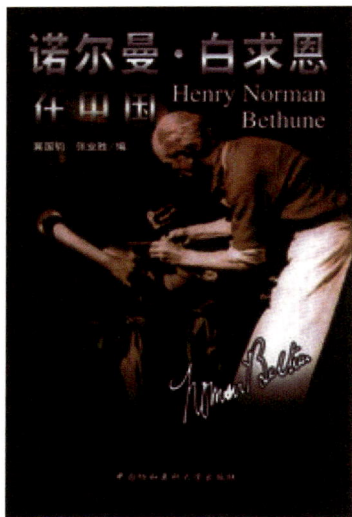

图4-3-1 《诺尔曼·白求恩》
（图片来源于白求恩精神研究会官网）

蓝本。通过将白求恩的形象搬上荧屏和舞台，能够使观众们感受白求恩在我国抗日战争期间，为中国人民八路军和中国抗战胜利所作出的卓越贡献。此举为宣传和践行社会主义荣辱观以及科学社会主义等时代精神提供了十分生动形象和具有教育意义的范本。

三、研究白求恩文学作品的现实意义

在当今社会，研究白求恩文学作品具有十分重要的现实意义。在白求恩生活的年代，他能毅然决然地跳脱出自己的舒适圈，放弃在加拿大优越和富裕的生活条件，对当时医疗界领域当中存在的不良现象直言不讳地进行批判。他认为，越是需要到医院进行看病救治的人们，往往都是那些没有钱无法走进医院进行看病和寻求治疗的人们。这一现象已经不是医疗病理学的研究范围，而是成了当时阻碍社会发展的关键性因素。当白求恩看到这一问题，并且进行深刻的思考之后，他决定放弃当时在欧洲大陆的生活和地位，前往中国支援中国的抗日战争。在当时人人自保的历史背景下，白求恩的这种大无畏的革命主义精神和身为共产党员的奉献精神，对于当今社会人们的道德和精神层面都具有重要的榜样作用。

1. 对当代医疗工作者的启示

在当代社会经济和政治发展速度较快的背景下，我国医疗体系当中培养的医疗工作者缺乏一定的人文关怀精神，特别是医科院校的医疗专业学生进入临床工作体系当中时，对于自身的工作责任人事不清，在工作过程中也缺乏人文精神的传递。在此种环境背景下，我国的医疗体系医务工作人员缺乏一定的人文关怀理念，在实际的工作当中，面对任务量较大以及环境较为复杂的工作时，很多医务工作人员仅能从实际的医疗状况角度出发，无法推己及人地思考病患的情感需求和心理状态。加之，医疗体系当中的医生职业价值观是医疗市场领域的变化以及医生职业发展的过程中产生和实现的，因此会有一部分医生在面对不断提高的物质和文化水平时，难以有效区分经济领域市场经济当中的积极因素和消极因素，容易受到不良因素的影响，最终在不良的社会风气影响下，过度追求物质生活，而忽略了精神和人文素养。医学专业和医疗系统的特殊性决定了从事医疗救援工作的医务工作者在实际工作当中，在面对病患时会占据相对主导的地位。因此，部分医务工作者会认为病患看病是"求"医，医务工作人员将自己摆在较高的地位，不能有效体察病患的病情，在与患者交流的过程中也会给人留下冷漠和缺乏热情的印象。甚至会有部分医务工作人员在工作当中存在工作作风散漫、医风医德不良等方面的问题，责任心差，对于病人不能负责到底等都使得医患矛盾加剧。部分医生为了追求个人利益，而置国家医疗体系的整体利益于不顾，由此产生的小病大医以及过度医疗等方面的问题，都严重阻碍了我国医疗卫生体系进一步发展的道路。因此，新时期借助白求恩精神对从事医疗领域的工作人员进行教育和指导，能促使医务工作人员自觉树立起更加坚定的医学使命感与医疗道德精神。

2. 对当代医科院校学生的启示

作为未来医疗行业当中的主力军，医学生是国家未来医疗事业当中承担治病救人和救死扶伤使命的中坚力量。在新时期对医科院校在校生进行培养的过程中，不

仅需要重视传授给学生们先进的医疗技术，帮助学生们学会理解和运用医疗器械和救援设备，同时还需要重视培养和发展学生们良好的道德素养、人文素养、医德医风以及承担起对社会的责任。当前，我国正处于社会主义和谐建设和发展的关键时期，作为我国未来公共卫生事业当中的工作人员，医学生不仅需要具有专业精湛的技术以及扎实的医疗卫生常识，同时还需要具备良好的道德素养和坚定的社会主义建设信念。但是在进行研究的过程中可以发展，当前我国大部分地区的医科院校医疗专业的在校生社会责任感较弱，对于社会责任价值的定位和理解存在偏差，甚至有一部分学生将学习的理念逐渐从社会理想转到了个人功利等方面，不仅严重忽视了医生的社会价值，同时还忽视了作为一名医生需要对社会发展和建设所做出的贡献。笔者在取材的过程中，对部分医科院校的在校生进行了访问，其中有许多学生表示自己选择医学院校和医学专业并不是完全根据自己的理想和未来发展目标所制定的。在专业的选择方面，部分学生会同时受到家庭环境、父母观念以及未来就业发展形势等多重因素的影响。此种情况会直接导致学生们在毕业之后进入医疗体系当中工作之时，严重缺乏作为一名医生的责任心和使命感，对于自己的个人定位不清晰，在工作的过程中对于职业的价值以及专业操守等方面的责任心较弱，因此无法有效实现自我价值，并且对于我国医疗系统的建设和发展也无法做出应有的贡献。

3.对当代青少年成长发展的启示

现代社会经济、政治和文化等各方面条件都十分完善，特别是在社会基础公共设施的建设方面同样也发展到了较高的水平。此种环境为当代青少年的成长与发展创造了十分宽松的环境，可以促使青少年在较好的经济、政治和社会条件下发展成为对国家和社会都有建设作用的人才。但是不可忽视的是，政治经济和文化的发展不仅会对青少年产生积极正面的影响，根据唯物主义的观点进行分析可以得出，矛盾是对立统一的，事物都具有两面性。在社会生活不断向前发展的过程中，享乐主义和利己主义等不良意识形态也在逐渐腐蚀着青少年幼小的心灵。在成长的过程中，由于缺乏对事物明确的认知和判断，青少年无法准确掌握事物的两面性，容易受到不良意识形态的影响。虽然白求恩离当代青少年的生活较远，白求恩生活的年代与现代社会之间也存在着巨大的差异，但是优秀的人物品格与崇高的理想信念无论在什么年代都不会过时。因此，将文学文化作品当中的白求恩形象与白求恩精神，通过较为科学的方法传递给当代青少年，以更加通俗易懂的形式告诫青少年在自身发展的整个过程当中，不仅需要学习先进的文化知识和科学技术理论，更重要的是要培养自身良好的人文情怀与道德素养。当代社会，科学技术发展在对经济和政治等方面建设工作带来积极影响的同时，对人与人之间的交流和交往产生了一定的阻碍。人文关怀是现代社会人与人之间往来的重要连接纽带之一，通过将白求恩舍己为人和无私奉献的精神传授给当代青少年，可以让青少年在成长的过程中，树立起正确健康的道德观念，更好地的实现自我发展与完善。

四、白求恩文学作品研究对中外文化交流的作用

笔者在对白求恩的文学文化形象和与白求恩相关的文学文化作品进行研究的过程中发现，因为白求恩曾经在欧美地区以及中国华北地区都参与过革命工作，并且在当时的无产阶级革命工作人员心目中留下了深刻的印象。所以，在后世纪念白求恩的众多文学作品当中，不仅具有许多外国文学、小说、戏剧剧本和传记回忆录，在我国文学领域当中也有许多伟大的作家和评论家对这一位伟大且具有革命风险精神的国际友人的先进事迹进行了记录和总结。在各地建立起的白求恩医学院校以及医疗机构等，都为国际主义医疗体系和医疗救援系统的建设和完善做出了积极的贡献。

白求恩生前作为一名伟大的无产阶级革命者为我国抗日战争前线救援工作做出了积极的努力，在去世之后，他的医疗技术和人道主义精神也成了社会各界学习和倡导的主要内容。新时期，我国医疗工作者和文艺工作者在同西方发达国家的医疗工作人员以及文化界人事进行交流与合作的过程中，文学文化当中的白求恩形象便成了连接国家与国家，民族与民族之间的重要桥梁，对于世界文化的多元化发展具有十分重要的意义。无论是在过去还是在未来，白求恩精神都是社会进一步发展所需要的重要精神力量，尤其是在国际社会当中，白求恩文学文化形象对于历史、现在和未来的发展虽然作用不同，但是都具有相同的意义。白求恩能完美平衡和处理个人发展的精神追求以及承担社会责任和实现社会价值之间的关系，体现了其高尚的精神品格和道德思想。虽然白求恩也曾经流连过物质享受，并且从他自己创作的诗歌当中也可以看出他曾经有过自我欣赏和自我满足的举动，但是当社会环境发生重大变化时，他也能及时清醒，敢于冲破传统观念和物质生活的束缚，最终完成自我革新与自我发展，最终成为一名享誉世界的胸外科专业医生以及一位伟大的国际共产主义战士。

综上所述，白求恩和白求恩精神都与文学文化有着密不可分的联系，无论是中国文学还是西方文学都对白求恩的精神进行了全面深刻的探索和研究。此外，在白求恩自创的文学作品当中，也能体现出他伟大的革命主义精神和国际人道主义精神。他在工作之余创作了充满激情的抗战文学作品，为后世了解和怀念这位伟大的革命家和医疗工作者提供了充足参考，为继承和弘扬白求恩的精神给予了充分支持。

第五章　白求恩与造型艺术

　　白求恩同志不仅是一名著名的共产主义战士、一名优秀的外科医生，而且是一位优秀的文学和艺术爱好者。白求恩一生热爱艺术，他创作了大量的短篇小说、诗歌、散文、广播剧和纪实文学，在绘画、摄影、音乐等方面，同样有着过人的表现。

　　在加拿大白求恩纪念馆和加拿大白求恩故居，至今还陈列着许多白求恩生前的绘画作品，其中有一些艺术价值很高，他1935年秋曾在蒙特利尔举办过个人画展。绘画虽然只是业余爱好，却也是卓有成就，他尝试在蒙特利尔主办了专门为贫民孩子免费提供美术教育的"蒙特利尔儿童美术学校"颇受好评。白求恩到达延安后，在繁忙的前线医务工作之余还参与抗战的美术活动，经常兴致勃勃地到晋察冀边区街头创作八路军抗战题材的壁画，只是目前找不到更多的照片资料。据查，他刚到延安时就曾为毛泽东画过速写，可惜这幅肖像画后来不知所终。

　　白求恩本身就非常喜欢绘画，因为学习医学的缘故，他学习过绘画，为进行解剖画图，当然，他还进行过有关绘画的创作。白求恩也是一个摄影爱好者，到中国时，带了一架柯达莱丁娜相机。当他第一次见到毛泽东时，用这个相机为毛泽东照了一张相，后来他把这架相机送给了沙飞。所以白求恩在对造型艺术上是有一定研究的，最起码是喜爱的，我们不能将他的作品作为艺术品进行价值评估，但是从这些作品里我们看到了他对艺术的喜爱与追求。白求恩在艺术创作方面，主要以绘画与摄影为主。绘画方面尝试的种类较多，油画、版画、素描、水彩等。绘画、摄影都是造型艺术，它是指运用一定的物质材料，通过塑造静态的视觉形象来反映社会生活与再现艺术家思想情感。它是一种再现性空间艺术，也是一种静态的视觉艺术。

白求恩同志在延安创作抗日宣传画

在白求恩遗留下来的书信和作品中，我们经常能看到他有关艺术的论述。在《久不写信的歉意——致加拿大友人书》里，他这样说：没有艺术是不可能的。没有艺术，人们亲身经历的事实就如同没有血肉的空骨架，即一种静止不动的生活——目前很多事物都是这样——或者成为涂上了各种奇异色彩的浪漫主义的夸张。这两者，我都不愿干。我不愿意以两者中任何一种方式写信，两者都是虚假的，前者是由于其贫乏，后者由于其过分。艺术本身是不灭的，是一株伟大的常青树，是永恒的，不可摧毁的，不朽的。一个时代的特殊艺术形式是这株常青树的花朵。这些形式体现了某一时代的特征，而同时又是先前时代的产物。

第一节　白求恩高超的绘画能力

绘画是造型艺术中最主要的一种艺术形式，应用最为广泛，并且居于重要的地位。它是一门运用线条、色彩和形体等艺术语言，通过构图、造型和设色等艺术手段，在二度空间里塑造出静态的视觉形象的艺术。由创作主体根据自己的经验，描绘出取材于社会和自然的一切可视形象，以及从现实生活的体验中生发出来的幻想的视觉形象。在照相术发明之前的漫长岁月里，绘画是用形象记录和反映现实的主要手段。绘画因为使用的材料和技法的不同，分为许多品种，其中主要有油画、水墨画、版画、水彩画、水粉画、素描等。按作品形式的不同来划分，还可以分为壁画、年画、连环画、宣传画、漫画等样式。从题材内容来划分，又可以分为肖像画、风景画、风俗画、静物画、历史画、宗教画、动物画等体裁。可见，绘画是样式和体裁十分繁多的一个艺术门类，根据不同的分类角度和分类标准，可以将其划分为不同的种类。白求恩的绘画主要以素描、油画、水彩为主。题材上与医学和宗教内容相关的多一些。

一、用绘画体现医学内容

（一）白求恩早期的医学绘画

白求恩早期的绘画主要以素描为主，这是基于医学专业学习的基本要求，需要掌握一定的绘画技能。看下面这幅图，膈神经切除术的图画描述，白求恩的用笔很简洁，形象地用项链的位置表述，胸锁乳突肌清晰可见，锁骨的形状也非常正确。再仔细看绘画的线条，圆润光滑，线条流畅，在运笔上很平稳，项链上的珠子大小差不多，而且很圆，肌肉线条、锁骨线条与其他线条通过粗细区分。再仔细看那几条虚线，虽然是断断续续的，但是笔法连贯，一直在一条曲线上。通过这一个医学图解画，可以从笔法上看出作者的绘画基本功，也可以看出作为外科医生的手的平稳。

这幅图是1931年秋到1932年初，白求恩大夫在美国西南部讲学、研究期间创作的，他曾在亚利桑那州做过一例膈神经切除手术，这是20世纪30年代初用于肺结核病的辅助疗法。[①]

他说：有人曾经把外科手术叫作一种艺术。如果这个词的含义规定得不过于狭隘，可以认为它是一种艺术。然而实质上它是一种技艺，而外科医生正是集手艺人、工匠、整形技师三者于一身。

外科医生的工作对象是很特殊的——人体，它要求必须严谨小心，只能一次成功，不能重复多次，不能够像那些以木、石、金属为对象的同行手艺人那样可以自由发挥。他是拯救生命的大师，随时准备面对病患，因为他不能像其他手艺人那样可以找代用品来替换。一件"精心杰作"虽然有时成功，然而更可能遭遇失败。一旦出现问题，会让家属和患者不满意、不原谅。这里容不得有什么由他表现奇妙的想象、机智、幽默的余地，而其他手艺人却能够在生产中享有这些乐事。尽管如此，作为一类手艺人，外科医生应有创造性的艺术家灵魂，虽然他的造型对象的性质限制他自由发挥其艺术性格。像其他许多人一样，他的创造力只能顺着一条途径发挥，只许有一条出路。

在现代，麻醉术的采用使这种技艺获得了解放，从往日匆忙的权宜之计，过渡到今天比较从容不迫的步骤。现代外科技术，由于它新近获得了充裕的时间，并且准确性也大了，因此它容许并鼓励手术大夫发挥他的艺术敏感性。这些艺术欲望及其日臻完善地付诸实施，在很大程度上包括在人们所说的"外科技术"之中。然而，尽管出现了从血淋淋的宰割到不流血这一出色的过渡，但是手术疤痕终究是疤痕，从艺术眼光看，不能不认为有损于人体的美态。有些疤痕是可以用衣服、发式或其他巧妙的方法来掩盖的，但是无法掩盖的疤痕就势必要由受害者无可奈何地长此忍受下去了。

患者的虚荣心和我们手艺人强烈的艺术欲望的有力结合，已产生了可通过"面部整容术"巧妙地隐藏起来的疤痕，阑尾切除中扣眼那么大小、不易辨认的切口，从手臂转移到大腿上的牛痘疤痕，用皱纹掩盖起来的甲状腺切除术切口等，假牙，假发，假眼睛，假鼻子以及许多耳鼻喉科和矫形方面的手术。因此，提出另一种建议以满足患者和外科医生有益无损的爱美虚荣，也就无可非议了。

由于膈神经切除术已不再使用直切口，而改用横切口，因此留下的疤痕已经不那么显眼了。然而，即使在同一大夫手下，每一患者的横切口疤痕位置也多少会有些差别的，这次的太往外了，那次的略低了；有的偏高半英寸，又有一些嫌长。理想的疤痕既不应当是横的，也不应当是竖的，而是斜着向下、向里到胸骨和锁骨联结处，并隐藏在颈部一条正常的皱纹里。它的长度应当是四分之三到一英寸，可能有时可以再长半英寸。

---

① 原载1932年9月第26期《美国结核病学刊》。

要掩盖这个切口的疤痕，通常的做法是使切口位于颈部的一条皱纹中，但是当头部向侧面大幅度扭转成做手术时的那种姿势，皱纹就容易趋于消失。许多年轻的患者颈部是看不到皱纹的。用一条普通珠子项链可以帮助做正确的解剖学定位，并使将来的疤痕容易掩盖。当然，做手术时必须把项链取下来，在挂项链的皮肤位置上画一条线。重新戴上项链时，往往会发现这样徒手画线的位置有些不大吻合，可以用下面的方法加以避免：选用一条"短项链"类的普通珠子项链，从上面取下几粒珠子，再换上一根一又二分之一英寸长、四分之一英寸宽、薄薄的中间有缝能弯曲的银条。在珠子项链的一端接上一根长五英寸的银链，头上的搭扣能够调整，使得项链总的长度可以达到十二到十六英寸。这样大的调整幅度可以适应一切脖子，只有那些极细或极粗的脖子除外。可弯曲的银条可以很容易地照脖子的样子折弯，像原来的珠子那样舒服地戴在脖子上，这根银条上有一条长一英寸、宽八分之一英寸的缝。患者面部向前端坐，皮肤经过处置后，把经蒸煮消毒的项链戴在适当的位置上，珠子应当松松地自然地贴在脖子上，下端通过胸骨、锁骨关节。把可调节的搭扣扣好，然后摸着前斜角肌，把银条放在正确的位置上。用一根上药签（可以用牙签），蘸上红汞，就可以不触动珠子而通过银条上的缝，在皮肤上画一条线。然后取下项链，让患者躺在做手术的位置上。沿着红线做手术切口。手术结束后，可以告诉患者某一长度（比如十四英寸）的一条项链就可以把疤痕盖上，而谁也看不见了。说来奇怪，这似乎使妇女患者由衷地表示感激。

白求恩在进行这类手术时，注重医疗与审美并重，为患者的伤口治疗后的效果考虑，医学美学的人文思想已经在白求恩的医术上展示出来。

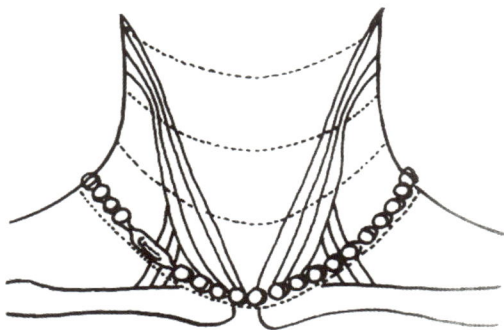

图5-1-1　膈神经切断术项链示意图

在下面两幅图中，一个是白求恩设计的护士徽章，一个是带有艺术创作思维的水彩画小品，这两个图是我们现在能找到的白求恩早期绘画作品。

左图中白求恩的设计理念是"绶带应为绯红色。有两根棒状佩扣——建议用双棒式"。第一根十字形佩扣上的字样为"祝福和告别"，第二根十字形佩扣上的字样为"准备战斗"。 徽章正面图案为一头白豚鼠，俯首蹲伏在一片鲜血上。"—"号代表吉兆，"＋"号代表凶兆；O.T.是"老手"的缩写，G.P.是"豚鼠"或"普通医生"的缩写。交叉着的两件武器是结核菌素注射器和体温计。徽章四周的文字，按纳瓦奈亨利时代法国古老的罗安家族的箴言："我不愿屈尊为王子，我不愿当国王，我是罗安的一员"，演绎为"我不屈尊俯就'阳性'，我不愿被感染，我愿作'阴性'"。徽章反面图案是一只痰杯，上面字样为："医科大学结核病分队"和"安·阿尔堡，1934年"。下面字样为："谨防感染"，徽章应为彩色珐琅制品。简单的几笔就勾勒出了要表达的物品，而且比例准确，线条流畅。

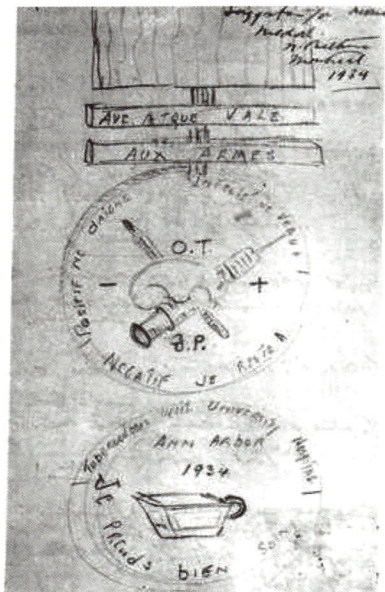

图5-1-2 美国医生约翰·巴恩韦尔，是白求恩在美国特鲁多疗养院结识的一位病友。1932年白求恩去美国密执安州的安·阿尔堡城看望他。1934年10月9日，白求恩给约翰·巴恩韦尔写信，为该城堡医院的护士设计了徽章图案

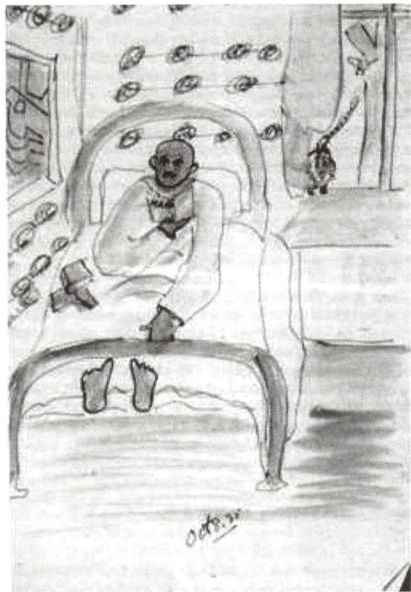

图5-1-3 《一个攻读马克思著作的黄疸病人》这是1935年10月8日，白求恩在给玛丽安·斯格特的信中，附上的自绘水彩画草图

现在看右图，这是描绘一个病房的场景，《一个攻读马克思著作的黄疸病人》加入了铅笔淡彩，有些中国水墨的韵味，与西方绘画写实相比，加入了一些臆想的东西，而且与写实相比，在比例上与视角上也不一样，焦点没遵从写实风格。所以这幅图更多的加入了作者的创作成分，受毕加索绘画风格的影响多一些，有一些立体主义特征，当然这只是一幅随信附上的水彩画草图，是作者一个习作的小品，这一时期白求恩已经是开始信仰马克思主义了，正在开始向一个马克思者转变。

这些绘画作品都是白求恩随手所画，由心感受而来。他说：一个伟大的艺术家总是情不自禁地从事艺术创造。他毫无矫揉造作地"在自己气质的长河中遨游"。他听从自己，尊重自己。他汲取力量的源泉更多的在内心，而不是来自他理性的和逻辑的知识。然而，辩证的过程在这里又一次完美地体现出来；艺术家的原始的下

意识世界受到本身思维的影响和经历的制约，对现实做出反应，从而产生这一现实的新形式。这些艺术的特殊形式应运而生，以后又衰落、死亡。但是，既然它们产生出来了，它就会制约并影响产生它们的现实。

（二）白求恩到中国后的实用医学绘画

白求恩到达中国后，1939年夏他写出了《游击战中师野战医院的组织和技术》一书，是"在总结八路军卫生工作十八个月的实际经验写出来的，有时走到所谓'前方'（距敌人约三里至九里），有时在所谓'后方'（距敌人约三十里至九十里）"。"是根据实际的工作来写的，不是理论的；是在以下的工作经验里得到的：1938年的春季在陕西东北和山西东部的山里；1938年夏季至冬季在山西东北和冀西的山里；1939年春季和夏季在冀中区的平原里。"

"写这本书是希望提高卫生工作的内外科技术水平，因为卫生工作人员正在向千百个困难作挣扎——粗劣的器具，困难的经济，技术人员的缺乏，工作在污秽不堪的村庄里，缺乏适当的卫生常识，在所谓的'医院'不过是污秽不堪的土房子、石房子或破庙。在数百里崎岖不平的山道和酷热严寒的气候里用担架抬着伤员。"在这本书里白求恩绘制了119幅图示，由中方人员标注汉字说明，成为指导野战医院建设，进行卫生工作的指导教材。其中对各类创伤手术治疗、换药、手术室消毒、一些常见内科病的治疗，都有图示说明。在这些图片中，采用素描的方式，简单地勾勒，直观地描述出来，包括我们知道的"卢沟桥药驮子"的设计图都在本书中，下面选取一部分图片。

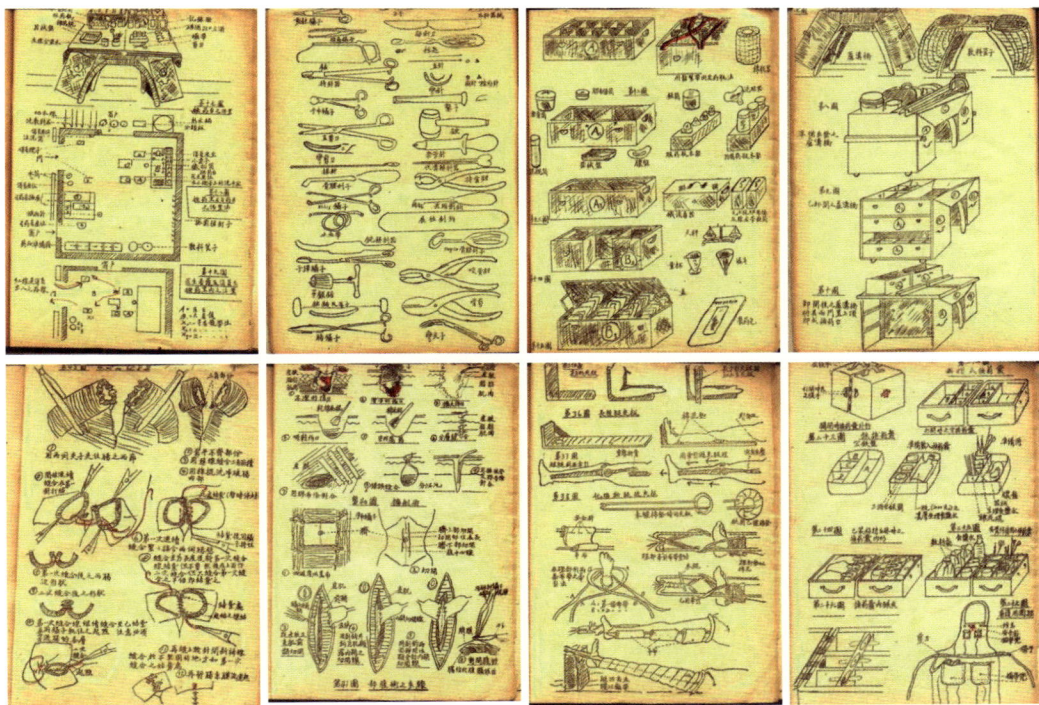

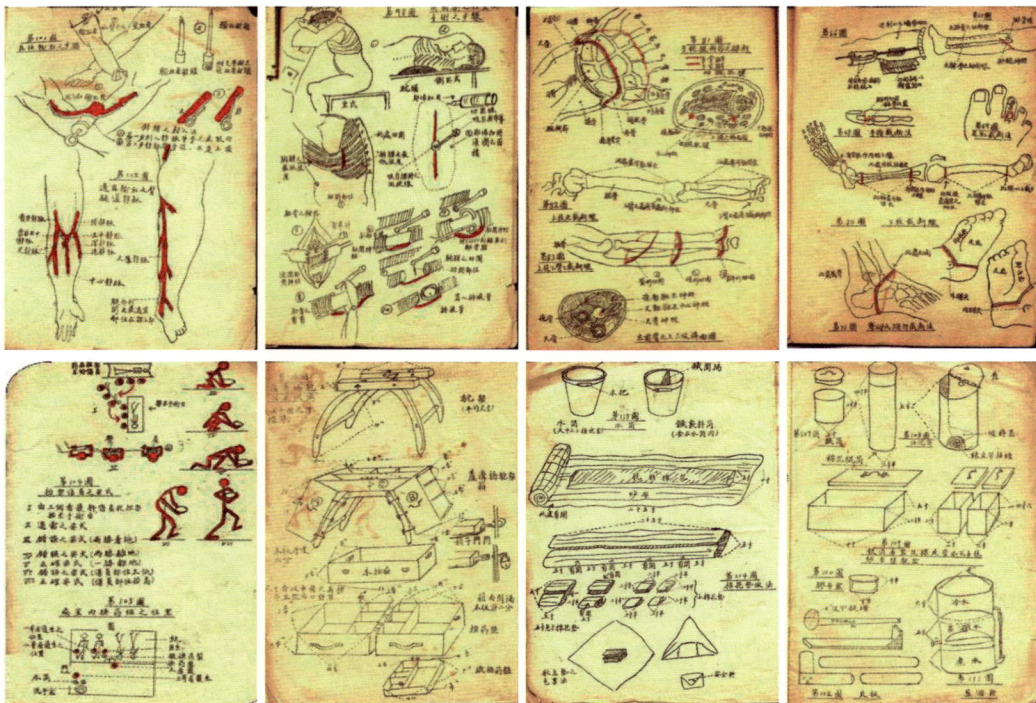

图5-1-4　《游击战中师野战医院的组织和技术》中的部分插图

1939年夏，白求恩又为根据地写了《疗伤初步》一书，这本书总共绘制61幅图示，具体对外伤止血、包扎、固定等明确说明，简单的图示法是对战时培养医疗人员最直接、最简单的方式。

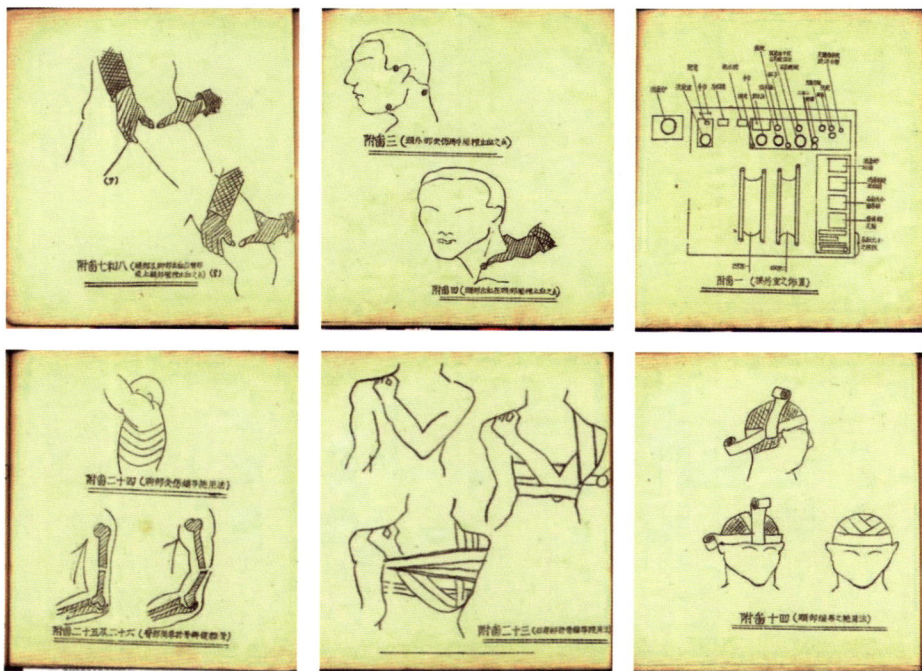

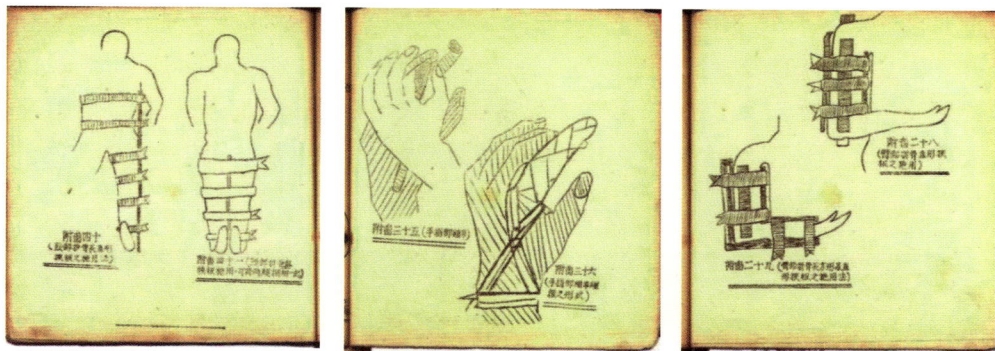

图5-1-5　《疗伤初步》书中部分插图

白求恩在中国的医学绘画是实用性的集中体现，没有繁复的创作，都是简洁明快，直接表达。他说：艺术家每天出现在现实生活中，就像一头从深海中冒出来的大怪兽，它打破种种陈规陋习，时而兴高采烈，时而严肃认真，时而放荡不羁，时而桀骜不驯，置身于五光十色、纷纭的日常事务间，他从暴力中体验到纯洁，从行动中体验到净化，他十分热爱生活。他满怀热情地深入生活，深入一切人们的生活。他把所有的人融为一己。他放眼观看世界，以一种理解一切、明辨一切、亲切而又严厉的态度观察世界的上下内外。然后，他再一次潜入下意识的深处——一个奇异、神秘、幽远和孤独的境界。就在这里，他生育了由心血凝成的产儿——显出新的形式、新的色彩、新的声调和新的动作，不禁使人们联想起那些似曾相识而又不相识，似乎相同而又不相同的事物；使人们感到熟悉而又陌生，送给人们以宁静、深刻和实实在在的感受。

二、尝试多种绘画手法进行创作

白求恩也尝试过很多不同的绘画技法，版画、油画、水彩画、铅笔淡彩画等。从我们目前能收集到的白求恩作品中，有一些作品的艺术审美性很高，绘画技法较成熟，而且深受当时艺术潮流的影响，具备现代艺术风格，以凡·高、毕加索为代表的现代派艺术对其影响最大。下面的左图是一副油画作品，场景为医学教室，应该是在进行医学现场教学，但是没看到周围的学生，这个场景是西方早期进行医学现场教学、解剖课等的一个重要场所，周围的高台上一般都是医学生在进行观摩，教师带领助手进行现场解剖教学，所以这应该是带有其专业特色的现实主义作品。从图中我们可以看到中间的台子上在进行一台手术或是解剖，术者、助手，周围的器械都很清晰，穿着白衣正在忙碌着，头顶一盏大灯使手术台区域很亮，整个画面明暗对比强烈。

对于艺术创作，白求恩认为：艺术创造的过程是否定的否定，首先要有变化，那就是要对原始的、不容置疑的现实进行否定，然后是第二次变化（或否定），亦即通过艺术加工对原始的经历加以重新肯定和更新，使之变成新的实际，变成现实的新形式。如果不是用辩证的过程对现实进行再创造，那么它就没有存在的根据和理由，因为亲身的经历经过一个人的感觉中枢的传导，已经由他自觉或不自觉地进行了改造和修饰。把现实一成不变地复制下来是没有意义的，这是一条死路。把亲身经历变换成新作品的过程不应是平铺直叙的循环运动——转过去又转回到原地——而应该是螺旋式上升。

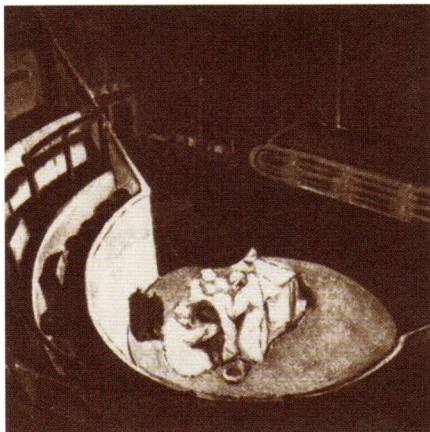

图5-1-6　油画《手术室之夜》　白求恩30年代绘于蒙特利尔市。1935年曾在该市春季展览会上展出

图5-1-7　白求恩给妻子画的肖像　1923年8月，白求恩结婚后，给妻子弗朗西斯·坎贝尔·彭尼女士绘制了这幅肖像画

　　上面右图是一幅油画人物作品，是白求恩为妻子画的肖像画。整个构图视角比较独特，不像传统的西方油画那样给予面部正面，画中人物单手托腮，向斜下方望去，似乎在思考什么。从绘画的技法上看，光线描绘较好，面部明暗处理得当，肩膀上的高光最强，很好地说明了光线的来源，人物安静祥和，把观众也带入一个静思的氛围。这幅画还有一个地方体现作者的绘画功力，仔细看人物的头发，一头黑发，淡淡的光影下，发丝一根根的，和真的一样，这个地方的绘画技法体现了作者高超的绘画能力。他说：两个人只有共同身历其境，即亲自感触，亲眼看到和亲耳听到，才能无须艺术的媒介而有大致相同的感受。如果没有亲身的感触，那么，一种经历的真实性只有通过艺术才能传达。

　　下面两幅是白求恩的自画像，从图上人物特征可以看出，这是他不同时期的画像，采取两种不同的画法。人物特征明显，轮廓分明，两幅画中人物的面部表情基本一样，目视前方，眼神深邃。这两张自画像应该是白求恩早期的作品，左边的应该更年轻一些。这两幅作品都比较写实，很准确地描述出人物的特征，肖像画中最难画的是眼睛，在这两幅画中眼睛画得都比较传神，能感受到那种凛冽的目光。虽然两幅画是不同的绘画方法，但是传达出的人物感受是基本一致的。而右图那幅自画像则似乎借鉴和运用了后期印象派凡·高那种狂肆的粗犷笔触——从这一点看，这一时期白求恩的思想与性格基本稳定，开始思考人生，冷静地看待世界。自画像是最能反映作者本人这一时期的性格的，他会将他的内心通过自画像表现出来，带有明显的个人色彩。

图5-1-8　白求恩自画肖像　1934年作。在这幅自画像中，他把自己描绘成一位十足的资产阶级分子。作为胸外科主治医师，他当时是诊断和治疗肺结核病的权威

图5-1-9　白求恩自画肖像　1935年作，赠蒙特利尔市艺术家玛丽安·斯科特女士。白求恩去世后，玛丽安·斯科特女士把这幅画赠给加拿大麦吉尔大学。1971年11月25日，麦吉尔大学将此画转赠我国

　　下面的几幅作品，我们把它们放在一起分析，这几幅基本都是白求恩的壁画作品，有的没有完成，只是初稿，或者是壁画的草稿。这是一组作品——《一个肺结核患者的历程》，通过绘画作品描述他作为肺结核患者时，与病魔抗争时的情形。有的带有宗教色彩，有的带有医学救赎的思想，有的是现实的描绘，风景或建筑。从作品的表现手法看，有的具有浪漫主义气息，有的是后现代派，有的带有抽象主义思想，还有一些是写实的。

　　这些绘画作品，表现出白求恩很高的绘画才能和造型能力，并且在表现上不拘一格，第二幅是近乎古典的现实主义，天使形象健硕而优雅。而第四幅，即题诗的头两句是"帆影驶向青春的迷海，不幸传来了海妖的魅歌"的那幅，颇具浪漫主义气息，画面所追寻的是梦幻般的朦胧之美，海妖那柔美的魅歌和裹娜的裸体，仿佛要从弥漫的薄霭中烟行媚视地走出来，引诱人们走向歧途一般。而题诗是"无恻隐之心的海妖，把我们的主人公诱入歧途，置身都城的峡谷，他追逐声望、名耀"的第七幅，白求恩自己在画上的说明文字中即指出："城市的画法颇有现代印象派手法的味道。"白求恩做一些解释和说明："当我认识到自己患上肺结核病时，我当时的初步反应是极度绝望，悲剧盯着我，生活似乎已经毁灭了。对未来的疑虑和恐

惧给我通常的乐观主义蒙上了一层乌云。我画了这一套寓言故事画。"白求恩大夫这充满了对自己个体生命的美好憧憬与恐惧失望相交织、相矛盾的沉重心路历程的诗和画，都是具有无上价值的艺术珍品。这诗，是纯洁心灵独自的画；这画，是氤氲着诗情画意的诗。

白求恩大夫这充满了诗情画意的心灵世界真是太丰富、太精彩、太绚烂了啊！他说：艺术家的作用就是打破平静。他的责任是唤醒沉睡者，动摇世界安于现状的支柱。他使世界回忆起它黑暗的过去，他向世界指明现状，并指点出它走向新生的道路。他既是时代的产儿，又是时代的先驱。追踪艺术家走过的道路，我们就感到不平静，而对于那些轻易地视为当然的现实开始觉得不那么有把握。他使那个一成不变、固定的和平静的世界心神不宁。在害怕变动的世界中，他鼓吹彻底变革这一生活的准则。他是鼓动家，他破坏宁静。他敏感、急切、自信、焦虑、忧郁。他是在人类的灵魂中活动着精神。

[标题]：一个肺结核患者的历程
[作者]：白求恩
[时间]：1927年11月

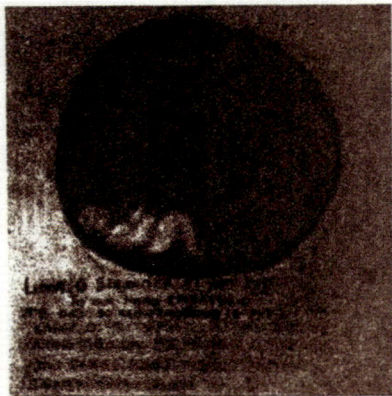

图5-1-10

第一幅壁画铭文
哦，新来者，我们的主人公，
胚胎之时即遇险，
结核蝙蝠如血染，一何凶残。
襁褓之际蒙厄难，
一如其父；
世间凶敌欲加害，
居暗穴，屏障绝。

第二幅壁画铭文
接生的天使们，
预见其毕生坎坷累累，
不禁潸然落泪，
愿我们也一掬同情泪。

图5-1-11

第三幅壁画铭文

希克男爵护他脱"白喉"飞龙之难，
却无能佑他免遭其他怪敌的伤害；
带着劫后的创伤，
他向墓地走来。

图5-1-12

第四幅壁画铭文

帆影驶向青春的迷海，
不幸传来了海妖的魅歌，
迷航的小船，
终于碎为粉齑。

图5-1-13

第五幅壁画铭文

深渊坠身，
功败垂成，
谁人相庆，
血海浮沉。

图5-1-14

第六幅壁画铭文

特鲁乡城堡屹立在比斯迦山峦，
圣光四射，高耸云汉；
纵然有海斯、布朗和安伯森的守卫，
众敌仍虎视眈眈。

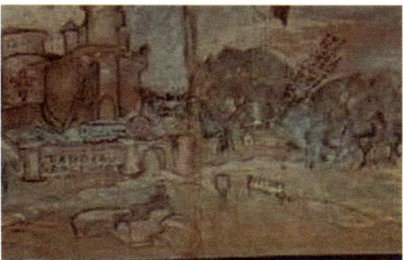

图5-1-15

第七幅壁画铭文

无恻隐之心的海妖，

把我们的主人公诱入歧途。

置身都城的峡谷，

他追逐声望、名耀。

那里，繁花魅人似锦，

却敌不过结核菌蝙蝠的云翳雾障。

秽气中，层层阴影，

他已渐渐病入膏肓。

图5-1-16

第八幅壁画铭文

瘦骨嶙峋，僵卧不起，

可悲的牺牲者拖着残躯，

辞别萨兰纳克，

向亚利桑那走去。

平原留下其遗骸，

痼疾吞噬其生命，

咳嗽，啐痰，形容枯槁，

仁慈的死神终于解救了他。

图5-1-17

第九幅壁画铭文

可爱的死神啊，你是诸神中最仁慈的天使，

让我在你的柔怀中与世长辞；

繁星闪烁，炽日久已无光，

我演完了短小的一幕，厌倦的戏剧就此收场。

图5-1-18

　　纵观白求恩的画作，可以看出，他想尝试不同的风格，或者说他还没形成自己稳定的风格。这大概就是作为一个医生，更多的是对艺术的热爱和喜好。所以，从白求恩自己的绘画作品中，我们看到了一个丰富多彩的白求恩，看到一个喜欢艺术，喜爱进行艺术创作的白求恩。他掌握了一定的绘画技能，能准确地通过手中的画笔表达出他要描绘的事物。但是在艺术上还达不到较高的层次，因为他毕竟是一名外科医生，艺术修养对医生来说是十分必要的，不仅丰富了他的生活，也整体提高了他的个人素质。

现代医学的发展对医生的人文素质也提出了要求，医生不仅要有较高的医学技术和技能，还要有较高的人文素养。医学不仅是科学还是人学，不仅要能医治病人的疾病，还要对病患进行心理与社会治疗，生物—社会—心理治疗模式的现代医疗体系，就要求医生要做一个全面的人才，医生人文素质的提高不仅对个人发展，而且对医学进步有着巨大作用。白求恩的个人发展历程中，我们可以看到许多医学人文精神的体现，他不仅是一名国际主义战士，一名外科专家，他更是一个普通人，一个具有人文情怀的人，一个懂得生活的人。

第二节　白求恩精湛的摄影技艺

白求恩拥有自己的照相机，后来赠予我党和军队的第一位职业摄影师沙飞同志。1938年春，白求恩来到中国革命根据地延安，柯达莱丁娜相机是他来中国之前于1937年购置的。柯达莱丁娜Ⅱ型（Kodak RetinaⅡ）相机，设计特点是小巧便携，它是一台平视取景、双影重叠调焦的135折叠相机。折叠相机一般采用镜头前组移动调焦方式，柯达莱丁娜采用多头螺纹镜头整组移动调焦方式，确保了镜头的成像质量。白求恩热爱生活，酷爱影像艺术，能熟练使用照相机，并能够熟练掌控复杂的冲洗技术。我们现在找不到白求恩拍摄的照片，据说他刚到延安时用这个相机给毛主席拍摄了一张单人照，但是现在这张照片我们无从考证。

北京协和医院原副院长、抗战老战士苏萌是一位见过白求恩，并曾与其共事过的人。1939年5月底的一天，吕正操来到"东战团"驻地看望大家。那时，"东战团"的成员还没有统一的服装，穿什么衣服的都有，看起来很不规范。吕正操看后说，军区打算为每人订制一套军服，衣服的样式由他们自己定。大家听后很高兴，纷纷表示十分喜爱白大夫身上那件列宁服。最后大家一致提议：就做白求恩大夫穿的那种款式。吕正操当即同意了，让他们去找白求恩借衣服。团长张庆泰领着苏萌和另外三位江苏籍演员一同来到白求恩的住处，说明来意后，白求恩当即脱下外衣。他同时提了一个要求：军服做好后给他与翻译董越千各留一套。几天后，军区供给部将做好的服装送到了

图5-2-1　1939年6月，白求恩在冀中军区司令员驻地为苏萌拍照，此时苏萌15岁

"东战团"，之后团里派苏萌等人一同去给白求恩还衣服。几个年轻人穿着崭新的列宁服，连蹦带跳地来到白求恩住的小院。白求恩迎面走过来，他突然停住脚步挨个打量他们，点点头连连称赞："很好！这才像个八路军！"最后他的目光停留在年纪最小的苏萌身上，说道："小鬼，你穿上这身新衣服很神气！来，我给你拍张照片！"说罢，他回屋拿出相机，为15岁的苏萌留下了英姿飒爽的身影。（《党史纵横》2015年10期，王建柱，"白求恩为我拍照片"）

1938年9月下旬的一天，3万多日军向山西五台山进攻，晋察冀军区后方医院被迫转移到河北省平山县一个小山村。一天，我军抓获了两名受伤的日军俘虏。为挽救这两名战俘的生命，晋察冀军区后方医院院长林金亮（照片右一）和白求恩立即为他们进行治疗。其中，一名军官战俘（照片居中者）因腿部伤势严重，做了两次手术。另一名头部受伤的战俘（照片左一）也得到及时救治。手术后，这两名受到八路军良好治疗和护理的日军俘虏虽不会讲汉语，但他们还是想方设法向林金亮和白求恩表达谢意，感谢在八路军医院受到的人道主义待遇。

图5-2-2　白求恩拍摄的两名日军战俘　1938年10月

1938年10月27日，白求恩用自己的相机为林金亮和这两名日军战俘拍摄了这张合影。 11月2日，白求恩在常峪给晋察冀军区司令部写报告："……我于10月27日……为这两名战俘和林（金亮）大夫等拍摄了一张合影，林大夫穿着医务人员的长罩衫，上饰红十字和八路军袖章。我本人也和他们一起照了相。建议为两名战俘派去一日文译员，要他们写信给日本亲属，附寄上述照片。另需在印发他们的家信和照片时加以说明，作为在敌占区和对外散发的宣传品。"这一照片现存于河北唐县白求恩柯棣华纪念馆，曾经送给日本友人一张复制品。

白求恩是想利用相机来记录自己在中国工作生活的真实情况，不是去拍矫揉造作的名山大川和人物，是一种具有很强烈的当代艺术萌芽的创作态度。在白求恩的摄影艺术创作中，有两位中国摄影家对其影响较大，一位是吴印咸，另一位是沙飞，他们两人经常跟随白求恩的医疗队拍摄。为了拍摄白求恩的活动，吴印咸一行住在了医疗队隔壁的院里，并且跟随白求恩从晋西转战到晋中。巧的是白求恩也对摄影有着浓厚的兴趣。工作之余，白求恩经常拿着他那架"莱丁娜"照相机来向吴印咸请教摄影技巧上的问题。很快，吴印咸和白求恩就熟悉起来了。

沙飞与白求恩熟悉后，经常到山西五台县松岩口的模范医院拍摄，沙飞能说英语，所以用英语同白求恩交流，同样是摄影爱好者的白求恩自然乐于打开话匣子。他们一起讨论在战场上使用哪种照相机效果最佳，战地摄影与一般摄影的区别，怎样拍摄得又快又清晰等等。并同沙飞一起千方百计将拍摄到的照片向延安、重庆、敌占区以及国外发稿，力图让更多的人了解八路军的顽强抗战。很快，两人成了非常好的朋友。

到解放区后因为忙于医疗工作，由沙飞使用该相机拍摄了一些白求恩的照片。后来根据白求恩的遗嘱："亲爱的聂司令员：今天我感觉身体非常不好，也许我要和你们永别了！请你给加拿大共产党总书记蒂姆·布克写一封信，地址是加拿大多伦多城威灵顿街十号。同时，抄送国际援华委员会和加拿大民主联盟会。告诉他们，我在这里十分快乐……照相机给沙飞……诺尔曼·白求恩 1939年11月11日下午4时20分。"八路军晋察冀军区司令员聂荣臻手捧这封绝笔信，眼含热泪读了一遍又一遍，将照相机赠予沙飞。后来经过协商这台相机由沙飞后人贡献出来，现藏于中国革命历史博物馆。

图5-2-3　白求恩在第一次世界大战任加拿大远征军第二战地医疗救护团担架兵

我们现在看到的白求恩在边区的生活照和最后的遗容都是沙飞同志拍摄的，在白求恩的故居，我们看到的白求恩的照片也都是由别人拍摄的，只有上面这张白求恩当时在第一次世界大战的战地救护照片疑似出自白求恩之手。所以，我们现在能收集到的真正出自白求恩之手的不多，只有通过回忆录和文献资料的记述，了解到白求恩有关摄影方面的事例和回忆，具体作品据记载有28幅，但是现在无从考证，更多的是别人帮助拍摄的。

因为白求恩的艺术修养较高，在进行医学工作时能结合美学进行思考，在手术设计上也是精益求精，如此这般，其医术也有很明显的个人特征。对每一位伤员的手术治疗都仔细考虑功能与美观的因素，尽量在满足功能的前提下，让治疗结果更美观，这种对患者的人文关怀是国际共产主义战士伟大情怀的重要表现。白求恩同志对于美好事物的向往，对于艺术的虔诚向往，其精神实质对于现代医学的实践者具有重要的借鉴作用，运用自身的艺术与医术体现了一种伟大的国际共产主义情怀。

第三节　现代艺术家表现白求恩的美术作品

白求恩同志逝世后，毛泽东发表了《纪念白求恩》一文，号召全国人民学习白求恩和白求恩精神。文学艺术界也开始创作各类艺术作品反映白求恩，涌现出了各种不同风格的美术作品，在绘画、雕塑、摄影等造型艺术方面涌现出大量表现白求恩，讴歌白求恩精神的作品。

在进行艺术创作近八十年的历程中，大体上可分为三大阶段。第一阶段是从1939年11月12日白求恩去世到新中国成立，直至20世纪50年代。这一时期以文学作品为主，以周而复的小说《白求恩大夫》为代表作。第二阶段自20世纪60年代，直到20世纪70年代末，因为1965年毛主席题词："学习白求恩，学习雷锋，为人民服务。"全国掀起学习毛主席著作的热潮，"老三篇"之一的《纪念白求恩》成了人们必读的文章。这一时期开始大量地写回忆录，收集与白求恩有关的照片、史料，拍摄了电影《白求恩大夫》，小说、诗歌、连环画的创作出现高峰。第三阶段是20世纪70年代末至今，改革开放以来，学习和研究白求恩的活动不断深化。具体来说，这一阶段又可以细分为不同的几个阶段，一是改革开放初期到白求恩逝世四十周年为高潮，收集整理了有关白求恩的事迹和材料，不同于以往对白求恩的高大全的歌颂，开始全面地认识白求恩，各地开始建立了一批白求恩纪念馆和展馆，并创作了大量的不同类型的艺术作品。二是从1995年十四届五中全会开始，重提白求恩精神，建立了白求恩精神研究会，并开展理论研究。三是2006年胡锦涛同志提出"八荣八耻"后，随着电视剧《诺尔曼·白求恩》的播出，全国又一次形成研究白求恩的热潮，特别是几次大灾大难面前广大医务工作者表现的勇于奉献的精神，使人民重新认识白求恩精神的时代意义。四是刚刚结束的党的十九大，习近平提出的党要管党，发挥党员的先锋模范作用，白求恩精神成为新时代精神，医学界开始重视医学人文精神的挖掘，白求恩精神成为精神引导。开始重新收集整理、深入挖掘白求恩精神，推广白求恩精神。

一、通过绘画讲述白求恩

对于运用绘画手段描绘白求恩，应该是在第二个阶段出现的，在第三阶段达到高潮，第二阶段主要是一些宣传画与连环画，第三阶段因为几个白求恩展馆的建立，当时的中央美术学院为布展创作了一批绘画作品。我们先选取几张连环画和宣传画看一下。

（一）《白求恩在中国》（连环画）——节选

《白求恩在中国》是一本黑白连环画，钟志诚撰文，许荣初、许勇、顾莲塘、王义胜绘画，人民美术出版社（北京）1975年9月出版（原为辽宁人民出版社出版），122页/40开本。该书有122幅画面，刻画了白求恩以高度的国际主义和共产主义精神忘我工作，为中国人民解放事业做出突出贡献的光辉形象。

1971年这四位鲁迅美术学院的青年教师接到任务时，已经好几年没有画过画了，因为"四人帮"时期，他们都在农场劳动。要通过绘画塑造国际主义战士白求恩的形象，对他们来说深感任务艰巨。他们立即投入创作中，日以继夜地查阅资料，来到白求恩曾经战斗过的地方，深入人民群众之中，寻访与白求恩一同战斗过的同志和人民群众，深入了解和学习白求恩精神。他们吃住在农民家，沿着白求恩在中国的足迹，与广大人民生活、工作在一起，采访与白求恩一共战斗过的炊事员、警卫员、房东，深入太行山中。一个想法成熟起来，要让白求恩与人民在一起，与太行山在一起。在创作中几易其稿，对于白求恩性格的描述，他们体会最深的是毛泽东提到的"他对工作的极端的负责任，对同志对人民的极端的热忱"，如何用绘画体现"极端"来反映白求恩的伟大形象，让白求恩的典型性格发光。

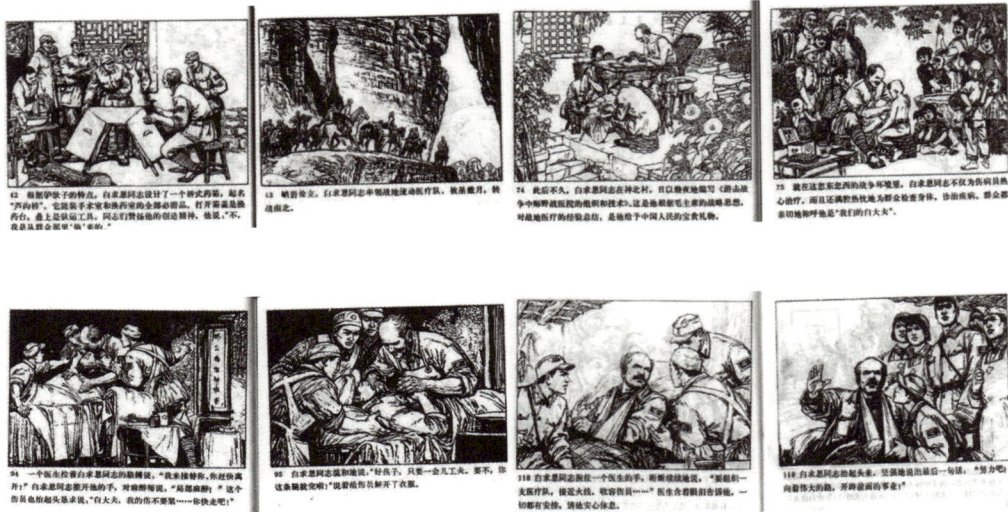

图5-3-1 连环画《白求恩在中国》部分图片

在绘画创作中，作者塑造人物形象和性格时，不是依靠某种概念，或停留于说明性的图解，而是按照人物的本来面貌，深入刻画人物的个性特征和内心世界。没有把人物的表情变化用面部肌肉变化的手法表现，有时用连环画画面小，构图变化大的特点，从人物整体形态的变化表现人物心理；有时则以景抒情，通过景色描绘衬托人物内心情绪和精神面貌。以真实朴素的艺术形象打动读者，是这本连环画的突出特色，作者们强调画面上的一切形象都应该有"个性"，不仅人物上，每一件小道具或者环境，都应该有它们的"个性"。我们仔细看这部作品中的山水、房屋、院落、家具、生活用品，一切都富有特点，而且真实生动。

（二）宣传组画

1.组画一：为这样的战士服务是我最大的光荣　许勇作

图5-3-2　在齐奉会战中，徐连长腹部受伤，仍顽强指挥战斗

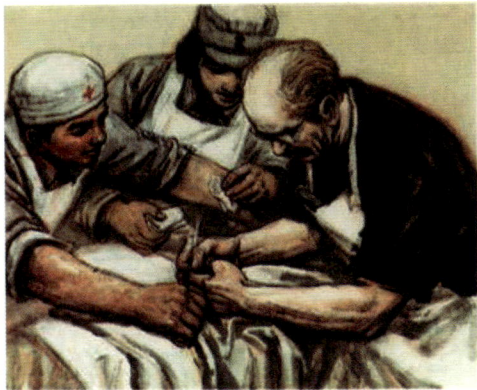

图5-3-3　白求恩深受感动，精心为徐连长施行手术

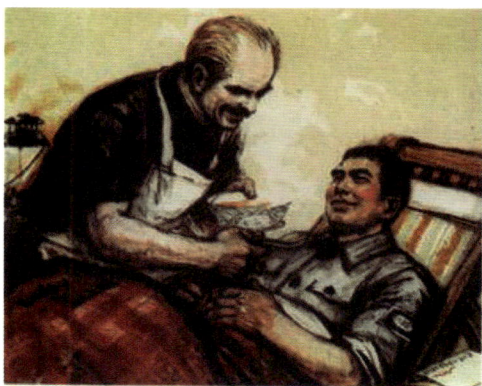

图5-3- 4　白求恩亲自护理并下伙房
　　　　　为徐连长做饭

图5-3- 5　徐连长重返前线，白求恩热情话别

2.组画二：冒着生命危险抢救阶级兄弟　许勇作

图5-3-6　白求恩到敌人封锁严密的四公村抢救伤员

图5-3-7　日寇偷袭四公村，
　　　　　群众巧妙地支走敌人

图5-3-8　白求恩胜利完成任务，
　　　　　盛赞军民的鱼水深情

3. 组画三：应该感谢八路军才对　李连仲作

图5-3-9　白求恩遇到一个患臂脓肿的老乡，
　　　　　　立即为他治疗

图5-3-10　手术后，白求恩告诉老乡，
　　　　　　有病就来找他

图5-3-11　老乡感激不尽，白求恩说："应该感谢八路军才对。"

4. 组画四："卢沟桥"药驮子的诞生　周作民作

图5-3-12　白求恩发现用驮子运载药品器材
　　　　　　更适应游击战特点

图5-3-13　白求恩把研制出的药驮子
　　　　　　形象地称为"卢沟桥"

5.组画五：十二分忧虑的是前方流血的战士　　任之玉作

图5-3-14　白求恩带病亲赴前线抢救伤员

图5-3-15　路遇伤员，白求恩责备自己来晚了

图5-3-16　白求恩高烧四十度
仍顽强为伤员做手术

图5-3-17　白求恩病情加重，
边区军民纷纷赶来探视

　　在改革开放后，文艺大繁荣，邓小平同志题词："做白求恩式的革命者，做白求恩式的科学家"，立足于中国社会的大转型这一实际，着眼于四化建设对人才的迫切需求，把白求恩定位于"革命家""科学家"，号召人们要以白求恩为榜样，争当四化建设的有用人才。这一时期全面收集白求恩的各方面资料，也加强了与加拿大方面的联系，两国共同研究白求恩，发现一个全面的白求恩，而不仅仅树立一个高大全的形象，更加全面地了解白求恩。在美术创作中，出现了不同时期和不同体裁的白求恩形象，油画、版画、国画、剪纸、年画等多种形式。其中有一部分是应白求恩国际和平医院的邀请，中央美术学院的师生为新建的白求恩展馆绘制的。我们下面看看其他类别的绘画作品。

（三）油画

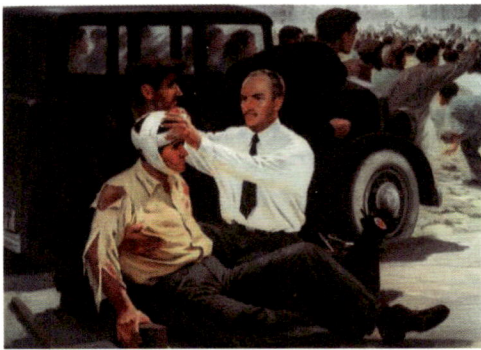

图5-3-18　白求恩同志参加工人斗争的行列
谷林 作

图5-3-19　白求恩同志在西班牙创建流动
输血队　高潮 作

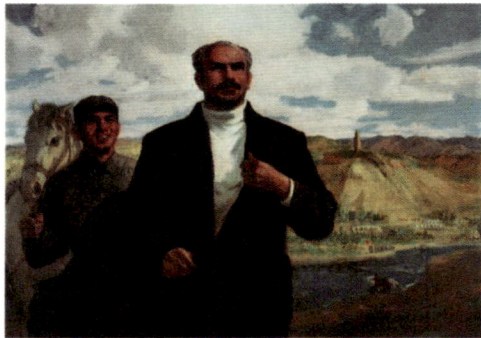

图5-3-20　白求恩同志来到革命圣地——
延安　邵晶坤 作

图5-3-21　白求恩同志深夜看望伤员
高潮 作

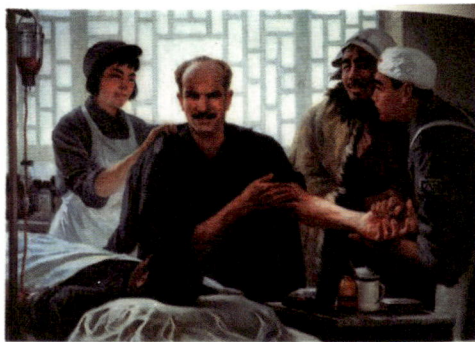

图5-3-22　白求恩用自己的鲜血挽救八路军战
士的生命　谷林 作

图5-3-23　两碗鸡汤的情谊
李俊 作

图5-3-24　崇高的理想，艰苦的生活　冯真作

图5-3-25　临终前　苏高礼、赵友萍 作

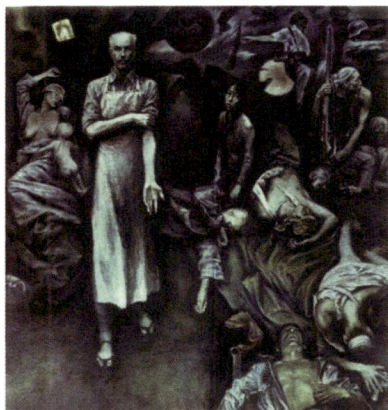

图5-3-26　创伤——关于大夫和艺术家白求恩
　　　　　的故事　沈加蔚 作

图5-3-27　白求恩
　　　　　宋韧　肖锋 作

图5-3-28　白求恩　步燕萍 作

（四）国画

图5-3-29　我们的白大夫
许勇、白素兰 作

图5-3-30　白求恩同志为工人妻子接生
姚治华 作

图5-3-31　白求恩同志创办模范医院
姚治华 作

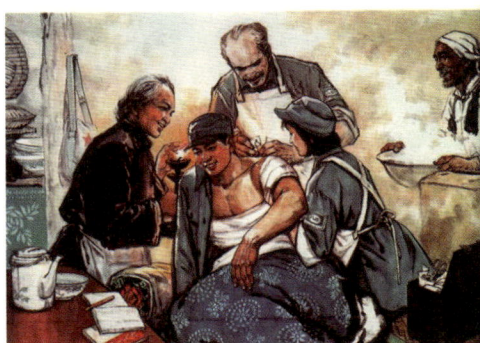

图5-3-32　白求恩同志在百姓家中建病房
许勇 作

图5-3-33　白求恩同志给八路军学员讲课
卢沉 作

图5-3-34　白求恩同志率医疗队奔赴冀中战场
许勇 作

图5-3-35　跃马百里救伤员

许勇 作

图5-3-36　一块台阶石的故事

李连仲、王义胜 作

图5-3-37　白求恩同志给伤员送被子

姚治华 作

图5-3-38　白求恩打铁

胡克文、盛亮贤 作

图5-3-39　封锁线上救亲人　许勇、王义胜 作

（五）年画

图5-3-40　白求恩组织群众性的"志愿输血队"　周作民　作

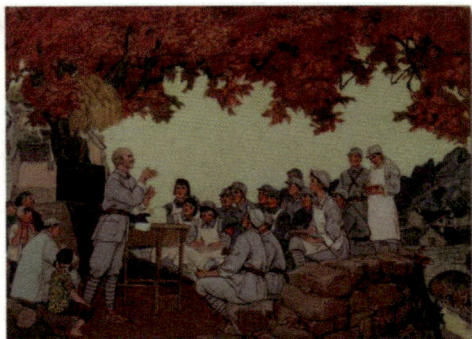

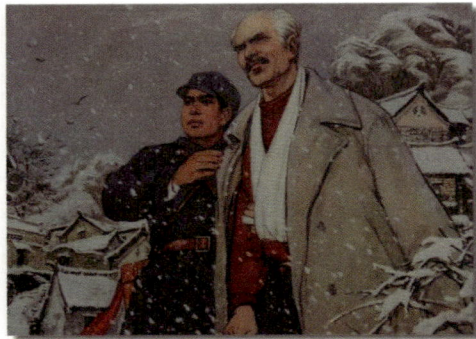

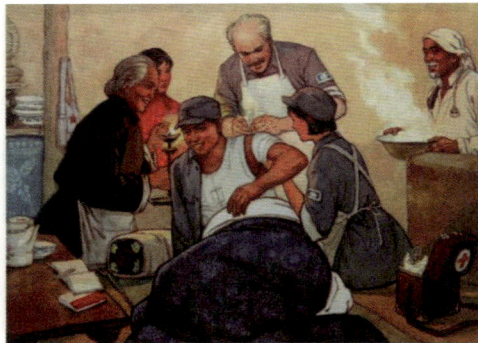

图5-3-41　年画作品系列（作者不详）

（六）版画、素描

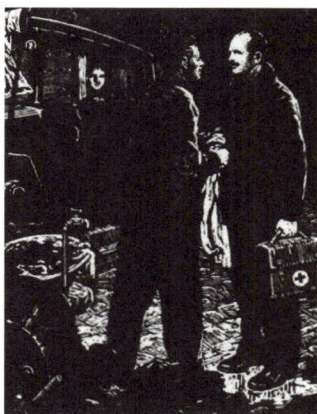

图5-3-42　白求恩为工人群众治病　程树人 作　　　图5-3-43　白求恩　程树人 作

图5-3-44　研制药驮子　王福祥 作　　　　　　图5-3-45　临终前的白求恩　裘沙 作

景云川 摄　　　　　　　　　　　　　　　景云川 摄

（七）剪纸

图5-3-46　民间剪纸作品　《白求恩》系列　作者不详

第四节　用雕塑作品反映白求恩风貌

　　用艺术作品表现白求恩，纪念白求恩，除了绘画这一二维方式，最直观的就是三维的雕塑了。雕塑是运用一定的物质材料制作出具有实体形象的艺术品，借以反映社会生活，表达艺术家的审美感受、审美情感、审美理想，有雕和塑两种制作工艺。运用的材质有可塑的材料，如石膏、树脂、黏土等，或者可雕刻的硬质材料，如木料、石头、金属、玉块、玛瑙、砂岩、玻璃钢等。它是可视可触的三维艺术品，它更加凝练、更加集中、更加概括，表现的那个静止点是雕塑艺术的精髓，往往表现的是激情爆发前的那一刻，因为材质的不同，相同主题的雕塑作品所产生的观感、触感也是不一样的。按照体裁划分，雕塑可分为纪念性雕塑、建筑性雕塑、城市园林雕塑、宗教雕塑、陵墓雕塑、阵列性雕塑；按照样式分有头像、胸像、半身像、全身像、群像；按照表现手法又分为圆雕、透雕、浮雕。

　　白求恩同志逝世后，举行了隆重的悼念仪式，1940年6月，白求恩墓在河北省唐县军城镇落成，当地村民用一斤面换一斤石，为白求恩建起了陵墓。在墓前安放了一尊汉白玉的白求恩雕像，是一尊全身站立圆雕作品，由解放军艺术家李里完成了泥稿，曲阳县的石匠刘廷芳完成石像雕刻，1.5米高，为一个穿西装的白求恩雕像。刘廷芳出身于雕刻世家，手艺精湛，他雕刻的石像惟妙惟肖，在曲阳县很有名气。白求恩大夫的事迹在晋察冀边区家喻户晓，接到雕刻任务后，刘廷芳决心一定要把白求恩大夫的塑像雕好，但是他从来都没有见过白求恩，怎么才能把塑像雕得生动逼真呢？接下来的几天里，刘廷芳一直琢磨着这件事，为此连觉都睡不着。工程总指挥张维知道后，立刻找来了几张白求恩生前照片，又请画家徐灵精心画了几张白求恩的站姿画像，亲自送到刘廷芳面前。刘廷芳端详了好久，有些为难地说："这些照片都是平面的，比着这个刻我怕刻不好，要是能像卖泥人的那样捏出来，照着泥人刻就好多了。"张维听后，马上想到了雕塑家李里，高兴地说："别着急，我有办法了！"几天后，张维把李里用黄泥做的一个小型白求恩全身塑像送到了刘廷芳家里。有了照片和泥像做依据，刘廷芳满怀信心地向一块两米多高，一米多宽的汉白玉石料开了刀。他夜以继日，废寝忘食，经过几十个日夜的辛苦雕刻，一座惟妙惟肖、栩栩如生的白求恩全身汉白玉雕像终于完成了，军区首长验收后赞叹不已，这座象征着白求恩精神的雕像被矗立在新建成的白求恩墓前的假山上。1953年3月15日，根据河北省民政厅的通知精神，这座白求恩全身汉白玉雕像随白求恩灵柩一起迁至新落成的华北军区烈士陵园，并一直陈列于白求恩纪念馆中。2001年，白求恩全身汉白玉雕像被认定为国家二级文物。1981年唐县白求恩墓前雕像由当地艺人根据司徒杰先生后来的雕塑重新制作，重新安放在白求恩墓前，也是尊汉白玉雕像。但是因为是仿制，所以在整体形态上有些差异，司徒杰先生原作高2.2米，墓前这个作品参照第一个雕像完成，为了不超过后面大地球仪的高度，所以这个雕像在气势上差了一些。

图5-4-1　第一尊白求恩雕像
　　　　　景云川 摄

图5-4-2　1940年6月白求恩墓落成时的照片

图5-4-3　唐县白求恩墓前雕像
　　　　　景云川 摄

图5-4-4　修葺后的唐县白求恩墓

　　说到白求恩雕像作品，中国著名艺术家司徒杰的作品最具代表性，现在许多医疗机构门前都以他的作品为模版，或仿制这一作品。这个作品就是他于1959年完成的大型汉白玉雕像《诺尔曼·白求恩像》。1956年受石家庄白求恩国际和平医院委托开始创作，历时三年，1959年11月12日在白求恩国际和平医院门前举行落成典礼，安放在石家庄白求恩国际和平医院院内。1975年11月12日司徒杰根据原作进行二次创作的雕像被永久地安放在石家庄白求恩国际和平医院院内。1976年石家庄白求恩国际和平医院将第一次创作的汉白玉白求恩雕像送给原白求恩医科大学，现在吉林大学白求恩医学部基础医学院门前竖立的就是这一尊。1978年11月在加拿大蒙特利尔市竖立司徒杰复制的第二尊白求恩雕像。所以真正出自司徒杰先生的白求恩雕像只有三尊，现在分别竖立在石家庄白求恩国际和平医院、吉林大学白求恩医学部、加拿大蒙特利尔市。1979年当地艺术家卢进桥参考司徒杰这一作品完成石家庄华北烈士陵园白求恩墓前的雕像，现在华北军区烈士陵园白求恩墓前的不是原作品。1956年司徒杰首先完成的是一个青铜雕像小样，后来的三尊汉白玉作品都是根据这一作品完成的。

图5-4-5　司徒杰1956年
创作的《诺尔曼·
白求恩像》青铜像

图5-4-6　1975年竖立于石
家庄白求恩国际和平医院
景云川 摄

图5-4-7　1976年竖立于原
白求恩医科大学（汉白玉）
景云川 摄

　　这一雕塑成为现在具有代表性的作品，高2.2米，为站立式圆雕，双脚前后开列，目视前方，左手臂挽起，右手垂于身旁。身穿八路军服，外穿大衣，面部表情凝重。作为纪念性的室外大型雕塑与小型雕塑有所不同，因为人们在欣赏时需仰视，为显人物高大，与真人比例不同，有些地方的比例要进行适当的缩放。对比青铜的作品与后面的大型汉白玉雕像，我们发现手的比例被放大了，头的比例也放大了，这样我们从下面仰视雕像时会产生高大的感觉，在人物形象上是符合广场大型雕塑的特征的。这一雕塑后来被作为范本，制作了许多仿品，被放置在各医疗机构，但是其中也许涉及版权问题，有的雕像进行了再加工或修改，如有的把左右手摆放的位置互换，有的在胸前挂上听诊器，或拿在手里，但是各人物形象和气质还是参考司徒杰先生的作品。

图5-4-8　1978年竖立于加拿大蒙特利尔市白求恩广场

图5-4-9　1979年竖立于石家庄
华北烈士陵园　景云川 摄

图5-4-10　衡阳一六九医院

图5-4-11　河北唐县白求恩、柯棣华纪念馆
景云川 摄

图5-4-12　石家庄原白求恩
医学院门前

图5-4-13　武汉市第五医院

图5-4-14　带听诊器的
白求恩像

在对白求恩形象用雕塑艺术展现方面，石家庄国际和平医院白求恩展馆在建馆之初就邀请中央工艺美院的师生创作了一批雕塑，它们成为较有代表性的作品。其中有群雕、全身像、半身像、头像等，材质以汉白玉、铜、石膏等为主，主要是题材和内容比较有特点，选取白求恩在中国不同时期的活动，通过一个个雕塑作品展现白求恩精神。

图5-4-15 《转战晋察冀》 钱绍武 司徒杰 盛阳 司徒兆光 丁洁因 创作 景云川 摄

图5-4-16 《来到延安》 王克庆 盛阳 创作 景云川 摄

图5-4-17 《重返前线》 于世松 关竞创作 景云川 摄

图5-4-18 《给群众看病》 苏辉 时宜创作 景云川 摄

图5-4-19 《战斗到最后一息》 文慧中创作 景云川 摄

图5-4-20 《白求恩半身雕塑》 程允贤创作 景云川 摄

图5-4-21 《白求恩半身铜像》 传毅创作

图5-4-22 《白求恩半身塑像》
凌春德 赵瑞英创作 景云川 摄

图5-4-23 《白求恩大理石塑像》
潘鹤 程允贤创作 景云川 摄

　　在山西五台山白求恩模范医院旧址展馆门口有一尊比较有特点的雕像，而且其来历也很有故事。这是一尊汉白玉雕像，竖立于山西五台县白求恩纪念馆门前，穿八路军军服，两腿平行开列，右手抵臀，左手下垂，目视前方，面容清瘦。从艺术角度来说，感觉稍显粗糙，比例也不是很好，比较写实，缺少艺术美感。这一作品据纪念馆馆长介绍，有一个感人的小故事。因为纪念馆建在去五台山的必经之路上，有一次原中国轻工业部部长路经此地，看到有这一展馆，就到此参观。展馆不大，而且重建了模范医院原址，在规模上和展品上正在丰富，部长回去后决定由轻工业部送一尊雕像给五台县白求恩纪念馆，雕刻好后直接安放在纪念馆正门内，至于这一雕像由谁创作完成，我们现在无从考证，据说是当地石匠完成。

图5-4-24 五台县松岩口"模范医院"旧址纪念馆白求恩塑像 轻工业部 送 景云川 摄

　　在众多的白求恩雕像中，加拿大在白求恩曾经求学的多伦多医学院和他的家乡也竖立了雕像，它所描绘的白求恩不同于中国境内的，都是以白求恩在加拿大时的形象为主，材质大多都是青铜质的。在华北军区烈士陵园展馆里还有一尊加拿大1978年1月31日赠送的白求恩铜雕头像，反映的都是早期的白求恩形象。从面部特征上我们可以看出，较慈祥，缺少在中国革命时的那种坚韧、忧郁的目光，反映的应该是他在加拿大生活、工作、学习时的状态，是一种回归自然的状态，与我们见到我国艺术家反映白求恩的雕塑作品不一样。

图5-4-25　加拿大多伦多大学医学院内雕像

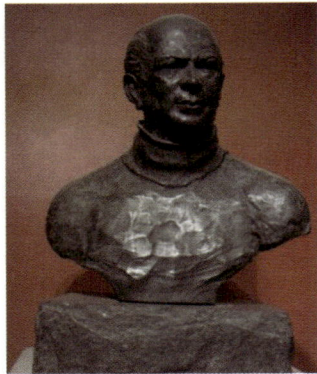

图5-4-26　白求恩半身塑像加拿大现藏于华北军区烈士陵园展馆加拿大外长加纳德·贾米森代表加拿大政府送于中国

图5-4-27　白求恩全身铜像（加拿大）古莱特

在河北石家庄白求恩士官学校院内有一个标志性的白求恩大型铜像，高3米重1.83吨，底座高2.3米。白求恩身穿八路军军服，左手扶着药箱，右臂搭在腿上，坐在一块岩石上，两眼注视着前方。铜像矗立在学校中央，作为白求恩精神的象征，时时唤起人们对人生价值的思索，从而确立高尚的理想和信念。该铜像由国家一级美术师、中国著名雕塑家、画家刘林先生设计，由上海造船厂铸造的，2001年9月18日在石家庄落成揭幕，在建造过程中，白求恩故乡加拿大格雷文赫斯特的群众也纷纷自愿捐款。

图5-4-28　白求恩全身铜像　刘林创作　景云川 摄

当代艺术家们在三个不同的时期也创作了各种不同的雕塑作品，有头像、半身像、全身像、群像，材质上不仅有传统的石雕、铜雕、玉雕、木雕等比较坚硬的，也有泥塑、瓷塑、面塑、陶塑、雪雕等其他材料。

　　这些雕塑作品现在留存在不同的纪念馆或展览馆，供人们瞻仰。而且把白求恩的精神作为主题的雕塑作品还会不断涌现，我们收集与整理出来的这些作品也许不全面，但是说明一点，白求恩精神永在。

图5-4-29　白求恩塑像　段积余 创作

图5-4-30　巡诊途中塑像

图5-4-31　松岩口 "模范医院" 旧址纪念馆群雕　景云川 摄

图5-4-32　紫檀木雕

图5-4-33　《白求恩》铸铜

图5-4-34　《和平的使者——白求恩》　陈春阳、陈春晖 作

图5-4-35　白求恩像 玻璃钢　沙志迪 作

图5-4-36　首都军博 程允贤——红色领袖将帅雕塑展实拍

图5-4-37 《在战地（白求恩）》

司徒杰 作，中国美术馆藏

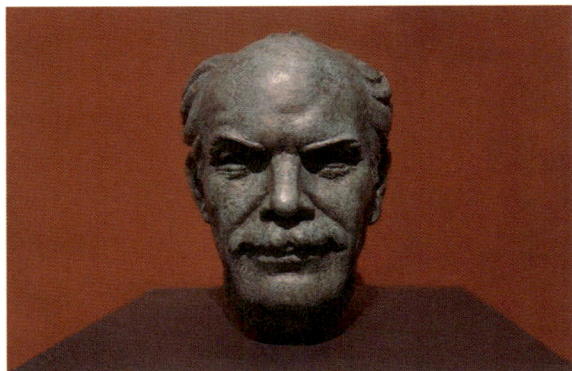

图5-4-38 《白求恩大头像》

司徒杰 作

图5-4-39 泥人张《白求恩》

景云川 摄

图5-4-40 白求恩泥塑

张乃英 创作 景云川 摄

图5-4-41 曾山东、何水根等创作

景云川 摄

图5-4-42 河北沧州河间白求恩手术室

图5-4-43 雪雕作品《白求恩》

图5-4-44 吉林大学校史馆医学分馆
吉大校史馆 提供

太阳岛雪博会大型主塑之一——诺尔曼·白求恩半身雕像。雕塑位于水阁云天前和平使者景区，高9米，长36米，总用雪量1000余立方米。雕像以白求恩头像为主形象，采用高浮雕手法将白求恩刻画得栩栩如生，他深邃的目光期待着世界的和平与友谊。此雕像也体现了本届雪博会和加拿大合作的主题。

图5-4-45 跃马太行山塑像 陶塑

图5-4-46 白求恩浮雕 高传毅创作
景云川 摄

图5-4-47 白求恩半身石像 高传毅创作
（新闻截图）

图5-4-48 大型花岗岩雕像"白求恩与八路军战士"
顺平县白银坨景区 景云川 摄

185

图5-4-49~54　在各地纪念馆、展览馆中展出的白求恩雕像　景云川 摄

图5-4-55　《白求恩浮雕》　司徒杰 作　中国美术馆藏

图5-4-56　河北唐县白求恩纪念馆　浮雕头像　景云川 摄

图5-4-57、58　唐县白求恩纪念馆展品　景云川 摄

图5-4-59　唐县葛公村白求恩学校旧址　景云川 摄

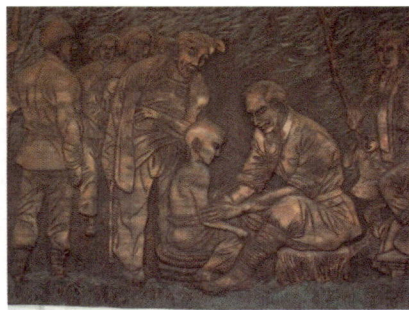

图5-4-60～63　河北唐县白求恩纪念馆大型浮雕壁画　景云川 摄

图5-4-64～66　华北烈士陵园烈士纪念碑白求恩浮雕　景云川 摄

　　雕塑艺术是人类文化史上最古老的艺术种类之一，它可以通过静态的形体来表现内容，雕塑的全部内容，都蕴含在塑造成的形体之中。在人体雕塑中，身体形状就是内在精神的体现。黑格尔说："在雕刻里感性因素本身所有的表现都同时是心灵因素的表现。"他认为，如果心灵内容不是可以用身体形状完全呈现出来，这样的雕塑就是不完满的。雕塑的形体，除了表现出本身的心灵、气质之外，其内涵可能还要继续延伸或扩展。雕塑中塑造人物，宜于表现人物的形体与心灵最为本质的东西。如黑格尔所说，雕塑形象应当"突出地表现出与精神相契合的身体形状中一般的常住不变的东西"，要排除特殊的个别细节和一时的表情与心理活动。这种单纯性要求雕塑艺术达到高度凝练，以少胜多，表现丰富、深刻的内容。因此雕塑作品总是耐人寻味，具有无限的意蕴和永恒的魅力。

　　雕塑使用的物质材料有不同的质感，如大理石的细腻润滑，花岗石的粗糙坚硬，木料的质朴和纹理趣味等，可以和一定的造型恰当地结合起来，相得益彰。在表现白求恩的雕塑作品中，我们看到一般都是选取他工作或生活的某一个事件，某一个点，在材质上以比较坚硬的石质或铜为原料，使作品看起来具有硬朗、坚毅的形象特点。从雕塑作品的面部表情上看大多数作品都是严肃的，带有忧国忧民的神情。从雕塑上反映的年龄特征上看，以白求恩到中国后的形象居多，所以人物形象较消瘦，面容比较沧桑，但是所有的作品反映出的精神风貌是积极向上的，使人产生尊敬感的。

第五节 通过摄影艺术保留白求恩风貌

摄影艺术是一门现代的造型艺术，它是摄影师运用照相机作为基本工具，根据创作构思将人物或景物拍摄下来，再经过暗房工艺处理，塑造出可视的艺术形象，用来反映社会生活与自然环境，并表达作者思想情感的一种艺术样式。它的产生有赖于近代科学技术，是一门科学与艺术相结合的独立的艺术门类。

纪实性是摄影艺术独特的本质特性，是它区别于造型艺术其他门类而独立的基础。在创作过程中必须发挥主体性，但是主体性的发挥必须与纪实性相统一，创造性地利用纪实性，而不能改变这一本质特性。它可以真实地记录下现实生活中事件和场面等等，发挥特殊的社会功能，把艺术价值与新闻价值、史料价值相结合。摄影师不是消极被动地对待眼前的现实，而是对现实进行深入观察体验和认识，并精心选择具有典型意义的场面、形态和瞬间加以摄取，揭示出其中的思想和意味。

摄影艺术的类型，一般按题材来划分，分为新闻摄影、生活摄影、风光摄影、人像摄影、体育摄影、花卉摄影、静物摄影和广告摄影等，同时也按体裁来划分，分为独幅照片、成组照片、连续照片和剪辑照片等。我们在现存的白求恩照片中，主要是以新闻照片、生活照片、人像照片为主。

白求恩本人就非常热爱摄影艺术，柯达莱丁娜相机是他来中国之前于1937年购置的。柯达莱丁娜Ⅱ型（Kodak Retina Ⅱ）相机，设计特点是小巧便携，它是一台平视取景、双影重叠调焦的135折叠相机。折叠相机一般采用镜头前组移动调焦方式，柯达莱丁娜采用多头螺纹镜头整组移动调焦方式，确保了镜头的成像质量。该机从1937年开始投产至1939年停产，共有三款不同口径的镜头：Kodak Ektar50／3.5；Xenon50／2.8；Xenon50／2，白求恩的相机是Xenon50／2这款镜头。他带着这个相机到中国后拍摄了一些照片，但是现在我们都找不到了，据说到延安时还给毛主席拍过一张。后来他到晋察冀抗日根据地后，每天忙于医疗工作，就把这台相机借给了当时负责新闻工作的新中国第一代摄影师沙飞同志使用，现在我们看到的许多白求恩的生活、工作的照片都是沙飞同志用这台照相机拍摄的。在白求恩最后离世前写给聂荣臻将军的信里，他特意嘱托将这台相机送给沙飞同志。这台照相机一直由沙飞同志使用，后来他用这台相机拍摄了大量反映中国反法西斯战争的场景，如百团大战、人民支援抗战等有价值的历史照片，在解放战争中这台相机也记录下了许多珍贵的历史史料。后期在筹建白求恩纪念馆时，与沙飞的后人多次协商，家人一开始没打算拿出来，后来中国革命历史博物馆与家人协商后，后人将这台相机赠予中国革命历史博物馆，现在这台相机是中国国家级一等文物。

图5-5-1　白求恩曾经使用过的柯达相机

图5-5-2　沙飞同志

　　现存的反映白求恩生平的历史照片不是很多，主要分为三个时期的，一个是他早期在加拿大成长与求学、工作时的照片，第二个时期是他在西班牙参加反法西斯战争期间的，第三个时期就是他来到中国参加抗日战争的照片。这些照片前两个时期的大多都珍藏在加拿大白求恩的故乡格雷文赫斯特的白求恩纪念馆。我们先来看看这些照片，通过这些真实的照片资料，我们可以看到一个真实的白求恩，可以看到他成长的轨迹，看到他从一个普通的基督教徒向共产主义战士转变的过程。

一、第一个时期：在加拿大的儿童与青壮年时期

图5-5-3　亨利·诺尔曼·白求恩（Henry Norman Bethune）的故宅。位于加拿大安大略省多伦多市以北150公里的格雷文赫斯特镇。1993年由加拿大政府辟为"白求恩纪念馆"

图5-5-4　1890年3月3日，白求恩诞生在这间宽敞的卧室里，并在这里度过婴儿时期

图5-5-5　科尔森·白求恩（1857—1932年），加拿大安大略省长老会牧师。右为其母伊丽莎白·安·古德温（1852—1948年），英国一位家具师的女儿，婚前曾在夏威夷任基督教会的传教士

图5-5-6　白求恩一家最早的一张照片（约为1893—1894年）。马背上是三四岁光景的小诺尔曼

图5-5-7　1900年白求恩与姐弟的合影。左为诺尔曼·白求恩，中为姐姐珍妮特·路易丝·白求恩，右为弟弟马尔科姆·古德温·白求恩

图5-5-8　1904年白求恩的母亲携带白求恩姐弟回英国探亲时的合影。左三为诺尔曼·白求恩

图5-5-9　1904—1905年，十四五岁的白求恩在安大略省欧文桑德城的专科学校时与几位足球伙伴的合影。前右一为白求恩

图5-5-10　1905年前后白求恩在欧文桑德城的专科学校求学时

图5-5-11　1911年秋冬，白求恩到苏必利尔湖附近的边疆学院当伐木工人兼教员，白天在林中劳动，夜晚为移民工人上英语和文化知识课。中间叉腰者为白求恩

图5-5-12　青年时期的诺尔曼·白求恩

图5-5-13　1914年9月，第一次世界大战爆发，白求恩应征入伍

图5-5-14　白求恩在第一次世界大战任加拿大远征军第二战地医疗救护团担架兵

图5-5-15　1915年，白求恩重入多伦多大学学医，1916年12月毕业

图5-5-16 1917年白求恩在英国皇家海军服役时。题词是：爱兄赠，1917年11月10日

图5-5-17 1918年白求恩在"飞马号"英舰任上尉军医时。白求恩在照片上戏题："诺尔曼·白求恩与友人合影，1918年1月28日。"

图5-5-18 1919年白求恩在英国伦敦大奥蒙德街儿童医院实习时

图5-5-19 1920年白求恩在加拿大空军某部任上尉军医，着重研究了飞行眩晕现象产生的原因

图5-5-20 1923年8月，白求恩与英国爱丁堡的弗朗西斯·坎贝尔·彭尼女士结婚

图5-5-21 20年代初的一张"合家欢"。座椅上为白求恩的父母，后右一、二为白求恩及其妻子

图5-5-22　中年时期的白求恩（1）

图5-5-23　中年时期的白求恩（2）

图5-5-24　1926年12月，白求恩患肺结核入美国纽约州特鲁多疗养院治疗。

在这里，他遇到了美国医生约翰·巴恩韦尔（从白求恩左数第二人）。

从此他们成为最亲密的朋友

图5-5-25　1928年元旦，白求恩（前左二）患肺结核病愈后在美国纽约州特鲁多疗养院与休养员、医护人员合影

图5-5-26　1928年，白求恩患肺结核恢复健康出院后，在自己的寓所里

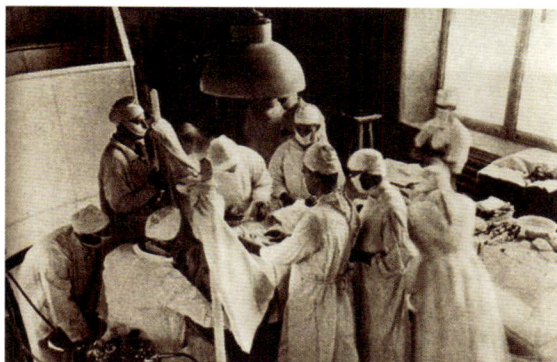

图5-5-27　1928—1932年，白求恩在加拿大魁北克省，这是白求恩在手术室工作的情景

图5-5-28　1935年11月，白求恩在蒙特利尔市维多利亚皇家医院工作近5年。加入加拿大共产党

图5-5-29　1936年，白求恩在支援西班牙反法西斯战争的前几天，参观画家查里·卡姆福特在多伦多的工作间，写下他的格言："生为资产阶级分子，死为共产主义者。"

图5-5-30　1936年2月，白求恩赴美国田纳西州孟菲斯城讲学，在美国中南部医学大会上发表了关于社会化医疗的见解，使美国医界大为震惊。这是当年孟菲斯《商业论坛报》刊载的照片及报道。左一为白求恩

图5-5-31　1936年，奔赴西班牙前的白求恩

图5-5-32　1937年6月，白求恩从西班牙返回加拿大为西班牙筹集资金多次进行演讲。这是演讲间隙与朋友克拉克的儿子在多伦多附近的安大略湖边休息

二、第二个时期：支援西班牙反法西斯战争期间

图5-5-33　1936年10月，白求恩从加拿大魁北克省乘"不列颠女皇号"轮去西班牙，支援那里的反法西斯斗争

图5-5-34　1936年11月，白求恩抵达西班牙的马德里

图5-5-35　1936年11月，白求恩抵达西班牙的马德里

图5-5-36　白求恩在西班牙担任加拿大志愿医疗队队长

图5-5-37　1936年12月下旬，白求恩创办的"加拿大输血服务站"宣告成立。这是白求恩在街头流动输血车旁准备开赴前线

图5-5-38　1936年12月中旬，白求恩（右）和他的战友索伦森（左）在巴黎和伦敦购置医疗器材后，前往马德里

图5-5-39　白求恩（右四）和他在西班牙的战友们合影（1）

图5-5-40　白求恩（右一）和他在西班牙的战友们合影（2）

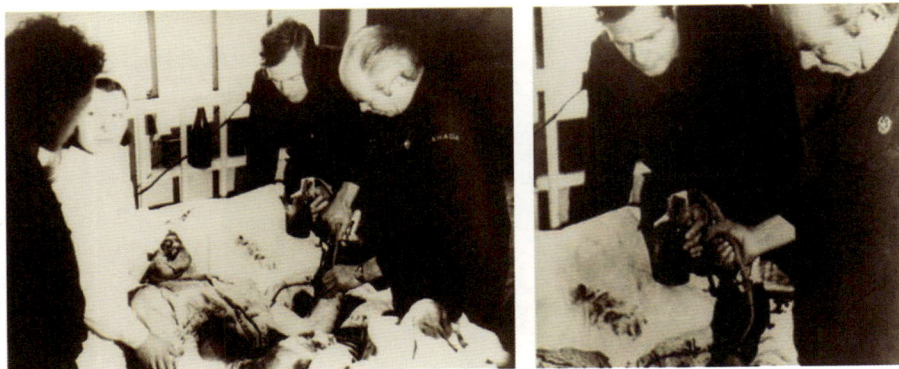

图5-5-41、42　白求恩奔波于马德里、巴塞罗那、阿尔梅里亚和马拉加前线之间为伤员输血

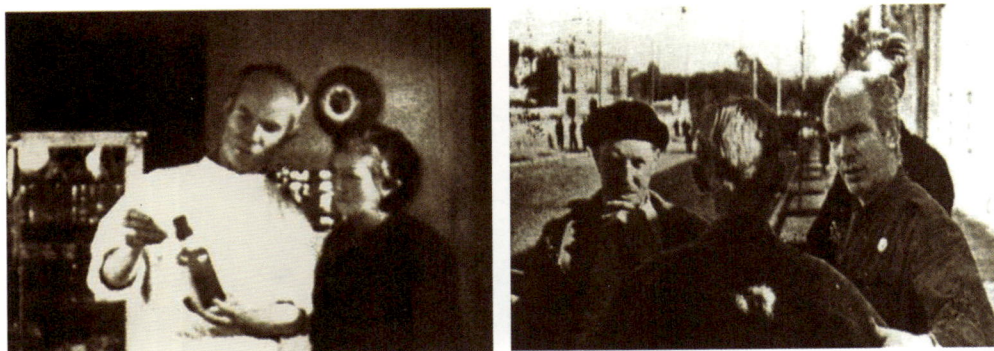

图5-5-43、44　白求恩在马德里前线血库工作。至1937年4月，
输血站已经能为西班牙各个战场提供血液

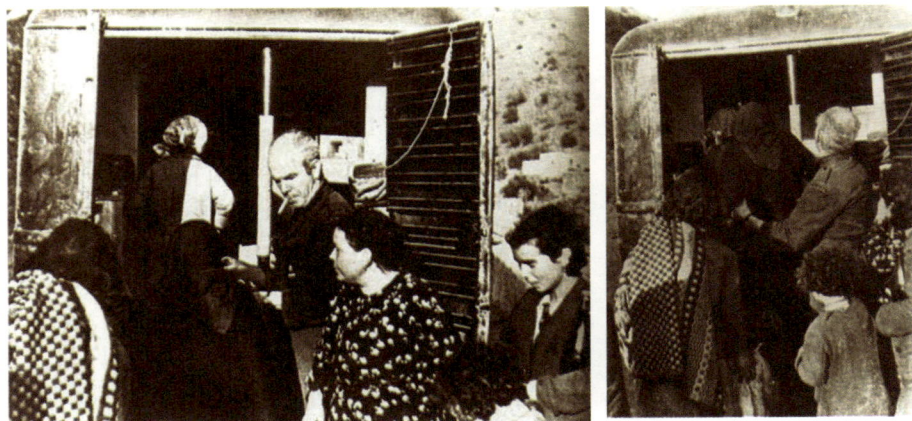

图5-5-45、46　白求恩在前线往返途中，帮助运送撤退的难民

图5-5-47~49　1937年1月，白求恩从西班牙寄赠给加拿大友人的照片

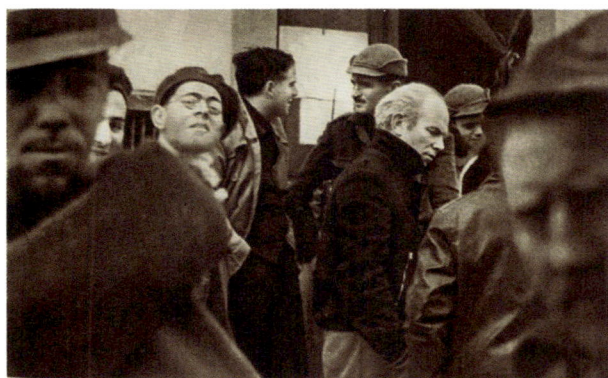

图5-5-50　白求恩（右，侧身）和西班牙国际纵队的战友们

图5-5-51　白求恩（行列中第三人）参加抢救马德里图书馆的书，通过战壕归来

图5-5-52　白求恩与西班牙前线的官兵在一起

图5-5-53　1937年4月，在西班牙达拉哈拉战役中，白求恩冒着枪林弹雨驾驶救护车亲赴火线途中被迫匍匐越野脱险。这是脱险后次日的现场

图5-5-54　白求恩在西班牙前线

图5-5-55　白求恩驾车

图5-5-56　白求恩看书

图5-5-57　白求恩喝水

图5-5-58　白求恩就餐

图5-5-59　白求恩下棋

图5-5-60～62　白求恩滑雪

图5-5-63　1937年5月，白求恩从西班牙返回加拿大，在加拿大支援民主西班牙医药会门前留影

图5-5-64　1937年6月14日，白求恩为支援民主西班牙筹集资金，在多伦多立法大厦的
草坪上向五千名群众发表讲演。这是当年刊登在加拿大报纸上的现场照片

三、第三个时期：到中国支援抗日战争

这一时期许多照片大部分都是由吴印咸和沙飞拍摄，还有一些是白求恩的翻译董越千或同事帮助拍摄的。1939年11月，白求恩到军区的20所医院巡视，遭遇了日军大规模的冬季"扫荡"。白求恩带领医疗队奔赴黄土岭前线。吴印咸也随医疗队冒着战火赶了35公里的山路，来到黄土岭战斗前线。根据白求恩大夫"救护工作务必靠近火线"的原则，"手术室"被安置在离火线仅2.5公里左右的河北涞源县的孙家庄。白求恩和战地医疗队在孙家庄一间小庙里搭起了手术台。这间小庙既无邻屋，又无掩体遮盖，孤零零地坐落在路旁，庙里的佛像早已荡然无存，炮弹时常会打到庙门前，但是手术却一刻也没有停过。由于小庙室内室外完全是两种环境，光线亮度相当悬殊，因此在没有人工光的条件下拍摄这类画面，难度相当大。吴印咸举着照相机，不停地变换位置，希望能够找到最佳的拍摄角度。这时，一缕夕阳从前侧方向照在白求恩身上，吴印咸一阵激动———这正是拍摄的理想角度！他举起照相机，镜头里白求恩衣袖高高卷起，身着围裙，脚上穿着充满浓郁中国民间气息的草鞋，弯腰站在自制的"手术台"前紧张地为一个腹部受伤的战士做缝合手术，旁边几位助手扶住伤员……吴印咸立即按下了快门，于是这难以磨灭的历史瞬间被永久地定格了下来。（《唯实》2015年9月，卜庆功、邱丰，"拍摄《白求恩大夫》"）

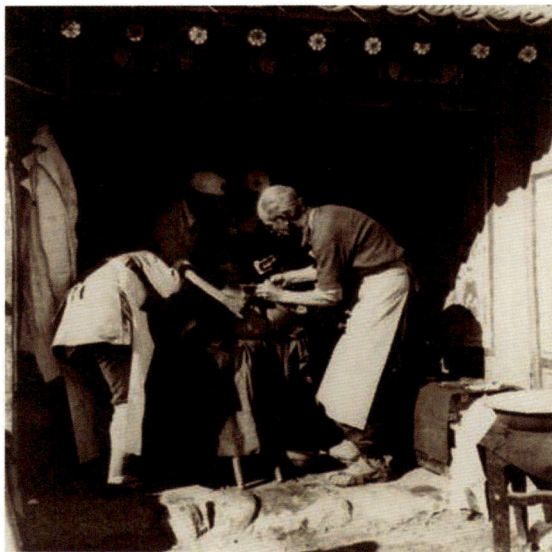

图5-5-65　《白求恩大夫》　吴印咸　摄

白求恩在晋察冀工作期间，他不仅是沙飞的"影友"，而且是沙飞新闻摄影采访报道的主要对象。沙飞不仅拍摄了白求恩严肃认真工作的场面，如《白求恩检查八路军伤病员》《白求恩做手术》等；而且抓拍了作为普通人的白求恩不少富有战地生活情趣的照片，如《白求恩和小八路》《白求恩和民兵一起站岗》《白求恩工

作之余以樱桃逗村中女孩》《盛夏时节在唐河游泳逐浪的白求恩》《白求恩在日光浴》。沙飞满怀激情，多方位、多角度地将真善美集于一身的白求恩的形象永远地留了下来。

1939年11月12日白求恩不幸去世。沙飞悲痛万分，星夜驰马奔到于家寨，向战友告别，并拍摄了白求恩遗容。在遗体告别时，人们无不痛哭失声，就连身经百战，亲眼看过无数亲密战友伤亡，曾经以"铁石心肠"自称的聂荣臻将军也潸然泪下。沙飞含泪拍下了这些动人的历史镜头。在追悼会上，聂荣臻宣布军区决定，将晋察冀军区卫生学校命名为白求恩学校；将卫生学校附属医院命名为白求恩国际和平医院。1940年4月，沙飞拍摄了白求恩烈士墓落成典礼。白求恩还送给沙飞一个相本，里面有白求恩的生活照片，及参加西班牙战争时的照片，1940年11月在白求恩逝世一周年之际，沙飞在唐县军城筹划举办了《纪念我们的国际朋友白求恩摄影展览》。展出了沙飞、吴印咸、罗光达等人拍摄的白求恩活动照片50幅，还展出了白求恩摄影遗作28幅。沙飞用白求恩遗赠的相机拍摄了这次影展的实况。

图5-5-66　1938年1月8日，白求恩（左一）率加美医疗队乘"亚洲女皇号"轮，自加拿大温哥华码头启程来华，支援中国人民的抗日战争

图5-5-67　1938年3月，白求恩到达延安，是在延安东门外原教堂前的留影

图5-5-68　白求恩在延安的城墙上

图5-5-69　白求恩在延安窑洞前进餐

图5-5-70 白求恩在延安八路军总部副官处
与友人交谈

图5-5-71 1938年4月，白求恩
从延安出发，赴晋察冀军区

图5-5-72 白求恩与八路军战
士在黄河边

图5-5-73 1938年5月，白求恩在赴晋察冀途中
视察所经之地的后方医院，于22日在陕西贺家川
给延安写工作报告

图5-5-74 白求恩受到晋察冀边区军民
的热烈欢迎

图5-5-75 白求恩到达晋察冀军区的第
二天就赶赴后方医院检查救治伤员

图5-5-76　1938年7月，白求恩（左）与布朗（右）合影

图5-5-77、78　白求恩骑着聂荣臻司令员赠送的白马，踏遍了晋东、冀西山区和冀中平原

图5-5-79　白求恩（左）与布朗（右）、
汉森（中）合影

图5-5-80　1938年夏，白求恩与
"模范医院"的护理人员合影

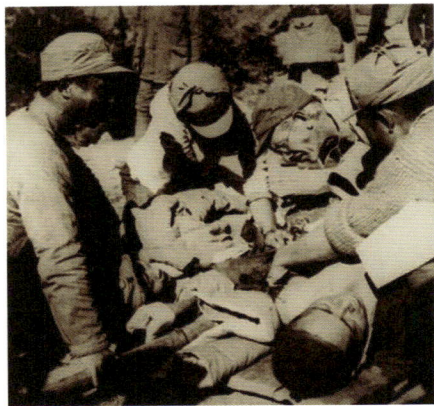

图5-5-81　1933年8月，白求恩在冀西巡回
医疗，检查救治伤员，并为重伤员献血

图5-5-82　白求恩为伤员做检查

图5-5-83　1938年9月15日，白求恩在晋察冀
军区"模范医院"开幕典礼上讲话

图5-5-84　白求恩与"模范医院"医务人员和
指战员在一起

图5-5-85　白求恩给"模范医院"人员讲课

图5-5-86　白求恩在"模范医院"手术室

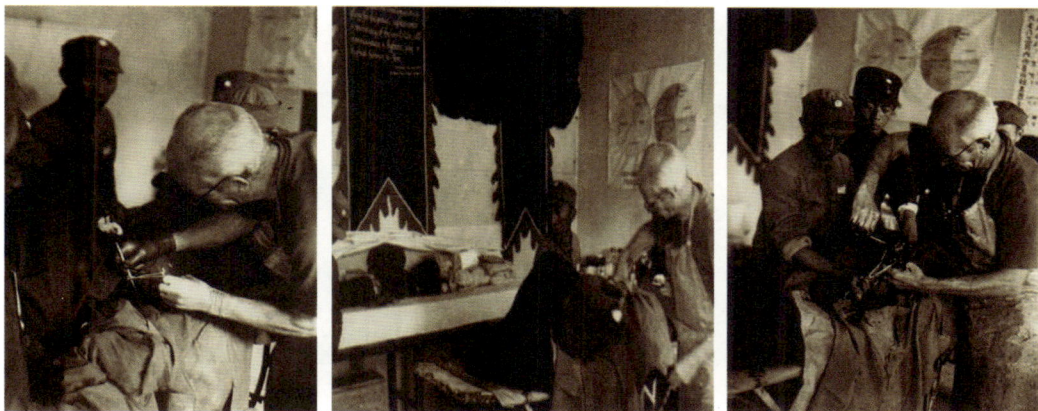

图5-5-87～89　白求恩在"模范医院"做示范手术

图5-5-90　1938年10月，白求恩在晋察冀军
区后方医院的几个休养所巡回医疗

图5-5-91　白求恩给伤员施行手术

图5-5-92　白求恩给伤员听诊

图5-5-93　白求恩在巡回医疗过程中，热情地
为边区人民群众治病

图5-5-94 1938年9月，白求恩在五台山松岩口
村，工作余暇用樱桃与村中女孩逗玩

图5-5-95 1938年11月，白求恩在广灵、
灵丘 参加战地抢救

图5-5-96 1939年1月，白求恩举办特种外科实习周，与学员亲切交谈

图5-5-97、98 1939年2月，白求恩倡议组成的"东征医疗队"到前线抢救伤员，
这是他雪后行军小憩

图5-5-99 1939年3—5月，白求恩在冀中行程 1500余华里，施行手术315次

图5-5-100 白求恩为伤员换药包扎

图5-5-101 1939年6月，白求恩为晋察冀军区卫生学校拟定教育方针

图5-5-102 1939年夏，白求恩在河北唐县 和家庄住所前留影

图5-5-103 1939年夏，白求恩在晋察冀 军区司令部哨所与哨兵在一起

图5-5-104　1939年夏，白求恩在河北唐县唐河中洗浴的情景

图5-5-105　白求恩在和煦的阳光下休息

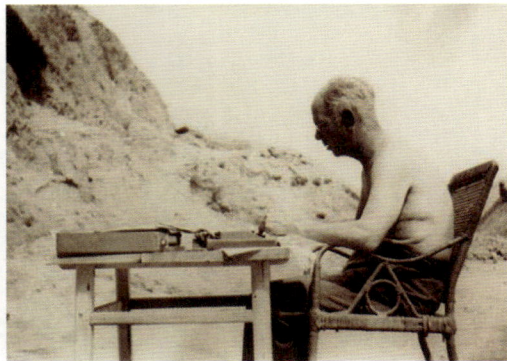

图5-5-106　1939年7月，白求恩冒着酷暑编写《游击战中师野战医院的组织与技术》等教材

图5-5-107　1939年9月中旬，白求恩同晋察冀军区卫生工作巡视团视察休养所、卫生队等单位

图5-5-108　白求恩检查伤员伤情恢复情况

图5-5-109　1939年9月18日，白求恩在晋察冀
军区卫生学校开学典礼上讲话

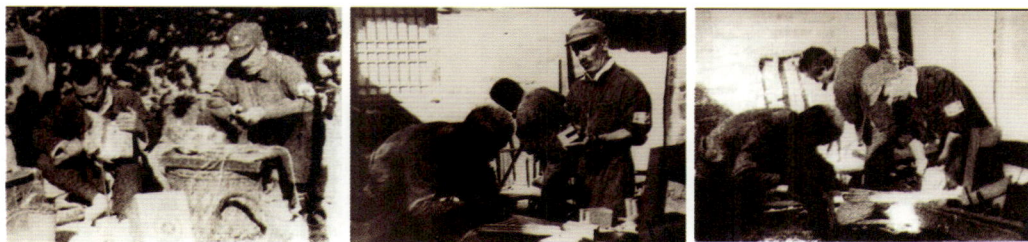

图5-5-110～112　1939年秋，白求恩亲手制作夹板、靠背架等医疗器械

图5-5-113　1939年秋，白求恩在驻地
老乡家屋顶上留影

图5-5-114　1939年秋，白求恩与
自卫队员合影

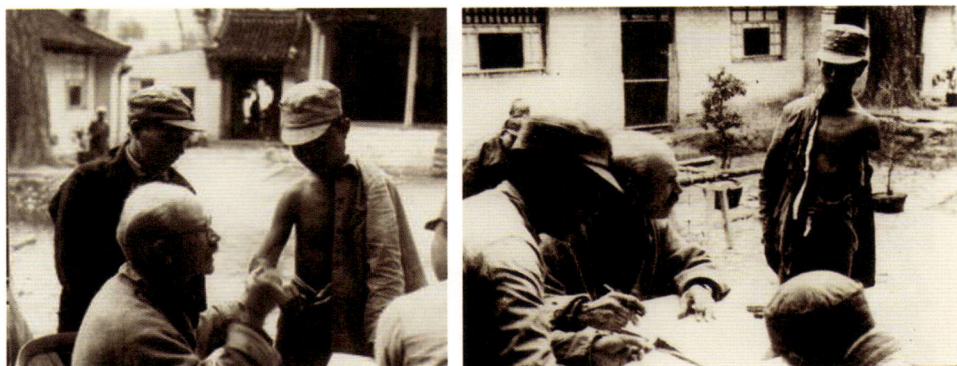

图5-5-115、116　1939年10月，白求恩在"模范医院"为伤员诊治

图5-5-117、118　1939年10月，白求恩在河北唐县老姑村休养所为即将出院的伤员检查身体

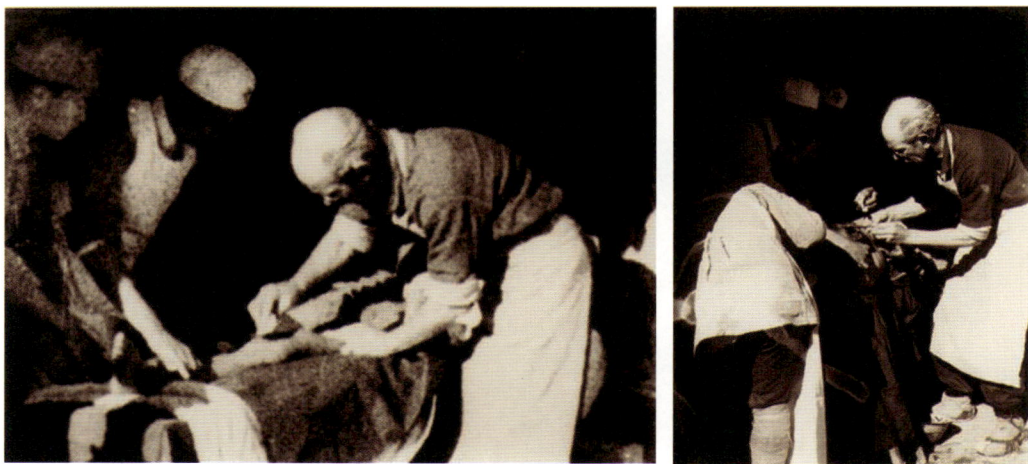

图5-5-119、120　1939年10月24日，白求恩在河北涞源孙家庄村外小庙为伤员做手术

图5-5-121~125　白求恩在河北涞源孙家庄小庙手术时的部分场景

吴印咸 摄

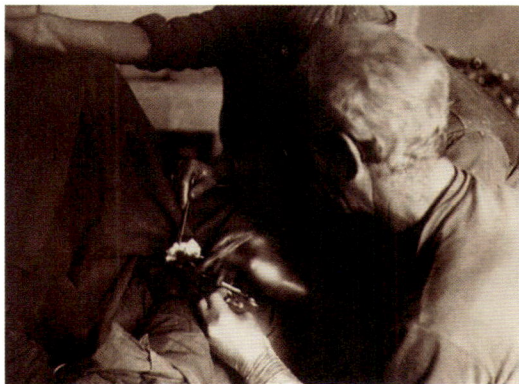

图5-5-126　1939年11月1日，白求恩在手指割破的情况下仍坚持为伤员做手术，致使手指感染

图5-5-127　1939年11月5日，白求恩在手指严重感染的情况下还坚持为13名危重伤员进行手术

图5-5-128、129 1939年11月12日凌晨5时20分，白求恩在河北省唐县黄石口村

邸俊星家这间北屋与世长辞，享年49岁

摄影的纪实性，让我们看到了真实的白求恩。通过三个时期的照片，我们发现白求恩是一个有血有肉的真实的人物，不仅工作认真负责，而且在生活中很有情趣，与小女孩的逗趣，在唐河游泳，与普通士兵的互动，滑雪、下棋、做木工等等，他与普通老百姓打成一片，关心劳苦大众的生活与医疗保障，照片是最好的例证。它不用文字去述说，一张张的照片是无声的表述，让我们心灵震撼。这一系列照片，人们更加形象地感触到了他是怎样"对工作的极端地负责任，对同志对人民的极端的热忱"。尤为难能可贵的是，那一张张充满生活情趣的照片，让人们了解了作为一个普通人的白求恩、一个热爱生活的白求恩，有着怎样的艺术才情和氤氲诗意的内心世界。

第六章 音乐、戏剧和影视中的白求恩

　　大多数人眼中的白求恩，是一位优秀的胸外科战地医生，拥有高超的医疗技术和杰出国际主义精神，而殊不知，白求恩还是一位"才子"，他的才艺则体现在各个方面，如：美术、文学、音乐、剧作创作、发明等。在白求恩短暂的49年人生旅途中，对于喜欢艺术创作的白求恩，在剧作及电影创作方面也有突出的表现：多伦多大学出版社出版的《一位富有激情的政治活动家》（1998年）第一次完整地公布了勤于写作的白求恩一生留下的文字，其中包括他创作的剧作；在白求恩写给聂荣臻将军的遗书中，也提及"未完成的电影"一事，并要求寄回加拿大。在白求恩离开的80年里，加拿大与中国曾几度合作，拍摄了白求恩主题电影、电视剧，各大艺术家及民间组织也相继推出纪念白求恩的戏剧和歌曲，将白求恩的事迹及精神展示给子孙后代，影响深远。

第一节　用音乐讴歌白求恩

　　音乐是通过有组织的乐音在时间上的流动来创造艺术形象，传达思想感情，表现生活感受的一种表现性时间艺术。它是在时间过程中展示的诉诸听觉的一门艺术，很难对客观现实进行再现和描述，但是极善于抒发感情和情绪。古希腊学者朗吉驽斯在他的名著《论崇高》中就指出，音乐有一种"惊人的力量，能表达强烈的情感"。虽然，情感不是音乐所专有的，而是一切艺术中普遍存在，但是音乐却特别专注于表现情感，这是由音乐本身的特性所决定的。音乐中体现出来的情感，当然也是来源于现实生活，但是音乐对现实生活的反映，不像美术、戏剧和小说那样，显示出具体的生活图景和人物、事件，而是仅仅表现出人在生活体验中获得的感受和产生的情绪、欲望等情感性的东西。

　　音乐的种类相当繁多，有各种不同的分类方法。一般来讲，常将音乐划分为声乐和器乐两大类，声乐是指用人声歌唱为主的音乐，器乐是指用乐器发声来演奏的

音乐。柏拉图认为音乐的节奏与曲调有最强烈的力量浸入人的心灵的最深处，通过音乐美的浸润使人的心灵得到美化，因而他强调音乐教育比起其他教育都要重要得多。亚里士多德也认为音乐是一种最令人愉快的艺术，他认为音乐具有教育作用、净化作用，以及精神享受的作用。

在白求恩同志逝世后，广大文艺工作者也开始创作不同的文艺作品讴歌白求恩。在音乐方面，最早创作的《白求恩纪念歌》，朱子奇作词，郑律成作曲，在1939年12月6日延安各界沉痛追悼白求恩时创作完成。

歌词内容：

> 秋风只关细雨，
> 延水奏着哀曲，
> 从遥远的五台山，
> 传来了悲痛的消息，
> 我们用无边的哀悼，
> 来纪念您！
> 河边的石头，
> 山上的野草，
> 也在为您流泪。
> 但是，
> 亲爱的白求恩大夫，
> 你静静地安息吧！
> 在您的后面，
> 全世界被压迫的兄弟，
> 已经起来了，
> 我们跟随您的光辉，
> 高举新医学的旗帜，
> 向白求恩开辟的道路，
> 勇往直前！

1940年1月5日在白求恩追悼会上，张荣志、张晶心提供了《白求恩追悼会挽歌》。

歌词内容：

> 伟大的加拿大朋友啊，
> 你就像祖国的战士，
> 曾快乐地战斗在晋察冀。
> 如今啊，在中国的前线安息。
> 伟大的加拿大同志啊，
> 我们尊敬您，

像尊敬真理和正义，

誓以我们的胜利来做您革命祭礼。

1940年6月21日在白求恩墓落成典礼时，方行等作词创作了《白求恩墓落成典礼纪念歌》。

歌词内容：

白求恩的孩子，

歌唱白求恩，

学习白求恩。

白求恩为我们踏出了工作道路，

白求恩为我们做出了工作榜样，

白求恩把希望交给了我们。

白求恩的孩子踏着白求恩的道路前进。

白求恩学校校歌　方行词　张鲁曲

图6-1-1　歌曲《白求恩的学生》

歌词内容：

白求恩的学生，

人民的白衣战士。

歌唱白求恩，

学习白求恩。

白求恩的道路铺满阳光，

白求恩的步伐无比坚强。

学习，学习，学习，

我们光辉的榜样。

我们光辉的榜样。

白求恩，

我们光辉的榜样，

我们光辉的榜样。

《歌唱诺尔曼·白求恩》，袁孟哲词，维聪、铁山曲，1982年出版发行。

歌词内容：

延河的流水，

宝塔山的清风，

将一个光辉的名字永远传颂！

啊！

诺尔曼·白求恩，

伟大的国际主义战士，

反法西斯英雄。

不远万里来中国，

为了劳苦大众去斗争。

您的名字像缤纷的朝霞，

那样瑰丽，

那样鲜红。

五台山的峡谷，

太行山的青松，

将一个光辉的名字永远传颂！

啊！

诺尔曼·白求恩，

我们的挚友良师，

人民的好医生。

硝烟弥漫的抗日前线，

到处闪动着你的身影。

您的名字像缤纷的朝霞，

那样瑰丽，

那样鲜红。

黄石口的惊雷，

军城的青松，

将一个光辉的名字永远传颂！

啊！

诺尔曼·白求恩，

不朽的共产主义战士，

无产阶级先锋。

鞠躬尽瘁为人类，

救死扶伤献生命。

您的名字像缤纷的朝霞，

那样瑰丽，

那样鲜红。

2014年11月12日是白求恩逝世75周年纪念日，又逢中国人民抗日战争胜利69周年，加拿大华枫艺术家协会与发起"纪念白求恩逝世75周年中国—加拿大国籍论坛"活动的加拿大白求恩协会合作，创作了《白求恩之歌》。国内的纪念活动于2014年10月11日到13日，在河北保定和唐县举办，50位国外代表，包括加拿大白求恩协会成员和白求恩的一位后人也到场参加。

组歌的词曲作者史兆宽先生非常敬佩白求恩为了理想和人道主义奉献的精神。他提前一年开始着手准备，曾特地前往河北省石家庄、保定、唐县等地，在白求恩曾经战斗、工作过的地方和他曾经牺牲的地方进行采访、学习。史先生的采访得到了国内和加拿大许多相关组织和机构的帮助。通过采访，史先生也将河北地区的民间音乐风格融入了组歌创作。

由六首不同音乐风格、不同演唱形式的歌曲组成：

第一首《白求恩颂》表示加拿大华人对白求恩的纪念，是美声唱法的颂歌体曲；

第二首《怀念白求恩》是北方民歌风格的女声独唱曲，

第三首《我站在太行山上》是颂歌体的男高音独唱曲；

第四首《学习白求恩》是明快、活泼的少儿歌曲；

第五首《血红的月亮》是根据白求恩赴西班牙前的诗谱写的流行风独唱曲；

第六首《白求恩精神永放光芒》是进行风格的合唱曲。其中，歌词创作有些是与中国江苏的诗词家合作完成的。

组歌由史兆宽先生主创，联合中加两国的词作者；李德先生担任文学顾问，著名音乐人杨光担任音乐指导，著名女高音歌唱家张慧任声乐指导，著名作曲家、小提琴演奏家唐康年老师担任总艺术指导。整个创作过程历时三个月，经过精心编排和多次修改才最终敲定。中国驻温哥华总领事馆韩宁领事、卑诗省李灿明议员、卑诗省教育部长及温哥华各大华人社团都对此表示深切关注和大力支持。

现在的吉林大学白求恩医学部是原白求恩医科大学合校后的名称，作为原白求恩学校的继承者，原白求恩医科大学也有自己的校歌，张晓一词，胡正斌曲，《白求恩医科大学校歌》。

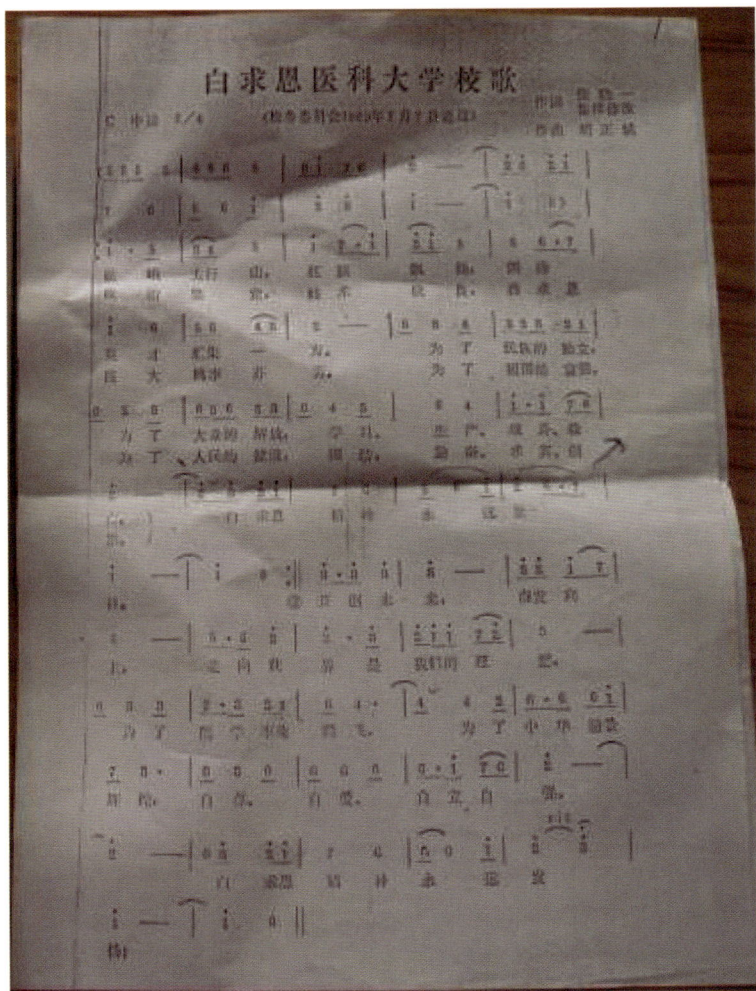

图6-1-2 《白求恩医科大学校歌》曲谱 范莹 摄

歌词内容：

巍峨太行山红旗飘扬，

四海英才汇集一方。

为了民族的独立，

为了大众的解放，

学习、生产、战斗、救亡，

白求恩精神永远发扬。

政治坚定，技术优良，

白求恩医大桃李芬芳。

为了祖国富强，

为了人民健康，

团结、勤奋、求实、创新，

白求恩精神永远发扬。

开创未来奋发向上，

走向世界是我们的理想。

为了医学事业腾飞，

为了中华前景辉煌，

自尊、自爱、自立、自强，

白求恩精神永远发扬。

与原白求恩医科大学一脉相承的还有另一所部队院校——石家庄白求恩军医士官学校，曾经校名为"白求恩军医学院"。它是最早的白求恩学校的另一个分支，主要是为军队培养医务人才的，也是共和国多次阅兵庆典时，女兵方队的组成单位。

《我们的校魂——白求恩军医学院院歌》 石祥词 孟宪斌曲

歌词内容：

我们的校魂是白求恩，我们的骄傲是白求恩。

炮火中诞生，战斗中成长，救死扶伤，屡建功勋。

政治坚定，技术优良，培养多少医疗新人。

继承白求恩的事业，发扬白求恩的精神。

用勤劳和智慧刻苦学习，面向未来奉献我们火红的青春。

我们的旗帜是白求恩，我们的榜样是白求恩。

创一流学校，做优秀学员，挑起历史赋予的重任。

团结严谨，求实创新，优良校风铭记在心。

时刻听从党的召唤，哪里需要哪里扎根。

在为人民服务中建功立业，沿着白求恩的道路奋勇前进。

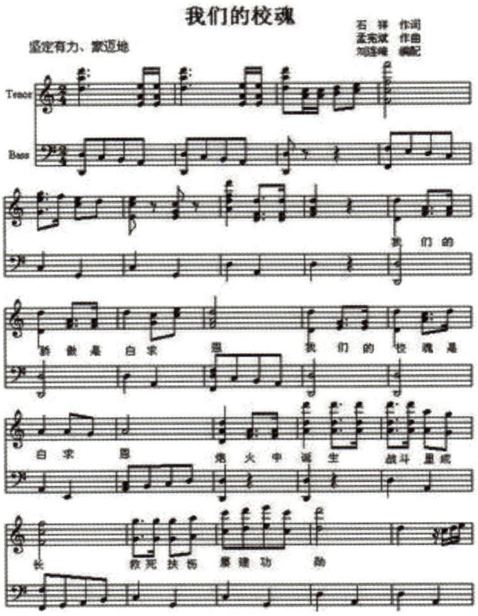

图6-1-3　曲谱

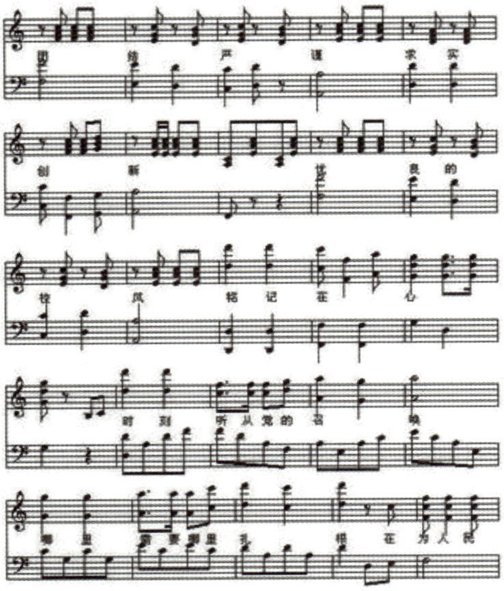

图6-1-4曲谱

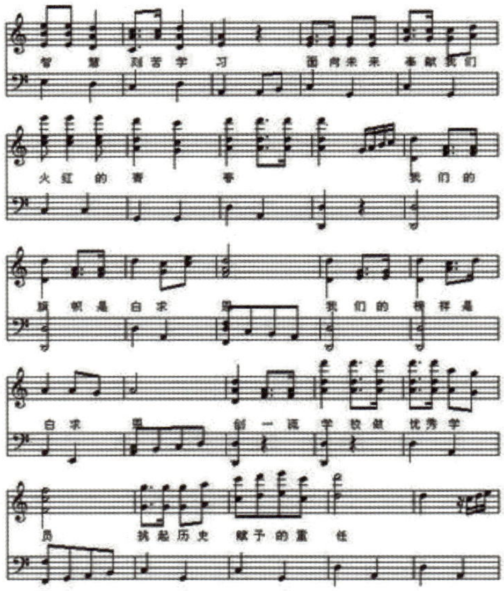

图6-1-5　曲谱

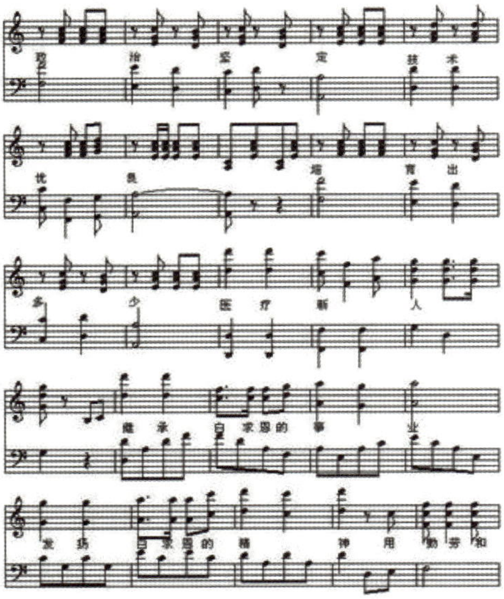

图6-1-6曲谱

图6-1-7　曲谱

电视剧《诺尔曼·白求恩》

片尾曲《怀念白求恩》，张国力等词，曲、歌手张大龙。

歌词内容：

> 有一个外国人，
>
> 他不远万里来到中国，
>
> 把中国人民的解放事业，
>
> 当作他自己的事业。
>
> 这是多年以前我们经常感动的往事，
>
> 这是多年以后我们重新唤起的记忆。
>
> 不远万里，你带来和平的希望，
>
> 出生入死，你拯救战争的创伤，
>
> 生生不息，你走在英雄的路上，
>
> 永永远远，你在我们心上。
>
> 诺尔曼·白求恩
>
> 诺尔曼·白求恩
>
> 诺尔曼·白求恩……

图6-1-8　歌曲《怀念白求恩》

吉林大学第二医院为庆祝白求恩医学部成立70周年，2009年创作歌曲《白求恩还在我们当中》。作词：冯堤　作曲：江石

歌词内容：

那胡须，很密实，

这个人，这个人，很传神。

有个身影他叫白求恩，

有种微笑他叫白求恩，

这精益求精是白求恩，

这默默付出是白求恩，

和需要我们的人在一起，

为信赖我们的人负责任，

用高尚和纯粹给予他们再生，

用第一的精神换取第二次生命。

不求所得，不忘感恩，

一身清白，一个好人，

不求所得，不忘感恩，

一生精诚，一个英雄。

白求恩还在我们当中。

那胡须，很密实，

这个人，这个人，很传神。

有位老师他叫白求恩，

有位同事他叫白求恩，

这无微不至是白求恩，

这孜孜不倦是白求恩，

和需要我们的人在一起，

为信赖我们的人负责任，

用高尚和纯粹给予他们再生，

用第一的精神换取第二次生命。

第一的精神，第二次生命，

以我爱心，奉献他人，

第一的精神，第二次生命，

一生追求，一往情深。

白求恩还在我们当中。

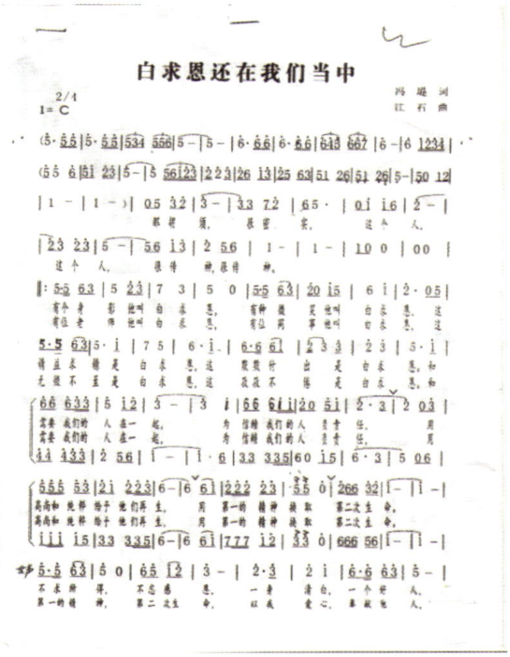

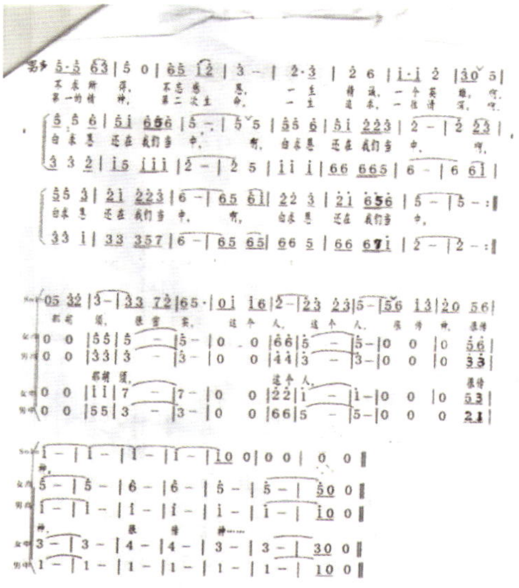

图6-1-9、10　歌曲《白求恩还在我们当中》（范莹 摄）

第二节　用戏剧艺术表现白求恩

　　戏剧影视艺术也被称为综合艺术，它吸取了文学、绘画、音乐、舞蹈等各门艺术的长处，获得了多种手段和方式的艺术表现力，从而形成了自己独特的审美特征。将时间艺术与空间艺术、视觉艺术与听觉艺术、再现艺术与表现艺术、造型艺术与表演艺术的特点融汇到一起，具有更加强烈的艺术感染力。

　　作为综合艺术的戏剧、电视、电影基本上都属于叙事性艺术，都需要由人物的行动、人物与人物之间的关系来形成一个有完整过程的生活事件。因而，它们一般都应当具有故事情节，并且以矛盾冲突作为情节发展的主要线索，在紧张而激烈的矛盾冲突中，塑造出具有典型意义的人物形象。主人公就是典型的人物形象，应该是戏剧影视作品集中刻画的人物形象，是作品内容的中心，是矛盾冲突的主体，是情节展开的依据。戏剧影视作品都是通过对人物的活动以及人物之间相互关系的描写来反映生活，传达剧作家对生活的感受和评价，因此，塑造鲜明、生动、富有个性的主人公形象，是综合艺术最根本的任务。凡是优秀的戏剧影视作品多是成功地塑造了典型的人物形象，通过最富于代表性、个性又非常鲜明突出，具有不可重复、独一无二性格的主人公形象，反映出一定历史时期的社会生活与复杂的社会关系。

　　白求恩作为现实生活中的一个真实的人物，其身上所闪现的毫不利己、专门利人的国际共产主义光辉，本身就是非常典型的。通过戏剧影视作品再现白求恩，可以使人们更加直观地了解白求恩，被白求恩精神所感动。虽然白求恩在中国只有655天，但是在他身上发生的故事，闪现的人性光辉，是可以通过不用的角度，不同的视点，在戏剧影视作品中展现出来的。

　　戏剧这一名词广义上应该包括话剧、戏曲、歌剧、舞剧和音乐剧等等，但在这里我们只用狭义的含义，那就是话剧。它是在舞台上由演员以对话和动作为主要表现手段，为观众当场表演故事情节的一门综合艺术，作为二度创作的艺术，包括两个重要组成部分，也就是作为舞台演出基础的戏剧文学和演员创造舞台形象的表演艺术。戏剧性在戏剧的所有特征中占最重要的位置，就是通过演员扮演的角色之间的冲突来展开剧情、刻画人物，借以吸引观众，实现艺术效果和审美作用的特性。这就要求作为戏剧性，就要在有限的时间和空间里完成戏剧冲突，这对于戏剧文学剧本就提出了很高的要求，它不同于电影和电视，可以通过电影镜头的转换，表现不同的时空关系，在舞台这一个场地，展示相对集中的时间内发生的戏剧冲突。

一、白求恩创作的戏剧

1933年末，白求恩尝试一种不同的写作方法——广播剧，为反映出他对征服肺结核的热情，写出了《病人的窘境》，这个剧现在听起来感觉很做作，很假，但是放在当时的年代，这种形式却是很少见的。白求恩对政府没有为公共健康提供足够的财政支持而越来越愤慨，但这个剧本在肺结核患者得到医疗保障方面，却描述了一种令人充满希望的景象。他为防痨邮票活动而准备了一个15分钟的短剧，希望与加拿大广播委员会接洽，以便免费广播。他还想再写一些与癌症、心脏病和肠胃紊乱等有关疾病的广播剧，可以用于公共教育和培养一般的医生，但是他只写了这一部广播剧后就没有再继续创作。

广播剧
病人的窘境或治疗肺结核的现代方法

作者：诺尔曼·白求恩

地点：医生的咨询室或肺科门诊部

演员：1. 医生

   2. 护士：琼斯小姐

   3. 病人：维尔金森小姐、欧文小姐和她的母亲、詹姆士·柯克、皮特森太太、阿瑟·史密斯

（电话铃响了）

护士：（接电话）是，我正在等待医生两点到来，你可以安排在两点半见他，欧文太太。

医生：（走了进来）下午好，琼斯小姐。今天下午病人多吗？昨天几个新病人的X光片冲出来了吗？痰液化验过了吗？

护士：是的，先生。一个新病人和四个老病人在等候，这是痰液化验单。

医生：（拿起化验单大声读着）维尔金森小姐：阳性，詹姆士·柯克：阴性，皮特森太太：阴性，很好。埃里克森小姐：阳性，哼！

护士：维尔金森小姐。

医生：下午好，维尔金森小姐。

维尔金森小姐：下午好，医生。

医生：你昨天拍的X光片已经好了，痰液也化验过了，今天你感觉如何？

维尔金森小姐：我感到非常疲劳。今天早上7点就醒了，因为我出汗把睡衣弄得非常潮湿，我不得不起来换一下。我按照你的要求，在下午4点，晚上8点和今天上午试了一下体温。这是记录。

医生：（读体温）哼！4点华氏99.8度，8点华氏100度，今天早上华氏98度。

维尔金森小姐：我很高兴你昨天用听诊器没有发现任何症状，医生。那是不是

说我没有染上肺结核？

医生：不，不能这么说，因为这里有三个早期的病历，其中有两个医生做胸部检查时都没有发现病症。但你的X光片显示了病变，你看。（让病人看片子）瞧，看到这些茸毛似的小白斑点了吗？它们意味着肺结核在肺的顶部造成了一些小的创面，在左肺的顶部。此外，你的痰液呈阳性。

维尔金森小姐：这是什么意思？

医生：这意味着你的痰液含有结核病菌，引起肺结核的病菌。

维尔金森小姐：哦，懂，我得了痨病，是吗？

医生：痨病是给一种发展非常快的肺结核起的老名字，我们现在不再使用这个词了。当然，它指的是病人体重大幅度下降——病人被它不停地消耗着。这个词不好，因为消瘦在肺结核患者中可能看不到，尽管它是事实，是常见的症状。（他指着X光片）好了，这个片子显示就在你的锁骨下面的肺部，有了我们所谓的小的渗透区。它还出现在后面肩胛骨上部的位置，这就是使你感到肩胛骨之间疼痛的原因。你昨天告诉我了。

维尔金森小姐：啊，它实际上不是疼痛，它更像一种隐隐约约的灼伤感，有时感到像刺痛。

医生：这意味着胸膜受到影响。胸膜是肺的遮盖物，对炎症非常敏感。不幸的是，肺本身不太敏感，感觉不到疼痛。这就是为什么一些人可能患了非常严重的肺结核，却没有明显的疼痛促使他们去看医生。庆幸的是，你来看病是因为正在消瘦和咳嗽，是这样吗？

维尔金森小姐：是的，医生。我一个月瘦了5磅，整天感到疲劳。

医生：疲劳表明你正在被体内的一种传染过程所毒害。胸部X光片显示这个毒素来自肺的病变。

维尔金森小姐：天哪！我现在该做什么呢？

医生：我很高兴你直截了当地向我提出这个问题。这就是说你已经确认了病情，并准备与之妥协。与肺结核斗争是徒劳的——如果你与它作对，它将最终打败你。征服它的唯一的办法是承认它的存在，随遇而安。为了完全卧床休息，你必须去疗养院待上6个月，一年更好。

维尔金森小姐：为什么要去疗养院？

医生：因为在那里你将学会如何治疗自己。你将学习身心方面的锻炼，通过这种锻炼，你将肺结核。明天到我这里来，我们将讨论有关的安排。你会知道住院费很高，如果你无法支付，政府将为你付款。疗养院对你来说，将是一个新的生活启示。

维尔金森小姐：这样我的病就能治好？

医生：你治好的机会非常大，以后完全可以过上正常的生活。我可以说，在两三年里你病情恢复的可能性占百分之九十。但不要欺骗自己——你最少也需要休息两年。再见，明天来见我。

维尔金森小姐：谢谢你，医生，我感觉好多了。即使你告诉了我患了肺结核，但诊断完成后我明确自己的病情，知道了如何治疗它，这些使我受到极大的安慰。

医生：再见，维尔金森小姐。你将是我碰到的一个听话的病人。

护士：欧文太太和欧文小姐。

欧文太太：大约两个月前，她感冒了。只是一般的感冒，我想，有点像支气管炎，但咳嗽从那时起就没断。

欧文小姐：为什么这么说呢？我不咳嗽！

欧文太太：是的，你咳嗽，亲爱的。你没注意自己，但在早上经常能听到你咳嗽五六次。此外，我知道你最近消瘦了，你吃饭不香。你不记得昨天你还说不想吃饭、胃部不适吗？医生，她昨天去跳舞，半夜一点回家。她告诉我今天早上感到非常疲劳，10点钟几乎起不了床。她以前可不这样。

医生：你咳嗽出痰了吗，欧文小姐？

欧文小姐：不，医生，我非常好，我知道，既然妈妈提到了咳嗽。也许我有点咳嗽，但那可能是抽烟的结果。是的，我比较容易疲劳，但那是我在大学里拼命学习引起的。（她咳嗽了一下）看，我的咳嗽就是这样。

医生：你吸烟多吗？

欧文小姐：一天大约五六支。

医生：哦，数量并不多，不应当使习惯它的人咳嗽。你确信自己刚才没感到喉咙里有分泌物或湿的东西吗？你没有把它吐出来而是吞下去了？女孩子和妇女在成长过程中常常被告知吐痰既不卫生也不美，她们就自觉不自觉地把从肺里咳嗽出来的痰吞下去，而不是吐出来。当心！我不是在批评你，但我想我看到你刚才把从支气管中咳嗽出来的痰吞下去了。请让我检查一下你的胸肺。（按铃之后护士进来）护士，请把欧文小姐领到检查室。（对欧文太太说）我将用听诊器和荧光镜为你的女儿做检查。

欧文太太：什么是荧光镜，医生？

医生：它是一个X光的器械，但不拍片子。我们用它可以看到肺部是否有了病变，但不能指望它探察非常小的早期病变。不管荧光镜是否显示出了问题，从你女儿的症状看，她已经需要拍X光片了。今天下午我们也把它完成。她们也许已经准备好了，我们进检查室吧。（他们进了检查室）

医生：（对欧文小姐说）请用右手拿着这个纱布，用它轻轻盖住你的嘴。我将首先叩一下你的胸腔。叩诊这个词是我们用来表示一种方法，即通过手指轻轻敲打来发现胸腔和里面的肺是否有异常的声音。没有，你没有明显的异常，只是左边后肩胛骨边缘和脊骨之间的声音有一点发闷。我将用听诊器使声音清晰一些。我想让你像这样咳嗽两次，再深呼吸一次。（他演示咳嗽的方式）请一直这样做，直到感到累了。好的，我们发现在我叩诊时声音发闷的地方出现几个啰音。

欧文太太：什么是啰音？

医生：啰音是我们用听诊器听到的一种细小的潮湿声音。它可能来自肺部一些小的空气囊，或者来自支气管。声音越小、越细和越潮湿，它就越可能来自肺本身。啰音是早期肺结核最重要的迹象。用听诊器听时，如果你把呼吸的声音当作吹打窗户的风，那么啰音就像落在窗户玻璃上的雨点。在肺里，风是空气通过支气管时的声音，落在窗户玻璃上的雨点则是咳嗽以后深呼吸结束时，出现的细小的咔嗒声。这些啰音常常是我们能够察觉到的唯一症状，在咳嗽之后总是应该听得到。好了，肺的其他部位似乎正常。现在，让我们把你放在荧光镜下检查。请面对我站在机器前面，不要紧张，你不会觉得什么。我必须切断光线，以便我的眼睛习惯在黑暗中看到东西。（用脚打开机器开关）是的，正如我想的，从你的肺的顶部到第三胸椎之间有了一点病变，其他部位清晰。我们需要拍一个X光片，确保准确。

欧文太太：喔，医生，太可怕了！

医生：一点也不可怕。她的病发现得早，只要多加注意就能够控制住。我们在拍完片子后再决定是否对你实施气胸疗法。

欧文太太：什么是气胸疗法？

医生：它是在胸腔壁和肺之间置放一个气垫挤压肺部，使病变不再发展。在多数病历中，肺结核的活动慢慢地被吸收，或愈合结疤。我怀疑你的肺也有了一个小的空洞，这样注入空气就更加有必要。注射空气的手术非常简单，几乎不能称作手术。它不怎么疼痛，一周或两周用一个小针做一次。当然，同时要卧床治疗。我想，你同我的一些病人谈话后，可以使你更加放心。我看一下。是的，外边来了几个今天需要再次做填充的病人，即再次注射空气。我将把她带进来，你可以与她交谈。然后，你经过正式的介绍后加入一个肺结核的大家庭，这个伟大的团体不同于地球上的其他伙伴，我确信它有着一种友情观念。戏剧家尤金·奥尼尔经常评价这种亲属关系，说它在患同一种疾病中的人们中间是绝无仅有的。他对它非常了解，因为他像历史上许多伟大的人物那样，也患过肺结核。对其他肺结核患者来说，肺结核患者的生命比我几乎可以说的一般人的生命更有意义。（他走向门口大声说）护士，请让皮特森太太进来。皮特森太太在两年前来这里看病时，也有了和你一样的症状，我当时在她肺部发现了与你现在完全相同的病变。

皮特森太太：（走进来）下午好，医生。

医生：让我把你介绍给欧文太太和欧文小姐。你今天感觉怎样？我有两个星期没有见到你了。

皮特森太太：哦，医生，我感到非常好。我既不咳嗽，也不出汗了，在过去的三个月里体重增加15磅。

医生：不错。你不介意告诉欧文小姐你在过去两年的经历吧。你瞧，她是肺结核大军中的新成员。

皮特森太太：（对欧文小姐说）你也患了肺结核？喔，不要害怕。我知道你的感觉，医生第一次告诉我患了肺结核时，我感觉糟透了。你知道，我当时刚刚结婚三个月，我们非常幸福。然后，我有些咯血，使我害怕极了。医生拍X光片后发现肺部有了一个小的空洞，把我送进了疗养院。在那里，我立即实施了气胸疗法。我每天吐两盎司的痰，还持续发烧。我可以对你说，我可怜的丈夫崩溃了，我也是，因为我感到我的生活刚刚开始时就走向了死亡。但是，疗养院教会了我许多东西。它是一个我从未到过的令人愉快的地方。我过去总是认为疗养院是一个令人悲伤和沮丧的地方。但现在改变了看法。首先，我的体温恢复正常，咳嗽和吐痰停止了。一年之后，医生说可以回家了，我现在在家里做家务。

医生：我希望你不要举重物。

皮特森太太：是的，医生，我非常注意。我只是在上午做家务，整个下午治疗，晚上9点就上床休息。

欧文太太：哦，玛格丽特，看起来前途毕竟不那么黯淡，是吗，亲爱的？我很高兴你的肺结核这么早就被发现了。告诉我，皮特森太太，你说你下午治疗指的是什么？

医生：喔，欧文太太，它是肺结核患者使用的一个说法，也就是我们所说的躺在床上，或躺在躺椅上。还有一些词玛格丽特最终会知道的，例如，注气或填充是把空气注入胸腔。拍片子是给肺部拍X光片，发热被称作"温度"，温度计叫作"温度棒"，切割膈神经的手术叫作"膈神经"等等。你将很快知道所有这些词汇。在你离开之前，我们拍一个X光片子，然后出去的时候让琼斯小姐给你一个无菌瓶子，把你吐的痰交给我。明天下午来这里，我们将讨论一个活动计划。不要为必须丢掉大学的学业而沮丧。我们必须考虑今后10年或20年里你将是什么样子，大学毕业证这些东西不太重要。

欧文小姐：是的，医生。我想你是对的，不过它确实有点无情。

欧文太太：谢谢您，皮特森太太，你告诉我们这么多你治病的经历。真的，没有人会想到你一生中还生过病，你的气色这么好。

医生：再见！明天到这里来，出去的时候告诉护士，她将为你拍X光片。（对皮特森太太说）好了，皮特森太太，在填充之前让我用荧光镜检查一下。（机器的声音）不错，你的肺压缩了75%，我看不到空洞了。现在就注气，请躺在台子上。我从病历上看到你上次注了500毫升。

皮特森太太：是的，医生。

医生：好了，只用针扎了一下。我今天将再给你注500毫升。好了，全结束了。不疼，是吗？

皮特森太太：不，医生，我几乎一点也没有感到疼。

医生：现在再在荧光镜下看一看。（机器的声音）是的，你的肺被压缩了90%，没有液体了。你感觉怎样？你能走路吗？

皮特森太太：是的，医生，我感觉非常好。空气注射一点也不打扰我。我将乘坐电车回家。再见！

医生：再见，两星期后来见我。你做得不错，你的肺正在很好地愈合。再坚持一年的空气注射，然后我们将考虑让你的肺扩张。再见。

护士：詹姆士·柯克先生。

医生：下午好，詹姆士·柯克先生。

柯克先生：下午好，医生。

医生：好，柯克先生，你上个月做了膈神经切除手术，是吗？你发现症状有没有变化？

柯克先生：是的，医生。我的咳嗽减轻了，体重增加。我仍然不太明白手术是如何有效的。

医生：嗯，我们是把膈神经切断。膈神经是从颈部传向横膈膜的神经，横膈膜是分成两部分的大片肌肉，在较低的肋骨处从一边伸到另一边，把胸腔与腹腔分开。人们呼吸的时候，它像汽车的活塞上下活动。割断膈神经后，这种肌肉的一半就瘫痪不能动了，它上面的一叶肺也不能呼吸了。肺得到休息，休息是治疗肺结核的方法。让我们把你放在荧光镜下检查一下。是的，你的左边的横隔膜比右边的高了两英寸。这种高度使它上面的肺得到了休息，并把你原来的空洞给关闭了。继续治疗，一天只起床一个小时，你做得不错。一个月之后来见我。再见！

柯克先生：谢谢你，医生，再见！

护士：史密斯先生。

史密斯先生：你好，医生。我是从办公室远足到河边钓鱼的路上顺便来这里的，你知道，我以前周末就去钓鱼。

医生：嗯，史密斯，你看上去真的好多了。我有6个月没有见你了，你胖了。生意怎样？

史密斯先生：生意不怎么样，但我感觉身体从没有这么好过。有生意时我一天8个小时。

医生：还咳嗽吗？

史密斯先生：不，一点也不咳嗽。在做了胸廓成形术后，我两年不咳嗽，不吐痰。上帝啊，我当时是什么样子啊，相比之下我今天几乎不能相信是同一个人。

医生：你确实看上去很好。假如我不知道你为了压缩肺部空洞把一侧的肋骨除去几根的话，我不会相信你在胸部做过手术。你身板挺得这么直，没有一点变形的样子。但是，你既然来了，匆匆看一下也没有什么坏处。让我给你检查一下。是的，病看上去完全好了，但最好拍一个X光片。记住，此后你在一生中一年要检查两次。

史密斯先生：好的，医生。我照你说的去做。我知道我们这些老肺结核患者在感觉非常好时总是不那么注意了。但回忆起来，我无法表达对你的感激之情，是你建议我做胸廓成形术。当时，我的肺和胸膜之间的粘连使你无法进行空气注射，肺上的大空洞即使卧床两年也不能愈合，我那时感到我再也不能下床走动了。我现在希望更多的人知道现代治疗肺结核的方法，尤其要在病情恶化之前及早看医生。

医生：是的，史密斯。许多病人没有拍X光片或拖很久才去看专门的医生，因而错过治愈的机会。公众对肺结核的观点必须接受现代方式教育的影响。告诉你得了肺结核，不再等于判了无期徒刑，只要早期治疗，多数病人依靠我们掌握的一种或其他的现代手段，会像你这样有极大的康复机会。好了，拍一个X光片检查一下，6个月之后再来见我。再见。（对护士说）喂，护士，我想今天就到这里吧。我必须到疗养院去看我的病人。我告诉过你普雷提小姐生了一个小孩，她们母子平安的消息吗？

护士：你是不是说那位两年前病得非常厉害而做了气胸疗法的普雷提小姐？

医生：是的。我得知她去年完全康复，可以生小孩了，她的丈夫很想要一个孩子。孩子生下来后非常健康，她病好了，可以给孩子喂奶，而且一点不用担心传染给孩子肺结核。这是新的治疗方法战胜这个痼疾的伟大的胜利，对吧，护士？

护士：我很高兴。再见，医生。

二、创作反映白求恩的话剧

白求恩同志在中国的时间不长，时间相对集中，活动区域也相对集中在晋察冀边区，这其实为戏剧表现提供了很好的空间。他在中国期间所做的各种工作也很具有戏剧表现力，所以用戏剧手段再现白求恩是一个很好的方式。

1979年为庆祝新中国成立三十周年中国人民解放军战友话剧团创作了十场话剧《白求恩》，现可以找到剧本，但是影像资料没有找到。

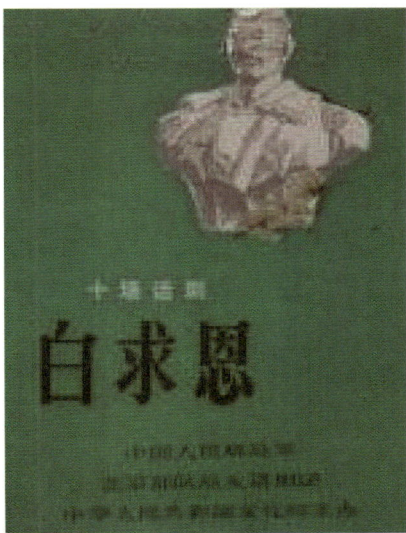

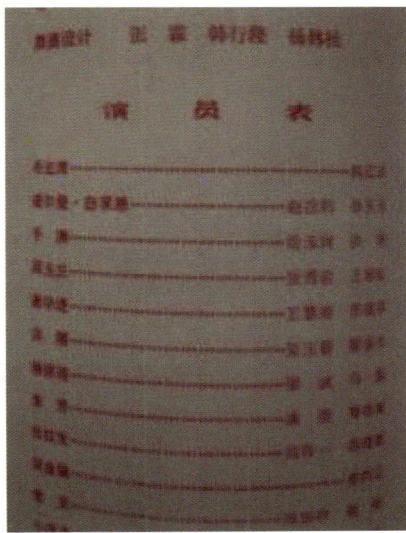

图6-2-1、6-2-2　话剧《白求恩》剧本

加拿大2010年11月在多伦多上演了话剧《白求恩》，描写白求恩在加拿大蒙特利尔期间的一段困惑和彷徨，反映了白求恩怎样从一名热爱艺术的普通外科医生转变成国际主义战士的心路历程。

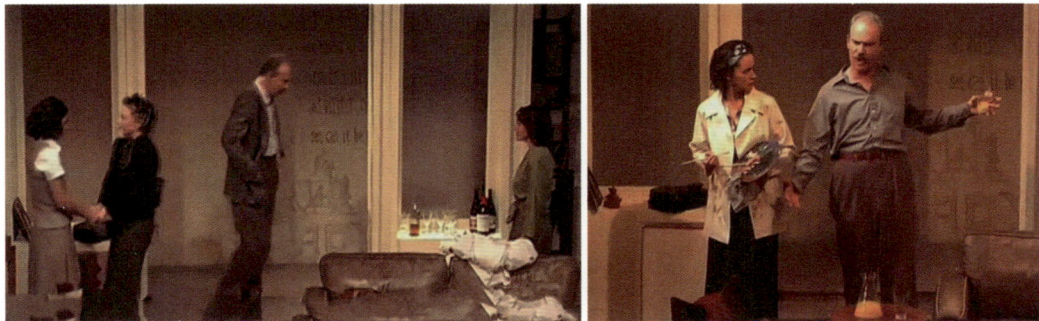

图6-2-3、6-2-4 话剧《白求恩》在多伦多上演

为纪念建党95周年，庆祝吉林大学建校70周年，进一步落实"继承老白校传统，弘扬白求恩精神"的工作部署，2016年5月30日18时许，由吉林大学白求恩医学部大学生自编自导自演的话剧《离开白求恩日子》，在吉大南岭校区礼堂首次演出。

图6-2-5 话剧《离开白求恩的日子》（图片由剧组提供）

《离开白求恩的日子》

编剧：苑 锐 高成伟 庄承豫

人物：

甄纪念 女 吉林大学白求恩医学部临床医学专业2011级学生

洪　阳　男　吉林大学白求恩医学部临床医学专业2011级学生

魏传诚　男　吉林大学白求恩医学部临床医学专业2011级学生

刘莉仁　女　吉林大学白求恩医学部临床医学专业2011级学生

吴志愿　男　吉林大学白求恩医学部临床医学专业2011级学生

白求恩　男　晋察冀军区卫生学校创建人

何自新　男　白求恩警卫员

甄铁锁　男　晋察冀军区卫生学校学员　甄纪念爷爷

叶红军　男　晋察冀军区卫生部部长

方　岩　男　军区医院主任

胡宝库　男　军区医院总务长

崔桂英　女　军区医院护士

伊丽莎白·安·古德温　女　白求恩母亲

第一幕

时间：2011年9月（转1939年9月）

地点：吉林大学白求恩医学部基础楼门前（转河北省唐县牛眼沟村）

（幕启：背景映出蓝天下，白求恩医学部基础楼正面影像。楼前正中矗立白求恩全身雕像，舞台右前角挂着"欢迎新同学"的横幅）

音乐背景，同学入学。

（洪阳着T恤，快步走上，抬眼望着雕像，自语地）

洪阳：就是这了！（他走近雕像，仔细打量着，并低头用T恤的袖口拭着汗，又仰望着雕像）白求恩医科大学，我的梦想！今天，我终于来了！

（魏传诚上）

魏传诚：哎，洪阳！你聋啊！那么喊你也没停下等我！

洪阳：（笑着迎过来）只顾急着往这走，也没有听见你喊呀。

（甄纪念穿"筑梦白衣，寻根之旅"的T恤，手捧一束鲜花上）

洪阳：（走过来，恰同甄纪念照面）甄纪念！你也来了！

甄纪念：（惊喜地）洪阳，你也在！

魏传诚：甄大美女，这么漂亮的花是哪个男生送的？刚上大学就有情况了？

甄纪念：这是我用自己的新生奖学金买的，也是替我爷爷买的，我是来祭奠白求恩的！

魏传诚：白求恩？（看了一眼雕像，又上下打量甄纪念）祭奠白求恩？（显示地快速背诵）诺尔曼·白求恩，加拿大共产党员，国际共产主义战士，著名外科医生。1890年3月3日出生于加拿大安大略省一个牧师家庭里，1938年3月到中国帮助共产党八路军抗击日本侵略者，1939年11月12日因公牺牲……

甄纪念：传诚，看起来你也是白求恩的崇拜者？！

魏传诚：（摆手）不是，不是，这是我为高考而背诵的，我还会背毛主席的《纪念白求恩》呢。（投入地背诵）……白求恩同志毫不利己、专门利人的精神，表现在他对工作的极端地负责任，对同志对人民的极端的热忱……

洪阳：（打断魏传诚的背诵）停停停，这段我小学就会背。我小时候有一次得大病，是我们县医院的高大夫给医好的，他就是白求恩医科大学毕业的，我住院期间他就教我读《纪念白求恩》，所以我当时就下决心要考进白求恩医科大学。

甄纪念：原来还有这样的故事呢？那……魏同学，你是为什么报考咱们学校的呢？

魏传诚：我……（不好意思地说），我奶奶给我算过命，说我命里有天医星，能当个治病救人的名医，所以……我就……

洪阳：（打趣道）那你奶奶算没算，你能当上院士不？能当上卫生部部长不？

甄纪念：（看着魏传诚一脸窘态，急忙解围）哎呀，那我问你俩……你知道我们吉林大学白求恩医学部为什么以"白求恩"来命名吗？

（洪阳、魏传诚相互对视，同时摇了摇头。甄纪念把手中的鲜花交给洪阳。）

甄纪念：那我来告诉你们吧，还得从我的家乡讲起……

洪阳：你的家乡？

甄纪念：我的家乡，河北省唐县军城镇牛眼沟村……

魏传诚：哈哈，真逗！牛眼沟？牛眼能多大？还村……

洪阳：别打岔，北京还有耳朵眼胡同呢，并不一定小。

甄纪念：是啊，别看不起这小山沟，如今可是红色旅游胜地。

魏传诚：（不信服）红色旅游胜地？

甄纪念：白求恩的墓就在我们军城镇，每年都有许多游客来瞻仰白求恩，缅怀先烈。（背景换军城镇白求恩墓）你们瞧，我这件衣服就是到我们村进行"寻根之旅"的姐姐送给我的……

（洪阳、魏传诚相互对视，肃然起敬）

甄纪念：在1939年9月，白求恩大夫就在我们村创办了晋察冀军区卫生学校……（背景换白求恩打字照片）……白求恩牺牲后，这个学校就更名为白求恩学校（背景换白求恩学校老照片），就是我们学校的前身……

魏传诚：你就是因为这个原因才考的吉大吧。

甄纪念：（点点头）嗯，还为完成我爷爷的心愿。

洪阳：你爷爷？

甄纪念：对，我爷爷，他是晋察冀军区卫生学校第一期的学员。

洪阳：那你爷爷一定见过白求恩了？

甄纪念：（自豪地）不但见过白求恩，还听过他讲课……

（灯光暗，甄纪念等定格。背景换晋察冀军区卫生学校旧址。灯光转舞台左边，甄纪念等下。）

（甄铁锁和何自新抬着卢沟桥药驮子上，边走边喊上。）

甄铁锁：同学们，上课。

（学员们三三两两走上舞台，散坐在地上。白求恩拎着教材上。）

白求恩：（面对大家）今天我们学习《战地救护须知》。前几个月我随部队参加吕汉、宋家庄等战斗，在抢救伤员中，我感到，我们医生在这方面缺少必要的训练。于是我就向聂司令建议成立军区的卫生学校。

（大家鼓掌）

白求恩：（指着药驮子问大家）大家知道这是什么吗？

（大家摇头）

白求恩：这叫"药驮子"，可以搭在马背上，方便我们在山区的游击战。这一头装药品，一头装医疗器械，两个药驮子上架块门板便可以成为一个简易的手术台。这样我们就可以在很短时间内组织起一个简单的手术室。为我们救治伟大反法西斯战士争取更多的时间。

（大家鼓掌）

甄铁锁：白大夫，我们就给它起名叫"白求恩药驮子"吧！

众人：（附和）对！对！对！就叫"白求恩药驮子"。

白求恩：不！名字我早想好了！大家看它的形状多像咱们中国的"卢沟桥"，就叫"卢沟桥药驮子"。

众人：卢沟桥药驮子？

崔桂英：（站起）对！牢记卢沟桥，把日本人赶出去。

众人：把日本人赶出去！

甄铁锁：（抚摸着卢沟桥药驮子）白大夫，你真厉害，你这木匠活做的，比镇上的木匠做得都好。

白求恩：一个战地的外科医生，同时要是木匠、缝纫匠、铁匠和理发匠。木匠可以做大腿骨折牵引架，铁匠做托马式夹板，锡匠打探针、镊子、钳子，裁缝做床单、褥子、枕头……

（停一停，环顾四周。大家鼓掌）

白求恩：你们的任务是学习，掌握技术，用技术去治疗我们的同志，我们要打的敌人是死亡、疾病和残废。

（停一停，环顾四周。大家鼓掌）

白求恩："医生要有一颗狮子的心，一双妇女的手。"你必须勇敢、坚强、敏捷、果断，同时也要和蔼、仁慈。

237

（停一停，环顾四周。大家鼓掌）

白求恩：一个医生的责任是什么？那就是使我们的病人快乐，帮助他们恢复健康，你必须把每一个病人看作你的家人，在一切的事情当中，要把他放在最前头。

（灯光灭，白求恩等定格。背景转白求恩医学部基础楼正面影像。白求恩等人下。）

（灯光复明，甄纪念走向台中央。）

甄纪念：（向洪阳，魏传诚）我爷爷说，在晋察冀军区卫生学校创建过程中，白求恩编写了《游击战争中师野战医院的组织和技术》《战地救护须知》《战场治疗技术》等多种战地医疗教材，制定了"消毒十三步法"，配制了防止伤口化脓感染的"毕普"（Bipp）药膏。还将自己从加拿大带来的X光机、显微镜、手术器械和药品捐赠出来。

魏传诚：我们以前只知道白求恩是医生，没想到他还是发明家呢。

洪阳：白求恩给我上了一课，我们不但要学会知识，还要学很多的本领。

魏传诚：你说的对呀，明天我俩一起找地方学木匠吧……

甄纪念：白求恩告诉我们要耐心，细致，严谨，创新，不是要你现在学木匠……

魏传诚：我开玩笑呢，甄大美女，以后还是多给我们讲讲白求恩的故事吧。

甄纪念：好哇，我是从小就听白求恩的故事长大的！

洪阳：哎，我有个想法，咱们成立个学习白求恩精神小组呗！

魏传诚：我看行，我们就选甄纪念当组长呗！

洪阳：我举双手赞成！（环顾二人）咱们三，2：1，（对甄纪念）你若没有意见就全票通过了。

甄纪念：那你们俩以后可要听我的！

魏传诚，洪阳：听！必须听！

甄纪念：那我可就上任了。我宣布，学习白求恩精神小组开展第一次活动……（突然想起）得定个名吧？

魏传诚：参观白求恩塑像……

甄纪念：这只是对你适合，你对白求恩大夫还只是仰慕英名，不知崇敬。对你来说，只是参观。对咱们小组……不适合。

洪阳：应该用瞻仰白求恩塑像……用瞻仰这个词才对。

甄纪念：这也只是对你适合，因为你了解一些白求恩大夫的事迹，已经对他产生了崇敬的心理，可还缺乏感情，所以对你来说，可以用瞻仰。对咱们小组不适合。

洪阳：那依你说该用哪个词呢？

甄纪念：祭拜！我们把白求恩大夫认作先辈导师，就该既有尊重又有感情。我在家时每年今天都要去白求恩陵墓祭拜。所以我今天买了鲜花，就是为了来此祭拜的。（说着，从洪阳手中接过鲜花，分成三份，递给洪阳、魏传诚各一份，三人捧鲜花走向塑像，献花，肃立）

甄纪念：向我们心中的导师行祭礼，鞠躬。

（灯光弱，幕落。）

第二幕

时间：1938年9月

地点：山西五台县松岩口村大庙

叶红军：方主任，方主任！（见无人应）

方岩：叶部长，白求恩大夫怎么还没来呢？

叶红军：本来说上午到的，这都快晌午了，刚才，我去食堂让胡宝库他们安排饭，吃完饭后再检查病房吧。

方岩：也好，反正那些护士和伤员都做了准备，应该不会有太大的问题。

（何自新引白求恩着雨衣，风尘仆仆地上。）

何自新（一步跨进房门）：叶部长，我们来了！

（叶红军、方岩上前迎接。）

何自新：（介绍着）这位是军区卫生部叶部长。

白求恩：（上前握手）你好！

何自新：（又介绍）这位是卫生所的方主任。

白求恩：（亲切地）你好！（握手）对不起，（转对叶红军）让你们久等了。今天早上，我们俩都已经上马了，看见又来个伤员，做完了手术才来的。

何自新：白大夫总是这么忙，这件事没完，那件事又来了，今天若不是临时来了个伤员，我们早就到了。

叶红军：又赶上下雨天的，辛苦了。

白求恩：为了工作，这不算什么，战地生活就是这样，在西班牙时我就习惯了这种生活。

叶红军：白大夫，我看现在快晌午了，是不是歇歇，先吃口午饭？

白求恩：病房在哪？还是先检查吧。

叶红军：（向内一指）就在里边！

方岩：那就跟我来吧。

（方岩引白求恩去病房，下。）

叶红军：小何，这个洋大夫怎么样啊？

何自新：哎呀，简直是神啦，就说昨天送来的那个伤员吧，一块炮弹蹦到脑袋

里了，送到的时候只剩半口气了，咱们这些大夫都说没救了，可人家硬是把这伤员的脑壳打开，取出了弹片，等我们往这来的时候，那伤员竟然能说话了，这可是我亲眼所见！

叶红军：看来，还真是国际名医啊。

何自新：可就是脾气不咋好，爱生气，好发火，看见啥不顺眼的就批评，也不管人家下不来台。

叶红军：对工作负责，就该严格要求。

（白求恩带着怒气，匆匆走进，方岩跟进。）

白求恩：你们这里，谁是医生？病房是谁负责？

叶红军：方岩就是医生，病房也是他负责。

白求恩：那五号病床呢？

叶红军：我们就一个医生。

白求恩：这个医生不行，得受处分。五号伤员那条腿得切掉，这得由（指方岩）他负责，那条腿的骨头都从肉里透了出来，你怎么能让他的伤恶化到这种地步？！你当初为什么不上夹板？！

（方岩想要解释，又忍住救援地望着叶红军。）

叶红军：上夹板的事我知道，这个不怪他。

白求恩：这就怪他，怪他没有把伤员当回事！

叶红军：我们医院共有10副夹板，都有人用着，方岩当时也很着急，可没有办法。

白求恩：没有夹板！（生气地）如果没有夹板，你就应该想办法做几副，一个真正的医生就应该这样做。

叶红军：（解围道）方岩向我提起过，我寻思有的伤员夹板用完了，再给他用……

方岩：不，都怪我没有看出这伤的严重程度。

白求恩：（仍然不依不饶地）我们花多少年的功夫学习，不就是为了到时候能保全一条腿，一条生命……假如我们没有认真地工作、学习，结果会怎样呢？就会有人失去一条生命！……方大夫，你是哪个医科大学毕业的？

方岩：我……（欲言又止）

叶红军：战士失去一条腿，确实非常不幸，可我们目前的物质条件也实在困难。

白求恩：也许，我们没有足够的夹板！但我们什么东西是足够的？假如一个战士丢掉一把枪是应该受处分的。同样，一个医生让一个战士失去一条腿，也应该受处分，枪还可以补充，腿呢？我们是无法补充的！（长出了一口气）（摆摆手，示意这件事不再提了）对了，五号伤员，必须做截肢手术，方岩，替我做手术准备吧！……

叶红军：白大夫，还是先去用饭吧，下午再做嘛！

白求恩：吃饭还能比救人重要吗？

方岩：（自语地）截肢得用锯……

白求恩：没有吗？

方岩：（急切地）我去找！（反身跑下）

何自新：我陪你去找！（随方下）

叶红军：白大夫，请坐，歇一会儿，他那锯还说不上去哪找呢！

白求恩：这么说……你这医疗器械也不全？

叶红军：唉，就没全过，还多亏方岩人缘好，又勤快，缺啥少啥，到处淘弄。

白求恩：这样的人，就该去搞后勤，当医生是需要技术的，治病救人是需要知识的，我看他不是合格的医生。

叶红军：您说对了，他真不是医生。

白求恩：不是？你不是说他是这里唯一的医生吗？

叶红军：方岩小时候是个放牛娃，有时候和爷爷上山采药，后来参加了红军，在部队，他自己学习认字，写字，有不懂的就找人求教，后来还和一个洋人学了拉丁字母。由于懂点草药，经常参与战伤救护，就被选到战地医院当护士班长。他特别爱学习，无论是洋医生，还是土大夫，让他逮着总是不停地问，再加上战伤救护积累的经验，所以在我们成立军区医院时，就把他选来。叫主任，实际当医生，这也是山中无老虎，猴子称大王，没办法的事。

白求恩：（释然地）噢，是个好同志，是个值得帮助的好人。

（方岩拿着锯子，与何自新同上。）

方岩：白大夫，这个行吗？

何自新：这是从张木匠家借的，很锋利！

白求恩：没别的，只能用它代替了！方，你做我的助手吧。

（说罢，起身向病房走去。）

方岩：（望着叶红军，似乎在征求意见。见叶红军含笑挥手表示他快去，就高兴地转身随下。）

何自新：（对叶红军）白大夫怎么对方岩的态度变了呢？

叶红军：方才我给白大夫讲了方岩是怎么成为医生的，白大夫也承认方岩是一个好同志。

何自新：其实白大夫也是那种刀子嘴菩萨心肠的好人，别看他批评人挺厉害，可他关心人体贴人的那股劲儿，比我妈还慈祥呢！

叶红军：（突然想起）你们从早晨忙到现在，准是饿了，咱们去食堂，安排好了，再来接白大夫吃饭。

何自新：嗯。

（叶红军和何自新，出门，下。）

（少顷，白求恩从内出，他身上穿的白围裙沾满血污，是手术沾染的。）

白求恩：（半举着血污的双手，边走向水盆边说）看明白了吧，这个战士的命，总算保住了。

方岩：也亏他幸运，如果不是您来视察，真就叫我耽误了！白大夫，我得承认五号伤员的腿……我有责任，我接受任何处分。

白求恩：叶部长把你怎样学成了一个外科医生的过程告诉我了，你也不容易。（白求恩顿了顿，看着方岩接着说）不过……我还是要说，你以后一定要努力学习，刻苦钻研，我会请求叶司令把你派到我们医疗队里工作。你可以跟我一起工作，我一定帮助你学习……

方岩：（高兴地站起来，握住白求恩的手）保证完成任务。

白求恩：（站起身，拉住方岩的手）我的新同事！欢迎你！

方岩：（激动地）谢谢！

（叶红军、何自新上。）

何自新：白大夫，手术做完了，我们可以开饭了！

白求恩：不！我观察了一下这个大教堂……

叶红军：白大夫，我们这不叫教堂，叫庙。

白求恩：庙？这个庙非常适合建医院，我要建议军区的聂司令，在这里建一所"模范医院"。

叶红军：（激动地拉着白求恩的手摇晃）太感谢您了，我们要有"模范医院"了。

（灯光灭，白求恩等定格。背景转白求恩医学部基础楼正面影像。白求恩等人下。）

（甄纪念上。背景恢复基础楼现实场景，众小组成员跑上，拱围在甄纪念身旁。）

时间：2012年11月12日

地点：吉林大学白求恩医学部基础楼门前

（幕启：蓝天下基础楼前矗立着白求恩全身塑像。甄纪念手捧鲜花，同学围坐在一起。）

甄纪念：同学们，这就是我要讲的故事，这段故事发生1938年9月，当时白求恩大夫刚刚到达晋察冀边区前线，受到司令员聂荣臻的欢迎，并被委任为晋察冀边区卫生顾问。他来不及休息，就到前线视察战地医院……他在第一周内就检查520名伤员，又连续四周为147伤员做手术。

甄纪念：同学们，故事讲完了，我们学习白求恩精神小组，还得接着活动呢！

（众小组你看我，我看你。）

甄纪念：大家都得说出自己的心得，这心得还不能白说，得用四句诗概括，大家谁先来？

魏传诚：我想好了，我先来！

甄纪念：好，大家听着。

魏传诚：（掏出个小纸条，照念）当医生，缺医术，伤病面前准打怵，空有好心没用处，战战兢兢出事故！这就是从方主任那得到的启发！

众人：（鼓掌）说得好。

洪阳：我这也有一首，（背诵）医学博大又精深，学于治学苦用心，如遇困难挡住了——想想导师白求恩。

众人：（又鼓掌）好！

刘莉仁：我也写了一首，（连读带表演）医学知识像高山，废寝忘食往上攀，治病疗伤一检验，呀！离地不过三尺三！——我是感觉学医太难了！

甄纪念：没事儿，凡事儿都要慢慢来嘛。

吴志愿：我，……我真的不会作诗，但我想，我们现在条件比方岩那时好得多，我没有理由不努力学习。昨天我还因为赖床逃了一节生理课……，真是不应该！从今往后，我保证不逃课，好好学习，这就是我的心得。

众人：好！

甄纪念：好了，同学们从今天的活动中，都受到了启发和教育。志愿意识到自己应该严于律己，不应该逃课。莉仁也认识到我们学医确实辛苦。洪阳和传诚也对医生治病救人有了更深的理解。

总之，我们白医大的学生应该牢记白求恩精神，让白求恩导师永远活在我们的心中！向我们心中的导师，鞠躬！

（灯光逐渐减弱。幕缓缓闭合。）

第三幕

时间：2013年9月（转1938年12月）

地点：吉林大学白求恩医学部基础楼门前（灵邱县杨家庄后方医院）

（幕启：蓝天下基础楼前矗立着白求恩全身塑像。）

（洪阳穿"筑梦白衣，寻根之旅"的T恤，手捧鲜花快步拉着魏传诚上。）

魏传诚：洪阳，你早上刚下火车，就急忙地拉我来看白爷爷，有啥事，快说，我还去做大创实验呢！

洪阳：传诚，你猜我昨天见到谁了？

魏传诚：谁呀？

洪阳：我见到了甄纪念的爷爷，甄铁锁老人！

魏传诚：噢，我想起来了，你是参加学院的"筑梦白衣、寻根之旅"去了牛眼沟村希望小学。可惜我要做"大创"没去上，快讲讲，那地方好玩不？

洪阳：就知道玩！我真的没想到，那地方那么穷！当地的小孩连"可乐"都没见过你信吗？

魏传诚：连"可乐"都没见过？还有这地方？

洪阳：还有，原来晋察冀卫生学校的旧址就是甄纪念家的老屋。新中国成立后，甄铁锁老人回到村里，义务守护这份纪念，这一守就是60多年，老人今年都90了，逢人就讲院子的枣树是当年白求恩大夫吃过的……

魏传诚：真的，你没给我带点枣来呀……

洪阳：就知道吃！你知道甄纪念暑假没回家在干什么？

魏传诚：她，不是在做家教嘛！

洪阳：我是到了牛眼沟村才听说，甄纪念一直用当家教的钱资助村里的一个残疾孩子。

魏传诚：啊！这么厉害，我说她平时每顿只吃半份菜呢？

洪阳：所以我拉你来这儿，就是想和你商量一下，我们是不是也应该帮助下甄纪念同学。

魏传诚：怎么帮？

洪阳：我也没想好，如果我们直接给她钱，她肯定不会接受。

魏传诚：也是……（思索）

洪阳：（转向大门口，背景换献血车）咦，（两遍）刚才那个背影怎么像甄纪念。

魏传诚：（张望）哪个？

洪阳：就是刚才上了门口献血车的那个。

魏传诚：她去献血，不会吧……

洪阳：对了。我这次参加活动，还听到了甄铁锁爷爷讲白求恩献血的故事。

魏传诚：偏得呀，快给我讲讲。

洪阳：那是1938年冬天，在灵邱县杨家庄，甄铁锁爷爷刚刚加入白求恩的医疗队。

（灯光暗，人物定格，背景换灵邱县杨家庄军区医院病房。魏、洪下。）

（叶红军、甄铁锁、崔桂英正在给伤病员做检查，白求恩面带怒容地上，何自新跟在后边。）

白求恩：（大声）叶，现在夜里冷吗？

叶红军：（有些纳闷，放下伤员，回身向白求恩）眼看着就要冬至了，能不冷吗！

白求恩：那……夜里不盖被子睡觉，行不行？

叶红军：（不明就里）这冷天，当然不行。

白求恩：那么，伤病员为什么没有被子？！

叶红军：（惊讶地）谁说的？怎么会没有被子！

白求恩：我亲眼所见的！

何自新：（忙上前打圆场）啊，是前院新来的19个伤号，都挤在一铺炕上取暖呢，还有四个重伤员，在那躺着。白大夫问他们，他们说没有带行李来，咱们这也没给发。

叶红军：（大吃一惊）怎么搞的？！（走到门口喊）胡宝库！

胡宝库：（匆忙上台）叶部长，找我？

叶红军：怎么有病员没有被子盖？

胡宝库：你是说后来的那19个轻伤号吧……是他们自己没带行李。

叶红军：为什么不向我汇报？

胡宝库：我……

白求恩：（忍耐不住了）现在不是争吵的时候，最重要的是马上发给他们被子，让他们休息。

叶红军：去，给他们每人发一条被子，快。

胡宝库：叶部长……被子……（怯懦地）哪还有被子？

叶红军：部里的被子呢？

胡宝库：因为准备反扫荡，不用的都坚壁了。

叶红军：那就派人去取，拿回来发给他们。

胡宝库：那地方离这七八十里山路，到天亮也取不回来。

叶红军：那……（踱步，思索）

（白求恩，站起身，招呼何自新，向室内走去，旋即，二人抱着自己的行李走出，放桌上。）

叶红军：（茅塞顿开）这个办法好，胡宝库去动员工作人员把被子借出来……

胡宝库：（敬礼）保证完成任务（欲下）。

叶红军：回来，白大夫的被子就不借了。

白求恩：为什么？我的被……不暖和？

胡宝库：您忙了一天，明天还要赶路，您若休息不好，会影响工作的。（示意何自新把被抱走）

白求恩：不！不能那样，在革命的队伍里，大家都是平等的，我没有特殊的权利。

何自新：是，保证完成任务！（抱着两床被子，下）

（突然，正在检查伤员的甄铁锁叫了起来。）

甄铁锁：徐队长……徐队长……，白大夫您快来看看。

白求恩：别慌，我来看看，是大腿骨折的徐？

（白求恩走到床边，方岩匆匆走上台。）

方岩：白大夫，刚才我看了化验结果，徐队长失血很多，怕挺不下来手术哇！

白求恩：（一边查看伤者，一边摆手）别慌！我们可以先给他输血，然后再手术。

崔桂英：输血？我们这做不了啊，听说在国内只有北平、上海的大医院才能输血啊！

白求恩：方，你去把我的输血器拿过来，（方岩应声入内）（转对叶红军、甄铁锁）条件差也要做，输血是战争中挽救生命的最好办法，当年我在西班牙利用流动输血车挽救了不少人的生命。

（方岩拿着输血器递给白求恩。）

白求恩：（接过输血器，对叶红军和邱生才展示）就用这个连体的胶皮管，用针头把输血者和伤员肘窝处的静脉连接起来，推拉针栓把输血者的血抽出来再打开这个阀门血就会流到伤员体内。

叶红军：那就输我的吧！

白求恩：但是，我们要先验血型！只有相同的血型之间才可以输血！这个非常重要！（一边说，一边指示叶红军与伤员头脚相反躺在床上，拿出简易输血器，边讲解边操作，他指着玻璃片说）你们看（众人围拢过来），叶部长的血型和徐队长的吻合，可以输血，我们来进行下一步。（一边说，一边操作。把带着针头的皮管连接在他们靠紧的左右两臂的静脉上，打开阀门，抽拉针栓。）看，血流进来了！转动阀门，血液就流入伤者体内了！（冲大家）大家都看明白了吗？

众医生：看明白了！

（何自新和胡宝库抬着伤员匆忙上。）

何自新：白大夫，白大夫，刚才我们去送被子，发现这个人快不行了。

白求恩：（查看伤员）他也失血过多。

方岩：那也输血吧，抽我的。

甄铁锁：抽我的，我年轻。

何自新、胡宝库：（不知所以，也跟着喊）抽我的。

白求恩：（并不理会大家，而是自己主动躺在了伤员的身旁，不容置辩地说）我是O型血，O型血是万能的，抽我的。方，你来操作！

（叶红军把胡宝库叫到身边，悄悄叮嘱。胡点头，下。）

（输血完成，白求恩起身。）

叶红军：输完啦？

白求恩：很好，这个战士的生命总算保住了！

甄铁锁：（疑惑地）白大夫，小时候听爸妈说，人就一腔子血，流干了，就死了，这么输血能行吗？

白求恩：人的血是可以再生的，以后输血的事还少不了，你一定要好好学习呀。

方岩：方才我想到一个问题，将来他们医院会输血了，可血源是个问题……

叶红军：这次白大夫给开了个好头。我们就拿白大夫当榜样，动员我们医护和工作人员报名参加献血队，再到用时就不犯难了。

甄铁锁：那太好了，我第一个报名。

白求恩：还可以向村里老百姓宣传，如果都能组织"群众志愿输血队"，我们就不愁血源了！

崔桂英：好，这个任务就交给我，我保证完成任务。

（胡宝库端上两大杯红糖水，上。）

胡宝库：红糖水来了！

叶红军：（接过水，递给白求恩一杯）白大夫，按着我们中国的说法红糖水补血。

白求恩：（接过水）好，干杯。（碰了一下叶的杯子）

（二人对饮。）

（灯光灭，白求恩等定格。背景转白求恩医学部基础楼门口献血车。白求恩等人下。）

（洪阳、魏传诚两人冲到献血车前。正遇到甄纪念从献血车上下来。）

洪阳：（接着甄纪念）纪念，真的是你呀？

甄纪念：（打量着二人）洪阳，你从唐县回来了？

洪阳：回来了，回来了，我还见到你爷爷了呢！

甄纪念：我爷爷身体怎么样？

洪阳：好，好，他给我们讲了我军野战外科史上第一次成功战地输血的故事，还有他们组织150人的献血预备队的故事呢！

甄纪念：这个呀。他从小就给我们讲。从38年起，他每年都要去义务献血，直到医生坚持不再要他的血为止。

魏传诚：纪念，你这献血也是家传的？

甄纪念：谈不上家传，这是我上大学以后第五次献血……

洪阳：半年一次呀，你受得了吗？

魏传诚：没事，咱们病理生理课时不是讲了吗？

洪阳：（反诘）没事，你怎么不献？

魏传诚：我……我就去献，我马上就去。（说罢，欲上献血车，突然转头道）我昨天晚上庆祝实验第一阶段成功，喝了两瓶啤酒，这血能合格不？

甄纪念：（含笑）那你还是算了吧，别害人！

魏传诚：那我今天晚上好好养养，明天再来。

洪阳：对，明天我们也组织献血预备队一起来。

甄纪念：洪阳，你拿着花是来祭白求恩的吧？

洪阳：对呀，差点把这个忘了，来，又是我们三个人，最开始的白求恩精神三人组。

魏传诚：是呀，今天来的急，没通知他们，我们小组有三十多人了吧。

甄纪念：是啊，过几天又有新生来报到了，我们还是到中心校区去宣传白求恩精神吧。

洪阳：对，让更多的人加入我们，我们一起纪念白求恩。

甄纪念：我们。

洪阳、甄纪念、魏传诚和：一起传承。

第四幕

时间：1939年11月21日

地点：涞源县摩天岭战地手术室、河北省唐县黄石口村

（灯光亮，舞台左侧。涞源县摩天岭战地手术室，白求恩正在给一个头部中弹后引起感染的伤员做手术，方岩、甄铁锁、崔桂英在旁协助。远处传来炮弹声……）

崔桂英：这种大手术这里条件会不会太简陋了？白大夫，您上次手术时划破的手没痊愈，不然我们把他转移到后方医院吧？

白求恩：不行，来不及了！他是丹毒合并蜂窝组织炎，随时有生命危险。

方岩：要不这手术还是我来吧，您都两天两夜没合眼了，还是歇会吧！

白求恩：没事儿，我好着呢！你们不要拿我当古董，要拿我当一挺机关枪使！（面冲方岩）你没有脑部手术经验，你来做太危险了！快，再给我点儿光！

胡宝库：手摇发电机，快不行了。

白求恩：你想办法，再坚持一会，我们必须赶紧取出碎骨，铁锁，你帮我拿个托盘！

方岩：要开始取了么？我去拿镊子。

白求恩：不用，拿托盘就好，光线太差，用镊子一不小心就容易伤及脑部组织，你别管了，快去拿。（白求恩左手没戴橡皮手套，直接用消毒液处理处理，就赤手伸进伤员头部摸索）

崔桂英：（拿手套）白大夫！手套！手套！

白求恩：（好似没听到）我摸到了，摸到了碎骨，甄，甄。（甄铁锁递上医疗盘，白求恩把取出的碎骨放在甄铁锁手里的托盘上。）

方岩：（套上手套）您休息一会儿吧，我来！（白求恩摇头，继续小心翼翼地在病人脑部摸索。）

崔桂英：（着急）白大夫，还是先戴上手套吧，别感染了！

白求恩：（喜悦）又是一片！要是戴手套就摸不到了！碎骨铁片取不出来，伤员是很难痊愈的啊！（白又取出一片，摸摸自己左手手指，全身开始冒汗，很是虚弱。）

方岩：不行，说什么也不能让您再动手了，赶紧休息去吧！

白求恩：不，我坚持一下，马上就好。

（灯光暗下，伤员下，白求恩躺在床上。）

（灯光亮，舞台右侧。唐县黄石口村，白求恩躺在床上，窗外飘着雪花，一阵隐隐的炮声，白求恩惊醒。）

白求恩：（非常虚弱）方岩，是炮声吗？

方岩：不是的，白大夫。

白求恩：（看向崔桂英）不对，我明明听见了啊，铁锁？

崔桂英：没有炮声，今天下雪，没什么战斗，您休息吧。

白求恩：奇怪，可是我真的听到了呀？

（一阵清晰的炮声。）

白求恩：这是什么声音？！你们为什么骗我！

方岩：白大夫……

白求恩：前方明明有战斗，你们想让我像病人一样躺在后方吗？

方岩：白大夫，您生病了。

白求恩：我没事，我知道我没事！

方岩：您的手指和胳膊……

白求恩：（掩盖左手）我是医生，前方有战斗，我不能休息，我说了我没事！

方岩：白大夫，您已经高烧40度了！真的需要好好休息了！

（又一阵激烈的炮声。）

白求恩：战斗这么激烈，我不要当逃兵，你们有什么权利不让我工作！小何你最懂事，你赶快打电话或派人通知，把伤员一律送去张庄，我要求医疗队全体集合，立即出发！（白求恩要强行起身，但立刻又昏厥了过去，众人忙急救。）

崔桂英：完了，完了，白大夫被伤口感染了！

甄铁锁：（欲哭）真的救不了了么？！把我的血输给他！

方岩：不是输血的问题啊。哎……

（叶红军上。）

方岩：叶部长您来得正好，白大夫的病越来越重了……

（方岩走向白求恩，轻轻地叫白大夫，白睁开眼睛。）

方岩：叶部长看您来了！（白吃力地伸出手来握手）

叶红军：聂荣臻司令员指示，要不惜一切代价把白求恩护送到后方医院治疗。白大夫，尽早动身吧，希望你快点好转啊！

白求恩：聂司令……谢谢……请转告聂司令，谢谢他对我的关心！

叶红军：边区广大军民都在等待着你痊愈的消息呢。

白求恩：谢谢，你们正在进行着那样艰苦的斗争，还关心着我的病……

叶红军：你为中国人民已经做了很多事了！

白求恩：我在中国这两年生活得很有意义。我是幸福的，毛主席和八路军教会了我怎样做一名人民需要的战士……我希望病好以后还能和你们一起工作。

叶红军：白大夫，请你安心养病。我们已经派专人到北平、保定弄药去了。

白求恩：谢谢……可是，怕来不及喽。我得的是脓毒败血症，没用的，别浪费药了。战士总要负伤的。我只是有些遗憾，不能再为战士们工作了。

（又是一阵马蹄声。徐队长手捧一把日本指挥刀，兴冲冲地上。）

徐队长：咱们反"扫荡"取得了大胜利，消灭敌人五千多，打死了鬼子一个中将。（看到白求恩的样子，有些疑惑，急问）白大夫，你怎么了？

白求恩：谢谢你带来的好消息。

徐队长：（双手捧上日本指挥刀）这把日本指挥刀，是聂荣臻司令员特意送给您的！

白求恩：谢谢！这是从东方法西斯匪徒手里缴获下来的战利品，很有意义。叶部长，请转告司令部，这把指挥刀，要送到美国、加拿大，要让那里的人民也看到中国八路军的伟大胜利。

（叶红军接过指挥刀。）

白求恩：叶部长，我的两张行军床、两双英国皮鞋，你给聂司令和夫人带去吧；马靴、马裤，请转交吕正操司令，两个箱子留给你吧。方岩，打字机和绷带就留给你了；小崔，手表和蚊帐就留给你，铁锁和老胡每人一床毯子，一双日本皮鞋；医学书籍给卫生学校……小何，小闹钟就留给你吧。

（众人泣不成声。）

白求恩：每年要买250磅奎宁和300磅铁剂，用来治疗疟疾患者和贫血病患者。在中国的这段日子，是我平生最愉快、最有意义的日子。告诉我在加拿大共产党的同胞们，我的亲人们，我在这里十分快乐……

众人：（大哭，呼喊）白大夫……

叶红军：全体立正！！敬礼！！

（全场灯灭，白求恩下，叶红军等人定格。）

第五幕

时空转换 母亲和白求恩的诀别对话

（舞台两侧，白求恩和妈妈）

伊丽莎白：诺尔曼，我的孩子！

白求恩：妈妈，您好！

伊丽莎白：从你舅舅家回来后，你已经漂洋过海去了地球背面的中国，看到你在中国安然无恙，我就放心了！

白求恩：妈妈，让您为我担心了。是孩子的过错。妈妈，我在中国一切都好！这里山清水秀，人们和蔼善良，请放心！

伊丽莎白：诺尔曼，你是我三个儿女中独立最早的一个；妈妈为你高兴。可我不理解的是，为什么你要去那么遥远，那么陌生的中国，难道在加拿大圣心医院不是救死扶伤吗？不能实现你的梦想吗？

白求恩：亲爱的妈妈；当医生是我的梦想，救死扶伤是我的责任！您曾告诉我，如果有人遇难请你扶他走100米，你就要扶他走200米。现在，我把这话上升为"到最需要的地方去"，并成为我人生的准则。

伊丽莎白：可妈妈担心你的生命安全；现在的中国烽烟遍地，炮火连天，住的是茅草窝棚，有的人甚至吃不上饭……

白求恩：妈妈，我现在是在一个地图上查不到的小村庄；这里只有几百所农民的泥舍。但却住着175个伤员，这些伤员中最小的只有16岁，最大的也不过31岁。有的是臂折腿断，伤口破裂，有的化脓感染；现在，他们躺在硬邦邦的砖炕上，一部分病人甚至连被子都没有。还有一人因冻伤坏疽，失去了双脚。他们蜷缩在单层的被单底下，忍受着乡间奇冷的煎熬。他们的伙食仅有稀薄的小米粥和山间的野菜。因为营养不良，已经死去了很多本来可以救治的战士！

伊丽莎白：可是孩子，你是妈妈的儿子。妈妈不想让你……

白求恩：妈妈！这些人需要援助！这就是最需要我的地方！这些可爱的战士为拯救中国和解放亚洲而战斗；妈妈，今天我做了10例手术。其中有一位旅长颅骨骨折，脑髓外露，我替他切去了四片碎骨和部分前脑叶；手术非常成功！

伊丽莎白：一天做了10例手术？孩子，你不累吗？

白求恩：妈妈，我累！但是我得到了从未有过的快乐和满足！这里需要我，中国人民需要我，国际共产主义精神需要我！请您放心！对了妈妈，我有一个勤务兵，叫小何，他很勤快，很会照顾人，并且所有的中国朋友都给予我各种无微不至的关怀和难以想象的礼遇。和他们在一起共事是我的幸福！中国人民的这种仁爱之心坦荡得足以容下整个世界。现在，您的儿子已经成为他们中的一员，您该为儿子的际遇感到光荣和自豪！

伊丽莎白：诺尔曼，我从未见过你这样的兴奋与自豪，妈妈相信你；孩子，勇敢地去追求你的信仰吧！

白求恩：亲爱的妈妈，能实现人生的理想是最大的快乐，能体现生命的价值是最大的幸福。妈妈，我的本职岗位是救死扶伤的外科医生，但我们的最终目标是帮助中国人民取得反法西斯战争的最后胜利。妈妈，作为儿子，不能在您身边照顾您，是我的不孝。妈妈，请不要责怪我！但我更是国际共产主义的孩子，它更需要我在它身边尽到自己的一份义务！

伊丽莎白：孩子，妈妈理解你！请不要挂念我，你的姐姐和弟弟把我照顾得很好。对不起，诺尔曼，请原谅妈妈之前对你的误解。诺尔曼，妈妈非常自豪，我会为你祈祷，为饱受战争折磨的中国人民祈祷，妈妈相信，胜利就在不远的前方！去吧，我的孩子！我爱你！

白求恩：妈妈，相信我们，中国人民一定会取得战争的胜利！等到那一天，就是我们母子重逢的时候！妈妈，我也爱你！

伊丽莎白：诺尔曼！

白求恩：妈妈！

（全剧终）

（画外音）

诺尔曼·白求恩，加拿大共产党员，国际主义战士，著名胸外科医师。1938年3月他来到中国帮助共产党八路军抗击日本侵略者。1939年11月12日因公牺牲！

白求恩用外科手术刀做武器，向敌人进行英勇的忘我战斗。他曾率医疗队在4个月里，总行程750公里，实施手术300余次，建立手术室和包扎所13处。他曾连续工作69小时，为115伤员动手术。在残酷的战争中，他丝毫不顾个人的安危，哪里最艰苦，哪里最需要他，他就到哪里去。

在中国工作的一年半时间里，他为中国抗日革命呕心沥血，1939年9月18日，他倡导创建的晋察冀军区卫生学校在唐县牛眼沟村成立。期间，他编写了《游击战争中师野战医院的组织和技术》等多种医疗教材，并将从加拿大带来的X光机、显微镜、手术器械等捐赠给卫生学校。

白求恩牺牲后，毛泽东同志称其为是一个高尚的人，一个纯粹的人，一个有道德的人，一个脱离了低级趣味的人，一个有益于人民的人。为了纪念他，晋察冀军区卫生学校更名为白求恩学校，这就是吉林大学白求恩医学部的起源。

作为白求恩的孩子，他"毫不利己、专门利人"的精神，需要我们永远铭记，永远传承，永远弘扬！

向伟大白求恩同志，致敬！

在即将迎来纪念白求恩逝世80周年，老白校建校80周年，毛泽东发表《纪念白求恩》一文80周年到来之际，吉林大学白求恩医学部正在筹划排演一部大型话剧作品《白求恩大夫》，现在主创人员正在进行剧本的编写工作，预计将于2019年9月演出，这将是用话剧形式再现白求恩形象，表现白求恩精神的又一力作。

第三节　用影视艺术再现白求恩

电影和电视是最年轻的艺术，同时又是发展最快、影响最大的艺术，它们不断地使用现代高新科学技术手段，使自己获得了无与伦比的表现能力，拥有了最多的受众。

戏剧在一幕一场之中，总要演出一段在一定场合、一定时间内发生的故事。但是剧情的发展往往涉及不同的时间和地点，电影和电视的运动画面随时可以跨越空间与时间的界限。只要内容需要，天南地北、昼夜古今可以瞬息之间相继出现在画面上，这是影视艺术的优势所在。影视还可以通过近景和特写等手段，把需要强调的细节送到观众眼前，使观众能更加充分地欣赏到人物和细节。而且影视作品拍摄出来后，可以多次播放，可以多人多地欣赏，不受时间和空间的限制，也极大地扩大了影视作品的传播范围，使更多人看到。

影视作品具有真实性的特点，尤其是电视纪录片。白求恩同志对影像的喜爱我们在摄影中就看到了，他来中国时带着一架柯达相机。其实再早期一些，当他在西班牙参加反法西斯战争时就参与了战争纪录片的拍摄，他和摄影师戈扎·卡帕西合作制作了纪录片《西班牙心脏》。当他在北美进行巡回演说，为反法西斯战斗募捐时，这部片子被当作宣传片到处播放。作为在西班牙时的"反法西斯战士"，到回北美后的"宣传鼓动家"，作为"反帝战士"拍纪录片已经成为迫不及待的事情。所以在对影视艺术与白求恩的关系中，我们首先要说明的是白求恩也是一位影视艺术工作者，最起码是一个参与者，一个使用者，一个宣传者。

一、用电影艺术再现白求恩

在白求恩同志逝世后，1951年中国新闻纪录电影制片厂用纪录片的形式出品了十分钟的电影纪录片《纪念白求恩》。这部纪念片中主要是以前拍摄的白求恩照片和一些跟随白求恩拍摄的新闻摄影，进行剪辑而成的。由延安电影团十六毫米影片资料编成，摄影：吴印咸，编辑：姜云川、段洪，记录了加拿大医生白求恩为中国人民做出的贡献，以白求恩到中国后

图6-3-1　电影《纪念白求恩》剧照

的经历为主要内容。

1964年上海电影制片厂、八一电影制片厂联合拍摄的人物传记电影《白求恩大夫》，于1977年正式上映。讲述了加拿大医生白求恩不远万里来到中国，为中国人民的抗战事业做出不可磨灭的功绩，直至将自己的生命永远留在中国的故事。

图6-3-2　电影《白求恩大夫》海报

1958年，纪录片大师伊文思第三次来到中国，兑现他一年前做出的在中国拍摄纪录片的承诺，他向中国同行建议拍摄一部白求恩的传记影片。时任上海电影制片公司副经理的导演张骏祥受此启发，开始深入搜集、阅读一些关于白求恩的书籍和白求恩自己的著作和书信。1962年，一向严谨的张骏祥偕同曾写过白求恩剧本《永远不灭的光辉》的赵拓，一起沿着当年白求恩走过的路线做了一次旅行，从见过白求恩的老乡、曾与白求恩共同工作过的八路军医务人员那里，采访获得了大量第一手资料。1963年，他们合作完成了电影剧本《白求恩大夫》，此片改编于周而复的同名小说，并随即投入了拍摄。巧合的是，该片的摄影师正是1938年伊文思第一次来到中国时，把一台埃摩摄影机和几千米胶片秘密转交并由其带至延安的左翼影人吴印咸。1938年秋，吴印咸和袁牧之两人带着这台摄影机和从香港购得的全套电影器材到达延安，在八路军总政治部下成立了"延安电影团"，吴印咸因此而被称为共和国摄影艺术的拓荒者。

如果说我们看完张骏祥的《白求恩大夫》，面前站立的的确是个可敬又可爱的加拿大老头的话，其关键在于张骏祥把白求恩定位于"一个只要我们不被'自私自利之心'所缠绕住就能够学习得到的凡人，不是'三突出'模子里浇出来的偶像"，在于他对白求恩进行了"凡人化"的处理。所谓"凡人"，就是有七情六欲，有成长的过程，有认识的局限性，会犯错误的人。张骏祥对白求恩的"凡人化"，首先表现在三个反映白求恩缺陷的情节设置上。情节一：白求恩坚持办模范医院，后来这个医院被敌人炸了个粉碎，造成较大损失，包括群众的伤亡，事实证明这是个没有考虑到根据地"不存在前方后方"这一特殊性的决定。情节二：白求恩生硬地拒绝方兆元参加模范医院的学习班，事实证明这是由于他不了解八路军的艰苦情况而错怪了方兆元。情节三：白求恩不顾众人的一再劝阻，冒着极大的危险坚持化装到游击区查看伤员。事实证明他的担忧是多余的，与他所冒的风险不相称。

"凡人化"的第二步是通过日常生活场景的设置，让白求恩充满了普通人的喜怒哀乐、风趣和幽默。他来的第一天与小勤务员在吃鸡问题上的来来回回斗智慧，他在孟奶奶家里过年吃饺子时不会用筷子的笨拙，他与小虎的玩笑，他对家乡和亲人的思念，乃至他像一个老农民一样把鞋子往腰带里一掖的细节，和他蒙上老百姓的白手巾化装进入游击区时扮相的滑稽，这些充满人情味的小情节，把白求恩塑造得亲切可感。

《白求恩大夫》的诗意还体现在它的镜头，体现在其声画的和谐对位。尤其是对北方中国山川河流、广袤原野的摄取，那是只有诗人，只有用诗人的眼光才能捕捉表现出来的。例如在曲回寺小河一场戏中，单纯明净的音乐背景下，吴印咸的镜头从两棵树的树冠慢慢摇下，摇到小木桥、溪水以及远山，然后摇到在河中擦拭的白求恩身上。当白求恩把毛巾扔给童秘书后，镜头追随他来到小木桥上，舒适地躺下，随着白求恩诗一般的感叹语言"真美，让我想起我出生的地方——格莱芬赫斯特——莫斯柯克湖——我从小就爱好水、树木和太阳"，镜头切换成树冠、天空，仿佛随着白求恩的思绪飞到了加拿大的故乡。而在流动医疗队行军一场戏中，先是一组夕阳下医疗队依次爬上山脊的逆光侧拍远景，战士、马匹在金黄色的云天映衬下，如一幅幅剪影，美轮美奂，音乐是北方民谣的弦乐。随后在空旷的山谷里，小战士拿起一块石头扔向一只小鸟，小鸟飞起，镜头追着它掠过远山，投向天空。这时小战士唱起《游击队之歌》，镜头先是正面仰跟着白求恩和他身后的战士，而当白求恩和战士们一同哼唱起这首歌时，镜头切换成俯拍的莽莽群山，镜头平缓地在层峦叠嶂的群山上掠过，《游击队之歌》在群山中飘荡，一种大气磅礴、源于对祖国河山的挚爱而不可战胜的力量激动人心。张骏祥说："有经验的电影编导可以说是具有诗人的禀赋，常常能在生活中听到无生命的东西的丰富的语言。"《白求恩大夫》正说明了这一点。

1977年，加拿大拍了一部电影《白求恩》。主演：唐纳德·萨瑟兰、凯特·尼利甘。该片在表现战争年代时，却很注意生活情趣，设计了吃水饺、拍照片、逗小狗等洋溢着生活气息的细节。虽然着墨不多，但是每一细节都落在人物性格刻画和歌颂军民鱼水情上，错落有致，颇具匠心。唐纳德·萨瑟兰（Donald Sutherland）扮演的外科医生于1939年在中国战场治疗受伤的平民和士兵时死于血液中毒。

1990年，八一厂等中方机构，联合加拿大和法国电影公司，合拍了一部电影《白求恩：一个英雄的成长》。唐纳德·萨瑟兰与海伦·米伦（Helen Mirren）合作，继续扮演白求恩这一角色。

澳大利亚导演菲利普·博萨斯（Phillip Borsos）与中国导演王心刚联合执导。根据加拿大作家同名小说改编，献身于中国抗战事业的加拿大胸外科医生白求恩（Henry

Norman Bethune，1890—1939年）传记。唐纳德·萨瑟兰（Donald Sutherland）、郭达、海伦·米伦（Helen Mirren）、科姆·费奥雷（Colm Feore）、张克瑶、谭宗尧、海伦·谢弗（Helen Shaver）等主演。

内容介绍：

影片从1938年白求恩抵达中国武汉开始，到1939年白求恩因败血症死于河北唐县结束，其间不断闪回1925年至1937年。通过观照爱情事业和考量思想作为，将中国人民的印象认识与白求恩夫人、师友的感受评价联系起来。思想极端的"赤色分子"本是喜爱冒险的性情中人。纪实风格，客观丰富，耐人寻味。

图6-3-3　《白求恩：一个英雄的成长》剧照

1938年春，在中国的抗日战争全面爆发之际，加拿大著名胸外科医生诺尔曼·白求恩受美国和加拿大共产党的派遣，作为志愿人员来到中国的汉口。之后，他在八路军办事处童翻译的护送下奔赴延安。事隔多年，加拿大记者赖斯怀着浓厚的兴趣，根据白求恩留下来的日记和其夫人弗朗西斯的回忆，了解到白求恩这位英雄不寻常的经历和思想演变过程。白求恩起初只是个具有民主思想的人。他行医时，对付不起药费的患者从不收钱。弗朗西斯对此极不理解，曾一度离他而去。后来，白求恩患了肺结核病，精神上十分痛苦，他毅然冒着生命危险用气胸机给自己治疗，终于战胜病魔而康复。弗朗西斯大为感动，又回到了丈夫的身边。白求恩是蒙特利尔颇有成就的外科医生。他发明的几种外科医疗器械，受到了当地医学界的重视。这时的白求恩赞成政治改革并致力于建立公费医疗制度。特别是他去苏联考察后，思想信仰发生了根本变化，并由此加入了共产党。白求恩在马德里反法西斯前线当救护队员时，率先实行战地直接输血，改善了战地医疗条件。后来，他受斯诺《西行漫记》的影响，志愿来到了中国。

白求恩到达延安后，受到毛主席的接见。毛主席向他介绍了中国目前的形势和面临的任务。这使他对中国共产党有了新的认识。随后，白求恩被任命为八路军的主军医官。当他开始工作时，才发现自己面对的是非常简陋的医疗条件和缺乏正规训练的医务人员。为此，他向聂荣臻将军建议建立一所正规的模范医院。白求恩在建立模范医院的同时，还培养了一批医务人员。白求恩对工作精益求精，决不允许医生的失误，断然撤了医术不高的方医生的职。事后，他得知了方医生的经历，认识到对他的误解，诚恳地向方医生道了歉。不久，日军袭击了模范医院，他的警卫员小肖壮烈牺牲，这使白求恩受到极大的震动。白求恩根据中国抗日战争的特点，组建了流动医疗队，去前线为伤员服务。一次为伤员实施手术时，白求恩的手指不因割破而感染了病毒，急剧恶化。弥留之际，他仍关心着伤员和医疗队的巡回计划。1939年冬天，白求恩逝世于中国的抗日前线。毛主席发表了《纪念白求恩》一文，号召全党向伟大的国际主义战士诺尔曼·白求恩学习。

1990年出现的电影《白求恩：一个英雄的成长》应该说是同类题材里艺术感最强的。那时候由于传记的出版，白求恩早年的经历不那么难于知道，加上影片制作中外国因素的介入，故事叙述组织得比较讲究，例如以记者采访为讲述主线，他的妻子、情人、朋友不时穿插讲述，使得画面不那么沉闷，也起到解释人物性格的作用。早期的电影，根本没有白求恩来中国之前的经历，也不敢涉笔写到敏感的事情，例如白求恩在延安见毛主席，白求恩私人生活里的东西也进入不到叙述里来。时代和技术条件的变化使得20世纪90年代之后白求恩故事有了之前难以比拟的可叙述性。

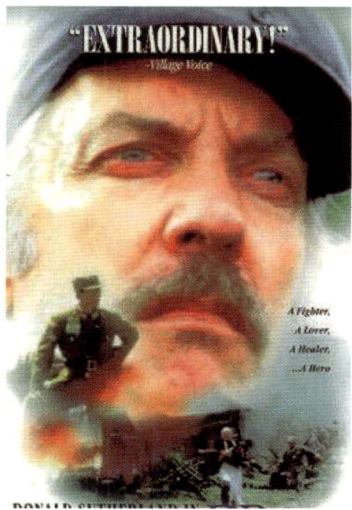

图6-3-4 电影《白求恩：一个英雄的成长》海报

二、电视艺术再现白求恩

1. 1990年3月，电视专题片《白求恩》，中央电视台、河北电视台联合录制。编辑：李路、蓝若君。

2. 1994年11月，电视专题片《中央电视台〈正大综艺〉节目加拿大专辑》，中央电视台《正大综艺》节目摄制组为纪念白求恩逝世55周年拍摄，同时播出。

3. 1995年5月，电视专题片《不灭的光辉》，白求恩国际和平医院、五二九九七部队、河北电视台、中央电视台联合录制。策划：靳合德；撰稿：王士杰；编导：周瑞恒、孟欣、刘民朝；监制：王根旺、张占锁、周永友、赵金相。

4. 1998年9月，电视专题片《不朽的丰碑》，河北省政府新闻办公室录制。编导：之鸥；制片：景宏、郝双良；监制：潘学聪、赵根坤、武炳树。

通过艺术的表现方式，我们可以在全球弘扬白求恩的精神，白求恩是中加人民友好交往最好的纽带和桥梁，也是见证中加两国友谊最好的榜样。白求恩的精神影响了加拿大的政治和文化生态。由金盾出版社、金盾码上播和河北省河间市委宣传部联合出品制作的影片《白求恩惊心动魄的69个小时》，记录白求恩大夫在河间齐会之战中创造的连续69个小时，抢救115名八路军伤员的英雄事迹。

5. 电视专题片《白求恩　我是O型血》，中央电视台新影制作中心录制。编导：史学增；制作：秦江虹、安娜；监制：陈利国。

6. 电视专题片《白求恩——东西方人民的好医生》，加拿大坎姆·莫奇影视公司出品。编导：坎姆·莫奇；摄影：科雷格·戴维斯；编制基本特许：加拿大国家电影局。

7. 由上海文广新闻传媒集团、中央电视台文艺中心影视部于2005年，摄制成二十集电视连续剧《诺尔曼·白求恩》，2006年8月由央视第一套节目黄金时段播出。该剧讲述了诺尔曼·白求恩从具有浪漫冒险性格的青年历练为共产主义战士的49年的人生历程及精神成长史。

剧情简介：

诺尔曼·白求恩出生于加拿大的一个牧师家庭，父母的仁慈和友爱精神对他一生产生了深刻影响。他又是一个怀有浪漫幻想禀赋的冲动冒险性格的少年。作为医生的祖父则在科学兴趣和探求未知世界方面对他的成长有着潜移默化的影响。这些成为白求恩人生的出发点。

一战爆发时，白求恩已是医学院的学生，但他放弃了即将到手的学位，报名充当了一名战地救护员。由此他直面了鲜血和死亡，精神受到了巨大冲击。战争与生命，政治与医学等等，使他深陷在矛盾的思考中难以获得答案。战后他滞留欧洲，在思想和精神的困境中潦倒地生活。幸运的是，他还没有彻底放弃医学的求学和实习生涯。

转机来自爱情。一次偶然的机会使白求恩与医生的女儿弗朗西斯（萨宾·卡森缇饰）一见钟情，她的美丽照亮了白求恩的生活。他重新振作，一举通过了医生资格考试，并最终打动了弗朗西斯的双亲，两人如愿结婚。幸福似乎已经唾手可得。

欧洲的游学和蜜月结束了。白求恩夫妇来到了美国底特律，因经济能力所限，只能在一个贫民区和红灯区的附近开设了自己的第一家诊所。这是作为一个医生的白求恩与社会下层民众全面接触的开始。他痛苦地发现，这个世界最需要救治的是穷苦的劳动者，但恰恰是他们却并没有钱治病。医生的职业道德和人道情怀使白求恩面对这种社会现状深感痛苦。

与此同时，所谓的上流社会依然继续着奢侈糜烂的生活，而且，他们也争相引诱前途无量的年轻医生白求恩进入上层的圈子。出于贪婪的私欲，医学权威马丁教授以介绍病人为名拉拢窘迫中的白求恩入伙，同时从中以"吃回扣"谋利。白求恩的诊所自此病源不断，迅速致富。但他对社会现状的思考困惑并没有解决，而且还突然发现了一个更为严峻也更令他痛苦的事实：同样是自己的一双手，为什么以前贫困而现在暴富？原因就在以前医治的是穷人，而现在治疗的则是富人。职业敏感和社会阶级意识的觉醒，使白求恩在与马丁一伙的激烈争吵后断然与之决裂——他决定必须要为穷人治病。白求恩以此正式走上了自己所选择的道路。

但是，恰在此时，白求恩发现自己患上了当时还是不治之症的肺结核。这一可怕的打击促使白求恩决定应该与自己深爱着的妻子分手了。孤独的白求恩来到僻静的特鲁多疗养院修养。目睹了病友的死亡和医学的束手无策，他明白自己正在等待死亡。但仁慈的命运之神再次惠顾了濒死的白求恩，他偶然得知了正处于试验阶段的一种治疗肺结核的新方法，他的自信、勇气和毅力使这种名为"气胸疗法"的治疗在其身上获得了成功。白求恩把自己从死神手中拉回了人间。在告别疗养院的途中，他向弗朗西斯发出了"再婚"的电报。

图6-3-5、6-3-8　二十集电视连续剧《诺尔曼·白求恩》剧照

白求恩来到蒙特利尔继续挂牌行医。这时法西斯的阴云已在欧洲大陆弥漫，包括美洲在内的世界各地都感受到了恐怖的威胁。同时，国际工人运动和共产主义运动也正方兴未艾。白求恩深刻地认识到，与医治病人同样重要的是必须医治社会的疾病。他因此与国际共产主义运动渐行渐近，并在考察苏联返国之后公开宣称"我就是一个共产党人"！白求恩加入了加拿大共产党。

法西斯点燃的战火终于爆发了。白求恩率医疗队亲赴西班牙战地，创造了前线输血抢救的战争医学奇迹。这一奇迹在日后打动了毛泽东，并挽救了无数中国抗日将士的生命。不幸的是，在白求恩中途返回美洲求援时，马德里沦陷了，法西斯在欧洲已经得手。但白求恩反法西斯的意志和信念并未因此被摧毁，反而愈挫弥坚。他把目光投向了东方，投向了中国。他认为中国现在是更需要也值得自己去的地方。1938年初，白求恩率加美医疗队远赴中国。很快，又排除种种阻挠，来到了中国共产党领导的抗日根据地延安和晋察冀前线。一个伟大的反法西斯国际主义者和共产主义者，就将在中国的土地上谱写出他人生最辉煌的乐章。

白求恩在中国的生活和工作中，同样充满了曲折。他曾因医术差距而误会并痛斥过八路军医生，曾因文化观念的不同特别是中国乡村民众的迷信而困惑愁苦，曾因医疗条件的落后而暴跳如雷。一度他是根据地以"暴怒"著称的"洋医生"。但共同的目标和人类理想，使他终于全身心地融入了这块土地，融入了这块土地上的人民当中。他成为根据地军民心目中的"白大爷"。其实他并不老，死时才年仅49岁。白求恩以自己的医术无私地援助了中国人民，中国人民也使他平生最真切地感受到了生活和人生的温暖。特别重要的是，白求恩是在中国得以完成了他作为一个国际主义者和共产主义者的思想升华，达到了他人生的最高精神境界。

1939年冬，白求恩在前线抢救伤员时意外感染，但他坚持不下手术台，即便在日军逼近时，仍然冒死做完最后一个伤员的手术，终因伤重不治去世。临终之夜，提灯查看了他称之为"我的孩子"的八路军年轻伤员后，他写下了给中国共产党领导人和加拿大共产党组织的感人"遗嘱"。为了寻找一个能够妥善安葬的地点，一队年轻的八路军战士护送白求恩的遗体穿越敌线，行走了五天五夜。中国共产党的领袖毛泽东（唐国强饰）得到消息，不久便写下了那篇著名的《纪念白求恩》，他说白求恩是"一个高尚的人，一个纯粹的人，一个有道德的人，一个脱离了低级趣味的人，一个有益于人民的人"。

正如电视剧《诺尔曼·白求恩》那句每集都出现的题词说的那样，"这是多年以前我们经常感动的往事，这是多年以后我们重新唤起的记忆"。在很多人缺失信仰的今天，白求恩的故事能够让我们深思。在对人的价值、职业道德、社会责任等问题上，他给我们今天的人很多启示。大量白求恩早期生活的事迹加入故事中来，逼迫故事编撰人不得不面对如何将白求恩一生贯穿起来的难题，选择以"成长"来描写从平凡到英雄的一生，这是出于故事性的考虑。一个消退了革命激情的社会更

需要一个英雄，这就是白求恩题材"成长"要素出现的原因，因为加入了"成长"的元素，英雄才更有说服力。

8. 2017年，由金盾出版社、陶行知教育基金会等拍摄与制作的电影《感恩·纪念白求恩》，用大量生动感人的史料为红色文化教育提供宝贵的文献资料，这有利于把红色文化教育进校园落到实处，让青少年学习白求恩"毫不利己，专门利人"的精神，自觉以白求恩为榜样，成为合格的中国特色社会主义接班人。

9. 2019年是中国人民的老朋友诺尔曼·白求恩（Norman Bethune）逝世80周年。近日，一部讲述白求恩生平事迹的中国、加拿大合拍片提上了日程。这部预计投资3000万美元的电影由加拿大电影公司Rare Earth Media和中国光延时代文化传媒有限公司联合出品。来自加拿大温哥华的电影公司Rare Earth Media得到了《不死鸟：诺尔曼·白求恩的一生》（*Phoenix: The Lifeof Norman Bethune*）这一著作的电影和电视版权。该传记由多伦多历史学家罗德里克·斯图尔特（Roderick Stewart）和他的妻子莎伦·斯图尔特（Sharon Stewart）联袂撰写。中国光延时代文化传媒有限公司负责电影的资金部分，纪录片制作人乔丹·帕特森（Jordan Paterson）担任电影的编剧，片名暂定为《白求恩——不羁的涅槃》。

第七章　白求恩精神的形成及其演变

　　诺尔曼·白求恩出生在加拿大、成长在加拿大、却长眠于中华大地。从地理上看，这个位于北美洲北半部的国度，与中国相距上万公里，间隔着浩瀚无垠的太平洋；从民族上讲，加拿大以英裔和法裔为主，约占人口的86%，土著居民为印地安人和因纽特人。然而，就是这样两个地域遥远、民族不同的国家，在近80年的时间里，却因为一个共同的名字，拉近了这两个地域遥远国度的时空界线，架起了两国人民友好交流的桥梁。这个名字就是在中国早已家喻户晓的诺尔曼·白求恩。

　　20世纪30年代末，在中华民族濒临危亡的关键时刻，从1938年3月到1939年11月，虽然只有短短的二十个月的时间，诺尔曼·白求恩给予了中国人民无私的帮助。在战火纷飞的中华大地上、在世界反法西斯战争的东方主战场上，诺尔曼·白求恩用自己的生命谱写了一段最壮丽的人生。他在中国抗日战场上的正义行动，早已超越了国家和民族的界限，打破了地理上的狭隘。在他身上所蕴含并折射出的国际主义和共产主义的献身精神和坚强的意志品质，已经成为中加人民以及一切爱好和平及正义的世界人民的共同精神财富，值得人们永远的纪念和缅怀。诺尔曼·白求恩这个名字，以及与这个名字所联系在一起的点点滴滴都或将进一步成为中加两国人民友谊的象征和纽带。

　　"一个外国人，毫无利己的动机，把中国人民的解放事业当作他自己的事业，这是什么精神？这是国际主义的精神，这是共产主义的精神，每一个中国共产党员都要学习这种精神。"这是毛泽东《纪念白求恩》一文的开篇语，也是对白求恩精神的高度概括。

　　然而，白求恩精神的形成并不是一蹴而就的，这种精神与白求恩近50年人生的思想演变息息相关，与他的家庭背景以及丰富而坎坷的人生经历一脉相承。

　　家庭的影响、丰富的人生阅历以及他所处的历史时代，这些因素对白求恩的个人成长、思想形成、行为趋动都产生了深刻的影响，使他逐渐从一名普通的医生、一个浪漫的自由主义者转变成一位目前在中加两国都具有广泛影响的伟大的国际主义战士和共产主义战士，以一个普通的名字影响着几代中国人。以至于在时隔近80年的今天，这个的名字仍然在中华大地广为传颂、家喻户晓，不仅成为中国最有影响的外国人，甚至也成为世界上最有名的加拿大人。

第一节　家庭背景与白求恩思想的形成

祖籍苏格兰（再往上追溯则是法国）的诺尔曼·白求恩出生在一个宗教家庭，他的曾曾祖父就是一名牧师，祖父则是一名医生。他的父亲是长老会牧师，母亲婚前在夏威夷当过传教士，这是一对虔诚的基督教徒。白求恩从小就受到家庭与环境的熏陶，父母希望自己的儿子能够继承自己的事业，成为传播基督"福音"的牧师。虽然从童年开始，白求恩就选择了另外一条道路，但他的思想不可能不受家庭的影响。

一、加拿大的"白求恩小镇"

在加拿大安大略省中部、有一个木材业小城——格雷文赫斯特小镇。1890年3月3日，诺尔曼·白求恩就出生在这座风光旖旎的小镇。目前，这里已成为中国游人最重要的目的地之一，也被中国游客亲切地称为"白求恩小镇"。

安大略省位于加拿大的东南部，在印第安语中，"安大略"意为"美丽的湖泊"。多伦多市坐落于安大略湖西北岸的南安大略地区。加拿大是白求恩的祖国，安大略是白求恩的故乡，多伦多是白求恩求学的地方。童年、青年时期的白求恩曾在这片土地上留下了诸多难以磨灭的印迹。

格雷文赫斯特小镇位于多伦多正北约一百六十多公里，首都渥太华以西近四百公里处。从多伦多北来的十一号高速公路在它的一侧通过，一条约六公里长的弓形支路在此弯出，入口处有一醒目的巨大路牌，标示着"白求恩医生路"，沿其前行自然就到了格雷文赫斯特小镇。格雷文赫斯特码头有定期轮船往返多伦多市，取十一号高速公路北上可达布雷斯布里奇镇、亨茨维尔镇。转六十号公路东行可到阿尔贡金省立公园。取道一百六十九号公路西行可达卡灵港。

格雷文赫斯特小镇地处马斯科卡湖和海鸥湖之间，宁静优美，是加拿大著名的别墅区之一，当地人称它为"马斯科卡湖的门户"。马斯科卡湖是这一地区最大的湖，湖面碧波荡漾，湖岸曲曲折折，湖中小岛星罗棋布、岛上林木葱茏、鸟语花香。马斯科卡风景区是加拿大最著名的风景区，这从2010年哈珀总理曾将G-8峰会选在这里举行就可见一斑。而海鸥湖则是环湖别墅参差罗列。镇南十公里还有一个较小的卡舍湖，湖边长满了森林，风景优美，十分安静。

格雷文赫斯特小镇南北狭长，被夹在了两泓碧湖之间，是个只有一万多人口的小镇。小镇有一些轻工业、旅游、体育运动中心等。虽然只有一条长约四、五百米的主街，但沿路各色店铺应有尽有。这里一栋栋小楼建在马斯科卡湖边，静谧而优雅，给人一种"世外桃源"之感。当年诺尔曼·白求恩出生的那座房子，现已开辟为"白求恩纪念馆"。

二、活跃而温馨的家庭

诺尔曼·白求恩的祖父是当地的一位著名的医生，父亲是一位牧师。对成长中的白求恩而言，家庭给予他的教育更多的是来自基督教——为民众服务、无私奉献和努力帮助他人。

加拿大白求恩纪念馆提到，白求恩家族历代以来出过很多基督徒和牧师。白求恩故居的一部分内容也试图告诉人们，白求恩父亲的牧师背景，对白求恩人生观有很大的影响。

作为加拿大安大略省基督教长老会的牧师，白求恩的父亲为了传扬耶稣基督的爱，跑遍了安大略省许多城镇的教会。白求恩的故居就是当地基督教会为牧师盖的住所。

白求恩的祖父在多伦多教会医院工作，是多伦多大学三一医学院的创始人之一，也是一位闻名加拿大的救死扶伤的名医。

白求恩的曾祖父在加拿大蒙特利尔建立了该市第一间基督教长老教会，后来为了将耶稣基督的爱带到加拿大西部，前往卡尔加里担任教会牧师。白求恩在中国的所作所为，正体现了耶稣基督对中国人民的爱。事实上，根据加拿大白求恩纪念馆的介绍，护送白求恩去延安的正是加拿大在中国的基督教传教士理查德·布朗先生。

白求恩的母亲是一名虔诚的长老会传教士，十岁时就开始在故乡伦敦散发宗教小册子，21岁时离开英国到夏威夷传教，并在此期间结识了白求恩的父亲。两位虔诚的基督徒所组成的家庭带给了白求恩说不尽的爱。

与白求恩相知甚深的泰德·阿兰在书中写道，"白求恩的家庭生活总是很活跃、丰富而且温暖。"心理学家指出，在充满爱的家庭长大的孩子更容易对别人显示爱心，相反，无法得到家庭关爱的孩子长大后也不轻易向人示爱，而容易性格孤僻甚至走上犯罪的道路。白求恩对穷人和患者深怀爱心，首先就是因为他比一般人得到了更多的爱。当白求恩长大成年时，他承认父母对他的非凡影响。按照白求恩自己的话说：父亲给了他一股要行动的热劲，母亲给了他一个传道家的性格，这使他对生活有着美好的憧憬，对人类有着赤诚的热爱。朴素的"悲天悯人"的宗教思想使他更容易接受为全人类谋福利的共产主义思想。白求恩不相信上帝能拯救人类，但是他拯救人类的愿望并没有变，只是通过另外一条途径，他选择了学医。他没有成为一名牧师来解救人类的灵魂，但是他选择了医生这个神圣的职业，用最直接的方式，奉献自己的满腔热血和用无私的爱来拯救人的生命。

温馨愉悦的家庭生活氛围对白求恩的影响是直接而又深刻的。每每茶余饭后，一家人经常坐在一起讲故事、做游戏。这些看似简单无意的活动，把家庭的爱及家庭的教育寓于娱乐之中，在潜移默化中影响着白求恩，在他幼小的心灵中埋下了成长的种子，甚至决定了他一生的理想与追求。

三、投身医学的启蒙之路

童年时期的白求恩是一个性格倔强、好奇心强并且富有主见的孩子。而这个自小就兴趣广泛、敢作敢为的白求恩，之所以走上从医之路并最终成为一名"伟大的医生"，其原因除了怀揣济世救人的理想之外，更多的可能与他的家学渊源密切相关。其中对他影响最深刻的就是他的祖父（Norman Bethune，1822—1892年）医生。这或许在他八岁时就开始立志做一名"治病救人的好医生"可以得到佐证。

当年，白求恩的爸爸妈妈曾在一天的晚饭后给几个孩子讲起了爷爷如何钻研医术，制造医疗器械，为穷人治病的故事。故事讲完后，一家人又做起了游戏。这时，爸爸妈妈忽然发现白求恩不见了，只听从楼上传来"叮叮当当"的敲打声。妈妈喊道："好孩子，别在楼上胡闹，赶快下来和大家一起做游戏！"过了好一会儿，白求恩满头大汗地在楼梯上很不高兴地对爸爸妈妈说："我没有胡闹，我正在像爷爷那样制作一件医疗器械，请你们不要再打扰我!" 白求恩说完了，刚往楼上走了几步，又回过头来非常严肃地说："从今以后，你们要叫我亨利·诺尔曼·白求恩。"这是爷爷的名字，姐姐听了说："你怎么能叫爷爷的名字呢?"白求恩理直气壮地说："我要做一个爷爷那样的好医生，当然要叫爷爷的名字了。"妈妈听了笑出了声，爸爸却把白求恩抱起来对他说："你要做爷爷那样的好医生，只叫他的名字是不够的，主要是学习爷爷钻研医学的精神，你必须从学习基本的医学知识入手。"小白求恩瞪着一双大眼睛好奇地问爸爸："什么是基本的……医学……知识？"爸爸耐心地对白求恩解释说："比如，解剖！学医就得知道动物的骨骼构造……，这就是基本的。"从此，小白求恩记住了，"学医，要学基本的，解剖，是基本的"。每天放了学，他就一头钻进自己小小的卧室，解剖苍蝇，解剖螳螂，解剖小鸡……卧室成了他的研究中心，凡是能捉到的小动物，他都要解剖解剖。

一天下午，妈妈回家的时候，远远的就闻见一股刺鼻的焦糊味，心想，这是哪家做饭烧糊了锅？没想到，这刺鼻的糊味却来自自家的厨房。妈妈跑进厨房，吃惊地看到灶膛里火还在烧着，锅里的水已经烧干了。更让妈妈吃惊的是，她家那只小狗的皮肉在锅里冒着青烟，而小白求恩却正在案板上聚精会神地摆弄、拼凑着一堆小狗的骨头。厨房里乌烟瘴气、糊味刺鼻。妈妈这才明白，小白求恩在解剖小狗，研究狗的骨骼，全然没有发现妈妈走了进来。当小白求恩发现妈妈生气的时候，还不理解，说道："妈妈，你干吗这样用眼睛瞪着我？难道我做错了什么事？"妈妈指着锅里被烧得焦糊的小狗说："锅烧干了，小狗被你弄死了，屋里还弄得乱七八糟，妈妈能不生气吗？"小白求恩若无其事地举着两只小手，笑嘻嘻地对妈妈说：

"对不起，妈妈，我要像爷爷那样做一名出色的医生。爸爸告诉我，要从基本的知识学起，比如解剖。我没有别的办法，只有用我心爱的小狗做实验，小狗死了，我也很伤心。"见妈妈还在生气，又说道："妈妈，我已经说过对不起了，您还在生气。"他攥着妈妈的双手，做了一个鬼脸，撒娇地说："妈妈，您只知道生气，您就不同情您的儿子吗？您看，您的儿子的试验条件多差啊！"

由此可见，对于童年的白求恩来说，家庭是他的温馨港湾，父母是他的启蒙老师，爷爷是他的学习榜样。但最终的成功却来源于他那种永不服输、执着探索，刻苦钻研的性格以及对其所热爱的事业的孜孜不倦的追求。也正是因为如此，20年后的白求恩才能以高超的艺术，实现其博爱的梦想，不仅成了一位好医生，而且还成为一个为劳苦大众解除痛苦，毕生为共产主义而献身的伟大的共产主义者。

第二节　社会环境与白求恩思想的演变

白求恩近50年的人生中充满了复杂的色彩。其思想和行为的演变与其所处的时代密切相关。特别是青年时期的白求恩，曾经历了两次世界大战和西班牙内战。战时的所见所闻以及战乱所造成的社会动荡不安、人民流离失所对白求恩思想的影响是深刻而又广泛的。

一战爆发后，白求恩曾加入加拿大第二师医疗队，从事欧洲战场外科救护，并因抬担架在战场受伤。战后他感到十分迷惘，甚至不知该归向何处。而此时的欧洲，正处于无政府主义、幻灭主义等思潮泛滥的迷惘年代。后来，他在美国底特律挂牌行医，虽然由于医术精湛而名声大噪，却同时日益强烈地滋生了一种烦恼。他曾对妻子弗朗西斯说，医学"已走进死胡同"，因为原本应服务于全体人民健康的事业，如今却成为需要"随行就市的商品"，只有有钱人才能享受。他表示，自己要放弃名医所享有的一切，"到人民中间去"，并呼吁改变整个医疗制度，建立覆盖全民的福利医疗。

他并非仅仅这样想，而是直接这样做。他跑到蒙特利尔失业者协会的办公室，宣布免费为穷人治病。正是通过这一渠道，他接触了共产主义者团体，并在1935年夏获得去苏联列宁格勒参加国际生理学大会的机会。在这一时期，他加入了加拿大共产党。

西班牙内战爆发后，"援助民主西班牙委员会"的总部正设在加拿大多伦多，他们派员邀请白求恩去西班牙参战。但西班牙共和派在战场上的失利和西班牙内战的残酷，让白求恩饱受创伤。第二次世界大战爆发后，他受加拿大劳工进步党和美国共产党委派，通过宋庆龄"保卫中国同盟"渠道来到中国的抗日战场，开始了一

段中国人非常熟悉而加拿大人非常陌生的新生活。从那时起，直到1939年11月12日去世，白求恩都充分表现出一个国际主义者的姿态。

一、激烈复杂的社会动荡

白求恩的一生中，经历了激烈而复杂的社会动荡，身处那个时代的白求恩，也不可避免地卷入战争中，成为战争的经历者和参与者，这其中就包括两次世界大战和西班牙内战。

1914年7月28日爆发的第一次世界大战，是在19世纪末20世纪初，资本主义国家向其终极阶段，即帝国主义阶段过渡时产生的广泛的不可调和的矛盾，以及亚洲、非洲、拉丁美洲殖民地和半殖民地基本上被列强瓜分完毕，新旧殖民主义矛盾激化，各帝国主义经济发展不平衡，秩序划分不对等的背景下，为重新瓜分世界和争夺全球霸权而爆发的一场世界级的帝国主义战争。战争主要是在同盟国和协约国之间进行。德意志帝国、奥匈帝国、奥斯曼帝国、保加利亚共和国属同盟国阵营，大英帝国、法兰西第三共和国、俄罗斯帝国、意大利王国和美利坚合众国则属协约国阵营。这场战争是欧洲历史上破坏性最强的战争之一。大约有6500万人参战，1000万人丧生，2000万人受伤。这是一场非正义的战争，战争给各国人民带来了沉重的苦难，造成了严重的经济损失。

在第一次世界大战中，白求恩参加了加拿大军队的战地救护队来到法国。以后，他又在英国军舰和加拿大飞行队里当过医官。第一次世界大战结束后，白求恩潜心研究医术。他在伦敦的医院工作，到巴黎、维也纳、柏林观摩欧洲外科名医的手术，在美国底特律开办诊所……，这是他人生中的一次重要经历。

曾经的海洋霸主西班牙，在工业革命之后逐渐衰弱。进入20世纪，西班牙国内的民族矛盾和阶级矛盾不断升级。1931年4月，西班牙国王宣布退位，避走国外，共和国成立。共和国成立后，左派和右派走马灯似的上台，随即又在相互的攻讦中倒台。帝制的突然终结必然伴随着传统价值观和行为模式的"礼崩乐坏"，造成社会的失范和政治权力的真空，进而导致国家的动荡，直到一个强人出现以铁腕终结混乱，重建秩序，类似的剧情在20世纪上半叶全世界的各个角落一次次地上演。

1936年2月的选举中，西班牙社会党、共产党与共和党中的自由派组成联合阵线，击败右翼政党联合组成的国民阵线，组建共和政府。眼见文斗没有胜算，右翼分子决定武斗。1936年7月17日，在摩洛哥的西班牙非洲军团哗变，处决了军中支持共和国的6名高级将领，并在弗朗哥的默许下起兵反叛。随后，西班牙本土的叛军也起而相应，西班牙内战由此爆发。这场战争持续了3年，最后以左翼共和政府的失败及法西斯党徒弗朗哥的上台而告终。

西班牙内战为世人所熟知，不仅因为其旷日持久且伤亡惨烈，还因为它是德意法西斯与红色苏维埃的隔空斗法，被喻为第二次世界大战的预演和前奏。除此以

267

外，西班牙内战在世界范围内的知名度，更是因为它的参战者实在太过"星光璀璨"，这其中就包括北美及加拿大著名的胸外科医生诺尔曼·白求恩。

20世纪30年代正是左翼思潮风起云涌的时代。第一次世界大战的残酷，帝制崩溃后的混乱，教会对工业革命以来社会剧变的失语，1929年世界经济危机带来的萧条，以及苏联在两个"五年计划"中所取得的巨大成就，都使得整个西方的知识界以及民众急速地左转。西班牙内战爆发后，叛军以弗朗哥为领袖，打出了捍卫天主教、消灭布尔什维克的旗号，把内战描绘为天主教与布尔什维克的决战，并得到了德意两国的鼎力相助。苏联也把西班牙内战看作是一个扩充友军以及对全世界左派进行宣传的舞台。在法共总书记多列士的建议下，共产国际决定组建"国际纵队"，与弗朗哥等人的宣传针锋相对，苏联和左翼舆论将西班牙内战比作"自由世界与独裁者的斗争"，号召全欧洲爱好自由、守护和平的人们加入"国际纵队"，投身到西班牙内战中去。作为"国际纵队"的成员，聂鲁达、海明威、白求恩、奥威尔、卡帕及毕加索等人都以不同的形式参加了这场战争，并且坚定地站在最后失败的共和政府一边。

西班牙内战爆发后，白求恩辞去在加拿大优越的工作，带着自己的手术器械和医疗用具来到了西班牙。然而，几个月后，白求恩却被怀疑成是间谍，被要求离开西班牙。因为参加了共产党组织的缘故，回到加拿大的白求恩失去了工作，陷入了一生中最为困顿的时光。

第一次世界大战结束后，帝国主义时代所固有的各种基本矛盾一个也未解决，而又增加了战胜国与战败国的矛盾，以及帝国主义战胜国之间的矛盾。特别是1929年10月，资本主义发展史上最严重的一次全球性经济危机爆发，西方国家大萧条所带来的动乱，使法西斯主义恶性发展。德意志第三帝国对第一次世界大战后签定《凡尔赛和约》的严酷条款怀有怨恨，1933年初，希特勒出任德意志第三帝国总理，纳粹党掌握国家政权，阿道夫·希特勒开始秘密武装德意志第三帝国。随着帝国主义国家间经济、政治和军事发展不平衡的加剧，军事实力发展较快的德、意、日三国要求重新划分世界势力范围，使帝国主义之间的矛盾进一步尖锐起来。1939年9月1日，以德国进攻波兰为标志，第二次世界大战全面爆发。

第二次世界大战是一场正义的反法西斯战争，这场由德意志第三帝国、意大利王国、日本法西斯挑起的战争，给整个人类造成了极大的灾难。战争范围从欧洲到亚洲，从大西洋到太平洋，先后有61个国家和地区，20亿以上的人口被卷入战争，作战区域面积约2200万平方千米。据不完全统计，战争中军民共伤亡9000余万人，经济上5万多亿美元付诸东流，是人类历史上规模最大的世界战争。

经历了第一次世界大战和西班牙内战的白求恩，耳闻目睹了战争给人类社会造成的巨大灾难，逐步认清了资本主义、帝国主义的腐朽制度，痛恨法西斯的残暴。大战初期，为了帮助中国人民的抗日战争，他义无反顾地踏上了征程，来到了世界反法西斯战争的东方主战场。

二、严重失衡的公平正义

在同时代人的印象中，白求恩是个实干家，做得多、说得少。他富有情感与同情心，在欧美十几年的行医生涯中，他始终以慈爱情怀关心着弱势群体。尤其是对贫民与被压迫者，不论本国的或外国的，都尽力去帮助。

青年时代白求恩的理想就是做一名出色的医生，以完成医生的职责——治病救人。他努力在医学事业上追求进取，以期实现自己的价值，拯救更多人的生命。在他的眼中，病人没有高低贵贱之分，他同情贫病交困的下层劳动人民，尽其所能地为他们服务。但是在行医过程中，白求恩逐渐认清了一个简单而可怕的事实：最需要医疗的恰恰正是最出不起诊费的人。他当时发现，易患重病的穷人看不起病，生活优裕的富人们却是诊所常客。他气愤之下采取了对富人故意多收费、对穷人少收费甚至免费治疗的方法，但是这样做仍然无法解决社会问题。他无限深情地说："让我们不对人民说：'你们有多少钱'，而说：'我们怎样才能最好地为你们服务'"；他责骂那些为金钱而看病的同行"简直是商人，现金交易的市侩，应当把他们从我们的队伍里清除掉"。正是这种治病救人的职业责任感促使白求恩决定不仅医治病人，还要医治社会，从而最终选择了共产主义道路。

白求恩在医疗实践中发现，许多病人得了病却得不到治疗，其根本原因在于贫穷，在于社会的不公平。他认为，那些穷苦的广大群众，他们戴着镣铐，挣扎在最低生活水平的边缘。这些属于低收入阶层的人们从医生那儿得到的家庭诊所和医院门诊的诊治仅够得上基本的健康标准所要求的三分之一，病人住院治疗的数目只及一个适当的标准所要求的55%，而住院的日数又只是需要的日数的54%。然而，起初他对于这一切的背后根源找不到答案。他迷惘、痛苦、探索，任何医学书籍都无济于事，直到他接触到了马克思主义理论。他把许多进步书籍按照政治、经济、哲学加以分类，做了大量的笔记。通过学习，他的眼界开阔了，认识敏锐了，从而看到了疾病的背后是贫穷，贫穷的根源是社会的制度。于是，他深入工人之中，同他们一起讨论命运前途和历史使命，共同寻求变革社会的途径，从而加深了对马克思主义的理解。

白求恩作为一名医生，从对病人的怜悯和同情，逐渐认识到社会的不公，又开始猛烈地抨击资本主义制度。他认识到，"自己身边的医业是能捞钱且捞钱的资本主义制度"，不能同流合污。他请求同行："不要多说那些有趣的病例，而要经常讨论我们这个时代的重大问题：医学和国家的关系，医务对人民的责任，以及我们生活中的经济学和社会学的铸模。让我们承认我们时代最重要的问题是经济和社会问题，而不是我们精确含义上的技术和科学问题。"他开始努力寻求建立社会化医疗制度，并大声疾呼："我们必须把医学看作社会制度的一部分，它是一定社会环境下的产物。保护健康的最好方法就是改变不健康状况的经济制度，以消灭愚昧、贫穷和失业。"追求整个人类健康幸福的理想信念和黑暗的社会现实的矛盾促使白求恩不得不重新审视资本主义的社会制度，接受更科学的共产主义理论。

三、腐朽没落的医疗制度

在长期的行医过程中，耳闻目睹的社会现实已经让白求恩开始厌恶医疗制度的不平等。很多需要救治的穷人因为没有钱，只能忍受病痛的折磨或延误治疗。因此他在底特律医疗社团里大声疾呼，批评当时的医疗制度。

在白求恩看来，医业是这个"能捞钱且捞钱"的资本主义制度里的一种典型的、组织松散的、基本上以个人为基础的行业。因此，不可避免地，医业也和资本主义世界其他方面一样，遭遇到类似的危机，呈现着类似的、有趣而不愉快的现象。这种情形可以概括为："在一个多病的国家里，科学有余，而健康不足。"正如在一个生产食品超过人民消费量的国家里，成千的人在挨饿；也正如制造商们生产大量服装卖不出去，成千的人却衣不蔽体。因此，好几百万人在生着病，好几十万人在遭受着痛苦，好几万人由于没有适当的医药治疗而夭折。而这种医药治疗是现成就有的，只是他们出不起价钱。无力购买是和分配不均结合在一起的。医业，照我们现在的做法，是一种漫天要价的行业。我们是以珠宝的价钱出卖面包的，占我们人口50%的穷人买不起，只好挨饿；我们做医生的卖不出去，也倒霉；人民的健康没有保护，我们的经济也没有保障。

1934年，随着经济形势的恶化，他越来越清楚地认识到社会的不平等，以及医术对救助穷人的局限性。为此，白求恩提出了建立全面的社会化医疗制度的建议，希望加拿大能够改革医疗制度。他是在加拿大第一个提出建立公共医疗制度的人。他认为，保护健康的最好方式就是改变产生不健康状况的经济制度，政府应该把保护人民健康看作是它对公民应尽的主要义务和责任。实行社会化医疗制度和废止或限制私人开业就是解决这个问题的现实办法。他呼吁把利润、私人经济利益从医务界里取消，把贪得无厌的个人主义从职业中清除，把靠自己同胞的痛苦发财当作可耻的事。在他看来，人民对于社会化医疗制度已经准备好了。保障人民健康的障碍在医务界外面有，在医务界内部也有。医务界所面临着的情况是医务界内部两种力量的斗争，一派认为最重要的事是维持我们既行的传统利益、我们的私人财产和支配医药的垄断权；另外一派主张医务界的作用比维持医生的地位重大，保障人民的健康是我们的首要责任，我们超越在职业的特权之上。

白求恩组织了上百名志同道合的医务和社会工作者，组成"蒙特利尔人民保健会"，并在1936年7月发布致魁北克省政府的宣言，提议在全省范围内推行"适用于全体工资劳动者的强制健保体系"，失业者则由政府提供义务医疗，费用全免。这是全加拿大首份系统提倡全民医保的纲领性文件。

但是，白求恩也不能不受经济条件的影响。蒙特利尔三分之一的人口靠领取直接救济金生活，当他认识到经济条件对穷人健康的影响时，他感到医学不但要注意医疗症状，同时还必须重视疾病的社会根源。1935年夏末，他赴苏联列宁格勒出席国际生理学会议，并趁此机会考察了社会化的医疗制度。虽然他看到许多他不能同意的地方，但是他相信唯有政府把私人行医管理起来，才能保障所有的人都能得到治疗，而不管他们的经济状况如何。

从苏联回来后的白求恩，到处发表文章、演说，鼓吹社会化医疗制度，甚至为苏维埃制度辩护。特别是亲眼看到社会主义的生机和活力以后，更加坚定了他对共产主义的信仰。他庄严宣告："我信仰马克思主义，并决心为这个伟大的信仰而斗争到生命的最后一刻。"两个星期后，他加入了加拿大共产党，可能只是因为相比其他而言，那是他最后的希望，对他是一个新的"宗教"，因为人人平等这种共产主义的民主形式，他真的相信。

白求恩之所以能够先后奔赴西班牙和中国支援民族解放斗争，并同中国共产党领导的抗日军民并肩战斗到最后一息，就是因为他坚信共产主义是人类最美好的理想，而且一定能够最终为全人类带来光明！

第三节 人生经历与白求恩思想的升华

一、欧美的"传奇"经历

1916年，诺尔曼·白求恩考入多伦多大学开始学医，此后辗转于欧洲和北美，开始了他的求学、行医、从军生涯。诺尔曼·白求恩在欧美20多年的学习和工作经历，是他一生中最复杂、也是最丰富的一个阶段。面对当时欧洲战乱以及由此所引发的社会矛盾给百姓所造成的疾苦，对他的思想行为产生了强烈的冲击，也逐渐形成了他明辨是非、爱憎分明的品格。

（一）艰难的求学之路

中学毕业后，热爱足球的白求恩选择了和祖父相同的职业——医生。1909年，他进入祖父曾参与创办的多伦多大学医学院。

多伦多大学始建于1827年，是北美大陆历史最悠久和最负盛名的大学之一，也是一所世界名校。对加拿大人来说，多伦多大学就像中国人心中的北大一样。多伦多大学在其近二百年的历史中，先后诞生了4位加拿大总理和10名诺贝尔奖获得者。

白求恩的求学之路并不平坦，由于家境并不富裕，青年时期的白求恩也没有埋头书斋。为了支付大学的学费，他做过侍者、消防队员、记者、伐木工人、小学教师、夜校教师等，期间他还2次中断过学业，直到1916年他才从多伦多大学医学院毕业并获得医学博士学位。

近年来，越来越多的加拿大人在辩客们的争辩声中发现，白求恩其实是个不折不扣的爱国主义者。1911年，年仅21岁的白求恩中断在多伦多大学的生物学学业，宣布休学一年，作为一名"边疆学院"的志愿者，前往北部人迹罕至、大半年被冰雪覆盖的边疆地区，和那里从事伐木的新移民住在一起，为他们提供教育服务，教授他们基本的英语听说读写。当年参加这类组织的，几乎都是"爱国青年"和虔诚的教徒；3年后，第一次世界大战爆发，白求恩再次中断学业，应征入伍，加入了第二战地医疗团，赴前线从事欧洲战场外科救护，参加人道救援工作，并因抬担架在战场受伤。他是整个多伦多第10名入伍的志愿兵，在当时曾被当作"爱国青年"的典范进行宣扬。

一战结束后，他从英国海军退役，并留在了英国，来到苏格兰的爱丁堡从事大学毕业后的医学研究。1922年，白求恩进入爱丁堡外科医学院，成为医学院院士，并被录取为英国皇家外科医学会会员。1923年，他与爱丁堡一位有名的法庭会计的女儿弗朗西斯·坎贝尔·彭妮结婚。婚后，白求恩在妻子的伴随下在维也纳、巴黎和柏林等地游学，继续钻研医术。与此同时，颇有经营头脑的白求恩开始做艺术品生意。他联合了经销商和商店，在法国以较便宜的价格购进艺术品，带到英国卖出，赚取利润。他在艺术品生意上赚了不少钱，这些钱支持他在欧洲继续游学，钻研他最大的兴趣所在——医术。

（二）博爱的行医旅程

1926年，白求恩与妻子来到美国的底特律，在那里，白求恩开始了行医生涯。

在底特律行医期间，他们在贫民区的公寓内行医，并仿效传奇人物罗宾汉救济穷人，在行医时，采取富人收费、穷人免费的医疗收费方式。

1928年初，白求恩迁居到蒙特利尔。先在麦吉尔大学和维多利亚医院当助手，后为圣心医院的肺部手术主刀。特别是在皇家维多利亚医院担任加拿大胸外科开拓者爱德华·阿奇博尔德医生的第一助手达5年之久。

从1929年到1936年间，是白求恩职业生涯的最重要阶段，也是他在医学上卓有建树的时期。他改进了12种医疗手术器械，包括肋骨剥离器在内的许多医疗器械直到今天仍然广泛应用于外科手术中。此外，他还发表了14篇胸外科方面的学术论文，并于1933年被聘为加拿大联邦和地方政府卫生部门的顾问。此后，由于与其他几个医生在个人关系和专业上发生摩擦，白求恩离开了那所医院，到蒙特利尔以北10里的卡蒂埃维尔的萨克勒柯尔医院任胸外科主任，并把这个新设立的科从一无所有发展到一年可医治1100名肺结核病人的科室。虽然萨克勒柯尔是一个规模较小、声望稍低的医院，但在该医院工作期间，他两次当选为美洲胸外科医生协会的5人执委之一，还被选为美国胸外科学会会员、理事。此时，他的胸外科医术在加拿大、英国和美国医学界都享有盛名。

在十几年的行医过程中，白求恩也竭尽所能为实现自己的理想进行了不懈的努力。在蒙特利尔行医期间，从1935年到1936年，白求恩每周日会到青年基督教协会免费为穷人义诊，还为失业者设立了一所免费诊所，并组织成立了由100名医生、护士、牙医和社会工作者组成的"保障公众健康团体"，为最需要医疗救助的人提供帮助，这是在加拿大最早发起的推进医疗社会化的行动。

（三）短暂的军旅生涯

青年时期的白求恩，亲历了第一次世界大战，并不可避免地卷入战争的旋涡。

1914年，第一次世界大战爆发，白求恩应征入伍，他也是加拿大全国最早报名参战者之一，在加拿大皇家陆军医务团担任担架员；1915年，他报名去法国战场当了一名担架员，后因在耶伯勒斯负伤才被送回国内，也因此才得以完成他的医学学位课程；1917年他又应征入伍，这次他参加了加拿大皇家海军；1918年，白求恩又参加了英国海军，回到了第一次世界大战的战场，并成为上尉军医，在"柏加索斯号"军舰上担任外科医生，直到第一次世界大战结束。

1936年夏天，西班牙内战爆发。当时46岁的白求恩已经是世界知名的胸外科医生，而且是加拿大收入最高的医生之一。然而，当西班牙民主援助委员会向他发出邀请，请他领导设在马德里的加拿大医疗机构时，尽管接受邀请意味着经济上的损失，白求恩还是义无反顾地接受了。当年9月，在加拿大支持西班牙民主委员会的赞助下，他志愿赴西班牙参加反法西斯斗争。

在西班牙，他亲赴前线为反法西斯的西班牙人民服务。在战场上，他创办了一个移动的伤员急救系统，并发明了可以储备为500个人进行包扎和做100个手术所需药品和器械的世界上第一辆流动医疗车，成为日后被广泛采用的移动军事外科医院的雏形；为了输血以抢救失血过多的伤员，他发明了世界上第一种运输血液的方法，被誉为西班牙内战时军事医学上最伟大的创举，在医学上具有极为重要的意义。1937年2月，白求恩同他的输血队前往西班牙南方沿海地区被围困的玛拉加市。他还没有抵达玛拉加，这座城就沦陷了。在路上他遇到了4万多名难民，携带着孩子和财物，逃往一百里以外的阿尔美里亚，无法继续前进的人就躺在路旁等待死亡。在3天的时间里，白求恩和他的输血队想方设法将最危急者送到了阿尔美里亚以求安全。但是接着阿尔美里亚也遭到了轰炸。这种蓄意轰炸难民的行为，使白求恩终生难忘。

1937年5月，西班牙共和国军医疗队组织成立了官僚机构，白求恩觉得无法继续在该机构中工作。在愤怒和疲惫的状态中回到了加拿大，但他立即开始做横贯全国的演讲旅行，继续为在西班牙的工作筹款。

二、中国的抗日战场

诺尔曼·白求恩1938年3月来到中国，1939年11月逝世，虽然只有20个月时间，但却是他人生中最波澜壮阔的岁月。在烽火硝烟的抗日战场，面对着生与死的考验，他与八路军战士同甘共苦、并肩战斗，展现出了高度的国际主义、共产主义精神。这是他的思想和精神得到全面升华，并达到了至高境界的一段时期。

（一）在延安的日子

中国全面抗日战争爆发后，为了援助中国人民的解放事业，48岁的诺尔曼·白求恩率领一支由加拿大人和美国人组成的医疗队，带着价值5000美元的医疗器具，从温哥华海港乘坐邮轮，历经10多天的艰险旅行，到达香港，3天后又转乘飞机来到武汉。周恩来、博古在八路军驻武汉办事处热情接待了白求恩，并与医疗队成员进行了亲切的谈话，向他们介绍了中国人民开展的艰苦卓绝的抗日斗争，讲述了中国共产党对目前局势的正确主张。白求恩向周恩来表明了自己的抗日决心，提出了要到前方去，到延安去的请求。

在武汉的日子里，白求恩的住所成了国民党高级官员络绎不绝的地方。但当白求恩看到百姓遭殃，国民党官员昏庸腐败、穷奢极侈的情形后，他义愤填膺地说："我决不为一具僵尸耗费宝贵的时间！"因此，他坚决拒绝了国民党政府高官厚禄的聘请。

1938年2月22日，在周恩来的精心安排下，白求恩等人从武汉搭火车赴山西临汾，踏上了北去延安的征程。一路上，他们冒着日军飞机的狂轰滥炸，国民党的搜捕，历尽艰辛，于3月下旬到达西安。在八路军驻西安办事处，朱德总司令接见了他们。

在去延安的路上，白求恩不但遇到许多奔赴前线的八路军战士，还遇上许多从全国各地向陕北进发的热血青年。3月底，白求恩一行来到了向往已久的延安。

白求恩在日记中写道："虽然延安是中国革命最古老的城市，但我立刻觉出它是管理得最好的一个城市。在汉口我看到的是一片混乱和优柔寡断、昏庸无能的官僚的种种令人懊丧的现象，而延安的行政部门都表现出有信心和有目的。我一路上在大大小小的城市里看惯了半殖民地半封建社会的种种现象——肮脏的住房、污秽的街道、衣衫褴褛的人们。可是在这里，在古老的建筑当中，街道是清洁的，街上是一片蓬勃的气象，来来往往的人们好像都知道自己是为什么目的而奔忙……这里有一个大学，吸引着来自全国各地的成千上万的学生；还有一个新成立的卫生学校；有一个正在发展的医院，医院的设备虽然简陋，却已实行了人人免费的医疗制度……。在延安，我见到了一个崭新的中国！"

白求恩到达延安之后，中国共产党领导人毛泽东接见了他。

这天傍晚，在凤凰山麓的一排窑洞前，毛泽东站在石阶上等候着白求恩。白求恩跑步上前，举起右手，向毛泽东行了一个西班牙"国际纵队"的反法西斯的战斗敬礼，然后紧紧地握住了毛泽东伸出的大手，激动地注视着眼前这位身材高大的人物，这位创造了世界奇迹的中国无产阶级革命的领导者。

白求恩解开衣扣，从贴胸的衣袋里拿出个皮夹，严肃而又缓慢地将皮夹打开，取出自己一路上精心保管的党证，双手交给毛泽东，神情特别严肃，动作也特别庄重。

在明亮的烛光下，毛泽东和白求恩开始了极为亲切的谈话。毛泽东欢迎白求恩不远万里，来到中国，帮助中国人民进行抗日战争，赞扬他以自己的实际行动履行了无产阶级的国际主义义务。谈话快要结束时，白求恩向毛泽东提出了自己的请求："到抗日前线去，到抗日战争的人民中间和士兵中间去！"他向毛泽东保证：一定将自己掌握的技术毫无保留地传授给中国同志。只要批准他组成手术队到前线去，在战地附近实行初步疗伤，就可以使四分之三的伤员免于死亡，而且训练医务人员的工作也只有在前线，才会更有成效。

组织火线救护、训练医务人员，对于刚刚改编的八路军来说确实是一个非常重要的问题。毛泽东答应了白求恩的请求，并且预祝他获得成功。

毛泽东和白求恩的会见，一直持续到午夜以后。当毛泽东亲切地把白求恩送出窑洞时，白求恩再一次紧紧地握住毛泽东有力的大手，久久不愿离去。回到住所，白求恩在日记上倾诉出自己的感情：我在那间没有陈设的房间里和毛泽东面对面坐着，倾听着他从容不迫的言谈的时候，我回想到长征，想到毛泽东和朱德在伟大的行军中是怎样领导红军经过两万五千里的长途跋涉，从南方到了西北丛山里的黄土地带。由于他们当年的战略经验，使他们今天能够以游击战困扰日军，使侵略者的优越武器失去效力，从而挽救了中国。我现在明白了为什么毛泽东能那样感动每一个和他见面的人。这是一个巨人，他是我们世界上最伟大的人物之一。

白求恩来到延安后，有关部门为了照顾他曾作过详细安排：白求恩每天可以吃到三顿小米干饭，每周可以吃到一盘肉或者一盘炒鸡蛋。但是，白求恩在检查伤员和中央首长的伙食卫生时，发现许多中央领导同志不仅穿的是打补丁的衣服，而且每天吃的竟是几分钱的伙食，连青菜也吃不到，他难过地哭了。他让警卫员把八路军卫生部的领导请来，主动要求取消中央机关对自己的照顾。考虑到白求恩的实际情况，有关领导没有答应他的要求，白求恩为此大发脾气。他质问道，你们不要这样看待我！的确，我在加拿大有充足的面包、牛奶，优厚的待遇。可是他们（指劳苦大众）仍然有人吃不上面包，喝不上牛奶，过不上优裕的生活，我不是来享清福的，如果为这，我来中国干什么？来延安干什么？享受对我来讲至少目前是陌生的！他的话使中央军委的领导深受感动，只好在当天就取消了对白求恩的"特殊"待遇。

一天夜里，从东临黄河的延长县转来一批八路军伤员。八路军总医院的同志不忍心打扰刚刚睡下的白求恩，便组织其他医务人员悄悄地投入抢救。可是，他们急促的脚步声还是惊醒了酣睡着的白求恩。白求恩发现情况后立刻起床，拿出自己的手术器械，赶到病房工作。他对伤员伤口的检查非常认真，力求诊断准确，对症治疗。有位八路军战士的下肢被打伤，多数医务工作者主张做截肢手术。白求恩全面

检查后，持反对意见，他说："只要有一点希望，我们也要让他重新站起来。"就这样，白求恩利用整整一个通宵为这位伤员进行了手术治疗，术后仍然不辞辛苦地守候在伤员床前，细心观察情况。

1938年4月1日，抗日军政大学和陕北公学的师生在会场里静静地等待着白求恩的到来。上午8点，在翻译和校长的陪同下，白求恩准时来到会场。他登上讲台，用生硬的中国话问候道："同学们好！"这一举动使学员与白求恩产生了感情上的交融和思想上的共鸣。白求恩以自己多年的战斗生活和实践，给两校学员做了《理想之光》的演讲，主题是"全国人民万众一心，打倒日本帝国主义，埋葬日本法西斯"。演讲内容热情洋溢，现场不时响起热烈的掌声。

当时，延安八路军总医院的设备非常简陋，又缺乏专业人才。于是，白求恩除每天抢救伤员、担任医务进修班主讲外，还利用业余时间写诗作画。由于语言上的障碍，他便办宣传专栏，挥笔作画，用图画来激发人民群众的爱国热情。在白求恩的带动下，八路军总医院的同志以苦为乐、以苦为荣，特别活跃。他们一起进行军事训练，学习业务，做到了人人拿起枪能打仗，拿起器械会看病，扛起锄头会种地，敲起锣鼓会说唱，成了革命的多面手。

白求恩在延安工作的时间虽然仅一个月，但他却以自己的勤勉、辛苦以及精湛的医疗技术和热情的服务，赢得了延安军民的信赖，给延安军民留下了永不磨灭的印象。

从4月中旬到5月初，白求恩除了工作之外，最重要的事就是请求组织上尽快批准他带领医疗队东渡黄河，奔赴抗日前线。毛泽东虽然早就答应过白求恩的请求，但考虑到前线战事吃紧、情况复杂，会危及白求恩的安全，因而又婉言谢绝了。可是，白求恩说什么也不要照顾，吵着闹着要上前线。在他的坚持下，1938年的劳动节刚过，白求恩一行便乘坐一辆装满药品和医疗器械的汽车离开了延安，奔赴了抗日前线。

白求恩虽然离开了延安，但他仍然想念着陕北山坳里的那座山城。延安的军民也没有忘记白求恩。毛泽东曾指示前线给白求恩每月100元的津贴，甚至交代让部队为白求恩代付电报费。这些关怀虽然都遭到了白求恩的拒绝，但毛泽东对他的细微关切，却代表了中国人民的一片心意！即使在生命的最后时刻，他仍然怀着崇敬的心情，想念着毛泽东。他握着周围同志的手说："请转告毛主席，感谢他和中国共产党给我的帮助。我相信，在毛主席的领导下，中国人民一定会获得解放。"

（二）转战在华北前线

1938年5月1日，白求恩离开延安，前往延安以北200里与外界隔绝的晋察冀边区的山区。当时，在这个拥有1300万人口的地区，白求恩是仅有的少数几个合格医生之一。就是在这里，他开办急救、卫生和基本外科手术训练班，编写附图解的教材，筹划并监督建设"模范医院"，设计了便携式手术室，创造了在战火中69个小

时做115次手术的奇迹。在很短的时间内，白求恩的名字成为传奇。"进攻！白求恩和我们在一起！"成为战士们的战斗口号。

白求恩在晋察冀的活动历程大体上可分为4个时期："第一个时期——建立模范医院"；"第二个时期——创造特种外科医院"；"第三个时期——组织东征医疗队"；"第四个时期——注意军区整个卫生机关的全面工作"。

在山西省五台地区（属于晋察冀二分区）。

毛泽东在《纪念白求恩》一文中说过，白求恩"去年春上到延安，后来到五台山工作"。关于五台山，毛泽东在会见白求恩时说：中国有一部很著名的古典小说，叫作《水浒传》。《水浒传》写了鲁智深大闹五台山的故事，五台山就在晋察冀。五台山前有鲁智深，今有聂荣臻，聂荣臻就是新的鲁智深。所以，白求恩从延安出发，经陕北、晋绥边区进入晋察冀边区后，首先到五台山南麓的金刚库村向聂荣臻报到。

聂荣臻聘请白求恩做军区卫生顾问，他表示接受，并要求立即到医疗第一线工作。1938年6月18日，白求恩赶赴30公里外的军区后方医院。医院的520多名伤病员分别住在五台县松岩口村及其附近的河西村、河北村。白求恩先用1周的时间对全部伤病员逐个进行了检查，然后用4周的时间为147名伤员做了手术，其中包括在平型关战斗中负重伤尚未痊愈的115师伤员。

8月7日，白求恩到金刚库村向聂荣臻当面提出建立一个起示范作用的模范医院，以便培养医务人员。聂荣臻同意了白求恩的意见，确定在军区后方医院第二所的基础上改建，并聘请白求恩担任院长。白求恩非常高兴，在他的组织领导下，动员军队和地方群众的力量，开展了突击性的"五星期运动"。9月中旬，模范医院在松岩口建成，15日举行了落成典礼。在此期间，他还抽空于8月下半月赴冀西进行巡回医疗，在阜平县龙泉关召提寺、曲阳县南家庄尔村、唐县军城等地，为多名伤员做了手术。

模范医院落成不久，日军进攻晋察冀军区，院址被烧毁。这所由白求恩亲手创建的模范医院在日军的残暴扫荡下，仅仅存在了半个月的时间。

在河北省平山地区（属于晋察冀四分区）。

1938年10月初，白求恩第一次来到平山。先是在四分区后方医院工作，参加了洪子店战斗的救护工作，为数十名伤员进行了检查和手术，并帮助该院改进管理工作。后又参加了小觉镇妇救会庆祝胜利大会和洪子店四分区的祝捷大会，并应邀在会上讲了话。10月22日，白求恩根据对四分区的巡视情况，给聂荣臻写了士兵优抚工作的建议书。10月25日，白求恩到达观音堂乡花木村军区后方医院，在这里，他看到医院的建设和工作方式，仍然保持了模范医院的传统与作风时，甚为高兴。其间，他还到秋卜洞、河口村、常峪村等地巡回医疗。先后为晋察冀军区参谋长唐延杰以及众多的伤员和两名头部受伤的日军战俘做了手术，并给当地群众治病疗伤。

10月29日，白求恩到达军区司令部所在地平山蛟潭庄。聂荣臻向他们介绍了军区反"扫荡"形势后说："昨天359旅在广灵张家湾、邵家庄至灵丘贾庄的公路上，伏击日军独立第二混成旅团并与之激战一天，歼敌常冈宽治少将以下500余人，我军伤员较多，王震旅长请白求恩率医疗队赴灵丘医治。"10月30日，白求恩一行回到常峪村军区卫生部，着手组建西征医疗队。11月6日，医疗队整装出发，离开平山赶赴灵丘。

在山西省灵丘地区（属于晋察冀一分区）。

1938年11月中旬，白求恩一行到达一分区灵丘。医疗队在灵丘下关359旅卫生部接受任务，先到河浙村、曲回寺359旅两个医疗所为200名伤员进行了检查治疗，然后到下石矾、串岭峪，对原先住在这里和刚从涞源前线送来的80余名伤员进行了检查治疗。11月26日赴杨庄军区后方医院，检查伤员60名，施行手术40例。27日晚，接王震旅长急信，得知部队29日将在灵丘北部作战，第二天医疗队行军60公里，到达灵丘县城以西的蔡家峪军区后方医院一所，29日转到县城西北黑寺村临时急救站，连日抢救前线送来的71名伤员。12月3日回到曲回寺359旅医疗所。

12月7日，白求恩在杨庄草拟了一份给聂荣臻的报告，建议在军区后方医院一所的基础上，成立特种外科医院，很快得到聂荣臻的同意。12月15日，晋察冀军区特种外科医院在杨庄成立。按照白求恩的意见，医院成立了院务委员会，吸收包括伤员和村干部在内的各方面代表参加，实行民主管理。1939年1月3日，白求恩在特种外科医院主持了"实习周"活动，训练团以下机构的卫生人员。学习结束后，白求恩还为学员颁发了手写的实习合格证。

1月15日，白求恩离开灵丘，先到一分区涞源，16日到达三分区唐县花塔医院，用10天时间初步建立起第二个特种外科医院。然后又到涞源插箭岭军区后方医院，为在南、北石盆村战斗中的伤员施行了大小手术300多例。1月底，结束"西征"，回到平山军区卫生部。

在河北省河间地区（属于冀中军区）。

1939年2月，经晋察冀军区首长批准，白求恩率医疗队前往冀中工作。出发前，白求恩提出了"组织东征医疗队，开展平原游击战争中的医疗卫生工作"的口号。因此，此次白求恩率医疗队去冀中工作也被称为"东征"。2月15日，白求恩与18名医疗队员高举"晋察冀军区东征医疗队"的旗帜，冒着北国的寒风，向平汉路挺进。先后辗转于阜平、曲阳、唐县等地，并于2月19日深夜从定县清风店穿过敌人的封锁线进入冀中，21日到达冀中军区司令部。

3月3日，白求恩在冀中的战斗中度过了自己49岁的生日，这一天他做了19例手术，直到第二天6点才休息。医疗队在冀中军区后方医院一天内检查了200多名伤员，三天内实施手术40多例。后转到120师卫生部，当天施行手术不下60余例。从3月14日开始，白求恩率医疗队开始进行战场救护，前后经过了留韩村战斗、大团丁

村战斗、齐会村战斗、宋家庄战斗等4次战斗。

白求恩还利用战斗空隙，于5月初到河间县四公村，检查了隐蔽在那里的八路军伤员。6月在冀中后方医院巡回医疗，开办医生、护士训练班，以提高医务人员业务水平。6月20日，为军区卫生学校拟定了教育方针等文件。直到6月30日，白求恩才回到晋察冀军区卫生部。

在河北省唐县地区（属于晋察冀三分区）。

1939年5月21日，聂荣臻率军区司令部移驻唐县和家庄。白求恩从冀中返回后，就在以唐县为中心的一带活动。7月1日，白求恩在完县神北村完成了《在冀中四个月的工作报告》，12天后又完成6000余言的《关于改进卫生部门工作的建议》。此时，白求恩因腿部感染，转到唐县和家庄军区司令部休养，并在此期间完成了《游击战中师野战医院的组织和技术》，外科医生适用的《初步疗伤》《模范医院标准》等书籍和讲义的编写工作。

9月初，白求恩伤愈回到花盆村卫生部，参加了军区卫生部长会议，对军区卫生部提出许多具体意见。9月18日，白求恩在唐县牛眼沟村军区卫生学校开学典礼上讲话。同时提出组织军区卫生部视察团，视察并扶助各分区部队卫生工作的建议。9月25日，白求恩与军区卫生部视察团从花盆村军区卫生部出发，先后视察了唐县于家寨、曲阳县南家庄尔村、郎家庄、灵山、党城、上河，唐县老姑村、葛公村、完县神南村、北清醒村、易县坎下、独乐、松山、管头等地。

（三）牺牲在黄石口村

1939年10月20日，日军对一分区开始了"冬季扫荡"。白求恩得到消息后，立即带医疗队从易县赶赴涞源前线，参加战地救护工作。10月28日，在涞源县城西北部的孙家庄为前方运送下来的伤员施行手术时，因没有橡皮手套，意外将自己左手中指第三关节刺伤。11月1日，在易县甘河净村，在为一名外科传染病伤员做手术时，造成受伤的手指感染，并患上了病毒性的血液中毒症。但他不顾伤痛，坚决要求参加战地救护，并跟随医疗队战斗在前线，终因伤势恶化，转为败血症。11月8日，到达易县王家台三团卫生队时，体温已达39.6℃。11月9日，高烧至40℃，并伴有剧冷、打寒战、呕吐等症状。11月10日，白求恩的病情继续加重，三团首长决定送他到军区后方医院救治，并派担架护送他前往驻在唐县花盆村的军区外科医院。当日下午3时，路经唐县黄石口村时，白求恩决定在此停留，护送人员将其安置在村民邸俊星家的小北屋里住下。11月11日，白求恩在小屋的土炕上给聂荣臻写了"今天我感觉身体非常不好，也许我要和你们永别了"的遗书。临终前，他还把自己的马靴和裤子送给了八路军的一位干部，手术器械则分给了朝夕相处的中国医生。11月12日凌晨5时20分，不幸逝世。

从1938年5月到1939年11月，在中国的抗日最前线，白求恩辗转于各个抗日战场，出没在枪林弹雨之中，把生命置之度外，不分昼夜地抢救伤员，以精湛的医术，使许多八路军战士恢复健康，重返前线；他曾为重伤员献过血，曾在自己身上做过试验，并创造出许多新的治疗方法；他把手术台设在离火线最近的地方，创造了在炮火硝烟中连续工作69小时，完成115例手术的奇迹；他致力于改进部队的医疗工作和战地救治，发明制作了"卢沟桥药驮子""白求恩换药篮"等各种医疗器材；他倡议成立特种外科医院，举办医务干部实习周，创办卫生学校，编写了《游击战争中师野战医院的组织和技术》《战地救护须知》《战场治疗技术》《模范医院组织法》以及医疗图解手册等多种战地医疗教材，将自己的知识无私地奉献给真正抗日的中国军民，为人民军队培养了一批又一批的医务人才。

三、白求恩精神的传承

白求恩是在延安精神哺育下成长起来的时代英雄，白求恩精神蕴含了人民军队成长壮大的红色基因。80年来，白求恩精神作为一面旗帜、一个楷模和一种动力，始终根植在中国人民的心中，并不断地得到升华，其影响力早已远远超出了一个时代和一个行业。在新的历史时代，白求恩精神仍然是我们承前启后、继往开来的强大精神力量。人们以各种方式纪念白求恩，让白求恩精神走进新时代、融入新时代、推动新时代。这种纪念涉及政治、经济、文化等各个领域的方方面面，也不断地超越着国家、民族和地域的范畴。

（一）白求恩精神在故乡

白求恩的一生是极富传奇色彩的一生，是富于创造性的一生。他的博爱和人道主义精神在任何时代、任何国家都是值得纪念和学习的，这种精神也跨越了国界、跨越了时空，成为世界人民学习的榜样和敬仰的楷模。但由于意识形态方面的原因，白求恩去世后相当长一段时间，在加拿大并没有得到应有的宣传。直到中加建交以后，随着中加人民友谊的增长，白求恩越来越被认为是一个代表进步潮流的英雄，加拿大人民对于白求恩的热爱也与日俱增。

1972年，加拿大政府追认诺尔曼·白求恩为"具有国际影响力的英雄"，并获得"加拿大历史名人"称号；1973年，加拿大联邦政府购买了格雷文赫斯特前长老教会的牧师住宅——白求恩的出生地和生平发源地，并建成了加拿大的白求恩纪念馆；1996年，白求恩出生地被列为加拿大国家历史名胜；1998年，诺尔曼·白求恩的名字被载入加拿大医学名人册，2010年又被纳入加拿大科技名人堂；2012年7月11日，格雷文赫斯特镇白求恩纪念馆新游客中心落成，同时将这一天定为这个镇的"白求恩日"；2014年，多伦多市政府将白求恩在市区内的故居列为文化遗产予以保护，并将白求恩去世的"11月12日"定为该市的"白求恩日"。

加拿大白求恩纪念馆新馆以歌颂白求恩大夫为主线，整体设计已不再局限于介绍白求恩大夫的生平，而是更加注重让今天的人们了解白求恩的理想、信念和追求，以及对社会的责任感。馆中"伟绩长存"部分写道："诺尔曼·白求恩至今依

然是世界上最有名的加拿大人，这主要归功于他在中国享有的崇高地位。"此外，加拿大还制作了几部以他的生平事迹为题材的影片，发行了白求恩纪念邮票和纪念币，各地还有许多白求恩雕像和以他的名字命名的学校。

白求恩的母校——多伦多大学医学院的大门前，竖立着一尊白求恩的塑像，塑像基座的正面用中文和英文写着："白求恩医生于1916年毕业于多伦多大学医学院。这位有远见卓识的医疗界的领袖，以在中国所做的富有创新精神的工作著称。于1939年在河北省去世后，其无私奉献精神留存下来，继续启发后人。"医学院的大厅里，有两位人物的金色头像闪烁着光芒，除了白求恩，另一位就是因发现胰岛素而获得诺贝尔医学奖的班廷教授。

白求恩曾在蒙特利尔市生活、工作了8年。如今，在蒙特利尔市中心康考迪亚大学附近广场上矗立着一尊轮廓清晰、形象鲜明的汉白玉雕像，这是1976年中国政府送予加拿大政府，由中国著名雕塑家司徒杰创作的白求恩雕像。雕像耸立的地方还被命名为"白求恩广场"。2009年11月24日，为纪念白求恩逝世70周年和他到蒙特利尔工作生活80周年，蒙特利尔市政府和蒙特利尔历史博物馆还联合举办了白求恩生平事迹展等一系列纪念活动。

时至今日，白求恩已经成为故乡人民的一大骄傲。从温哥华到蒙特利尔，从安大略到多伦多，处处都能感受到加拿大人对白求恩的敬仰与怀念。可见，无论什么主义，无论什么制度，只要先天下之忧而忧，后天下之乐而乐，就会受到人们的尊敬与爱戴。其实，即使在冷战期间，依然有加拿大人对白求恩抱有兴趣，这其中就包括《凤凰涅槃：诺尔曼·白求恩的一生》一书的作者罗德瑞克·斯图尔特以及白求恩的战友、传记作家泰德·阿兰和希尼·戈登等。

加拿大总督让娜·索维曾说："白求恩是我们的好大使"；克拉克森评价称："他的一生，从某种意义上讲，其真谛已超越了国界，已升华到了不仅仅代表着国际主义精神，而实际体现了一种宇宙般的宽阔胸襟"；加拿大驻华大使贝祥认为：对白求恩医生的纪念，已经变成了我们两国之间联系的重要纽带，也是滋养着深深扎根于我们人民之间友谊的见证；加拿大民主书报俱乐部主任古柏也表示："加拿大的人民，因为有如此伟大光荣的子孙而感觉骄傲。"

（二）白求恩精神在中国

毛泽东得知白求恩牺牲的消息后，非常悲痛。1939年12月1日，他亲自为延安各界追悼白求恩大会题写了"学习白求恩同志的国际精神，学习他的牺牲精神，责任心与工作热忱"的挽词；12月21日，毛泽东在延安杨家岭为八路军政治部、卫生部于1940年出版的《诺尔曼·白求恩纪念册》撰写了《学习白求恩》一文。这篇文章在新中国成立后编入《毛泽东选集》第2卷时，题目改为《纪念白求恩》，与《为人民服务》《愚公移山》2篇短文统称为《老三篇》。

白求恩逝世后，根据地军民以极其悲痛的心情开展了一系列的纪念活动。1939

年11月17日，晋察冀边区党、政、军领导机关和驻地群众为白求恩举行了隆重的葬礼；21日，晋察冀边区又举行了追悼白求恩的大会。中共中央发出《中央委员会吊唁白求恩》电表示哀悼；1940年1月5日，晋察冀军区在唐县军城举行悼念白求恩万人大会，并为修建白求恩墓和纪念碑奠基，同时宣布将军区卫生学校命名为白求恩卫生学校，模范医院更名为白求恩国际和平医院。当年4月，白求恩墓在河北省唐县军城南关落成。

在白求恩精神的感召下，由他亲手创立并参加过教学和医疗工作的卫生学校和模范医院也在烽火硝烟的抗日战场上不断成长壮大，并逐步发展成为新中国医疗卫生战线的中流砥柱。

1939年9月18日，白求恩倡议的晋察冀军区卫生学校在唐县牛眼沟村成立，白求恩亲自参加了学校的创建和教学工作。白求恩牺牲后，军区决定将该校命名为白求恩卫生学校，这也是中国首个以白求恩名字命名的机构。此后，白求恩卫生学校先后辗转于河北、天津等地，经历了抗日战争、解放战争的洗礼，并几经易名，在新中国成立初期落户于长春，1978年正式恢复"白求恩医科大学"校名，2000年与吉林大学合并。这所以白求恩命名的学校在80年的办学过程中，始终把培养"政治坚定、技术优良、白求恩式医务工作者"作为办学宗旨，以弘扬和传承白求恩精神为己任，为抗日战争、解放战争、抗美援朝战争和新中国的建设培养了大批优秀的医护人员。

目前作为吉林大学的重要组成部分，白求恩医学部每年都组织师生们追溯着历史的痕迹，在唐县晋察冀抗日根据地白求恩同志战斗、生活和以身殉职的地方开展社会实践活动。先后有大批师生在和家庄村参观白求恩故居及瞻仰晋察冀烈士陵园白求恩同志墓，在黄石口村聆听白求恩同志的故事，在葛公村参观白求恩卫生学校的建校遗址，在白银坨村缅怀白求恩卫生学校的遇难学子，多层次、多角度地感悟和思考着白求恩精神的真谛。他们在晋察冀军区卫生学校遗址建立了吉林大学白求恩医学纪念馆，修缮了原卫生学校遗址遗存。目前，这里已成为吉林大学师生接受爱国主义教育、学习白求恩精神的重要基地。

1964年，晋察冀军区卫生学校的另一分支被编为北京军区后勤部卫生学校；1969年，命名为北京军区军医学校；1993年，更名为石家庄医学高等专科学校（对外称白求恩医学高等专科学校）；1999年5月，更名为白求恩军医学院；2004年9月，改建为第四军医大学白求恩军医学院；2011年9月改建为白求恩医务士官学校。几十年来，学校始终坚持用白求恩精神建院育人，形成了既不同于地方医学院校，又有别于军医大学的办学特色。1984年和1999年，学校两次组训女兵方队，参加首都国庆阅兵。特别是在纪念中国人民抗日战争暨世界反法西斯战争胜利70周年阅兵式上，该校抽组的白求恩医疗方队，作为地面受阅部队压轴亮相，成为众人关注的一道靓丽风景。这也是本次阅兵中，唯一以外国人名字命名的方队。

1938年9月15日，在白求恩的精心筹划下，晋察冀军区模范医院在山西省五台县松岩口村成立，白求恩亲自制定了医院规划和教学训练工作并编写讲义。由于模范医院成立之时，正值世界国际和平会议闭幕，因此"模范医院"又称"国际和平医院"。然而，在日寇的大举进攻下，医院仅存在了13天就被敌人烧毁，白求恩在难过、愤恨之余，也从中得到了深刻的经验教训，决定把建立模范医院的计划，改为建立流动的"特种外科医院"，以便适应抗日游击战争环境的需要，此后逐渐发展成为晋察冀后方医院。白求恩逝世后，医院被命名为白求恩国际和平医院，后经不断变迁，新中国成立后落户于石家庄市。多年来，这所最早以白求恩命名的医院，始终牢记我党我军的宗旨，自觉踏着白求恩的足迹不断前进，为完成白求恩未竟的事业谱写了不朽的诗篇。

新中国成立以后，人们以各种方式纪念白求恩、学习白求恩、传承白求恩精神。颂扬白求恩高尚品德的纪念物和各种纪念形式遍及大江南北、长城内外。

白求恩用过的山边防空洞，白求恩在里面做过手术的旧庙和他的住房均已修整成博物馆。各地还陆续建立了一批白求恩纪念馆及文物保护单位。其中包括：山西省五台县松岩口白求恩纪念馆、河北省石家庄白求恩国际和平医院内的白求恩纪念馆、河北省唐县白求恩柯棣华纪念馆、河北省河间市屯庄白求恩手术室纪念馆等。白求恩文物保护旧址的数量越来越多，其中保护规格最高的是松岩口白求恩模范病室旧址。1982年2月23日，国务院公布该旧址为"全国重点文物保护单位"。

1986年落成的白求恩柯棣华纪念馆坐落在唐县城北2公里处的钟鸣山下，与唐县县城连为一体。1997年纪念馆被命名为河北省爱国主义教育基地；同年6月，被命名为全国爱国主义教育示范基地。

几十年来，白求恩的事迹感动了中国，成为深受中国人民爱戴的国际友人。白求恩精神以各种方式不断地得到传承、升华，白求恩的故事多次被搬到了银幕，深受国人的喜爱。

在中国，白求恩已成为一个专属的名字。在新华社《英语姓名译名手册》中，他的英文名字"Norman Bethune"成为专有名字，特意翻译成人们熟知的"白求恩"，而其他"Bethune"翻译为"贝修恩"，不译为"白求恩"。

1991年，以白求恩命名的白求恩奖章作为当年卫生部第14号部长令发布的《全国卫生系统荣誉称号暂行规定》中设置的荣誉称号。

2009年10月，在由中国国际广播电台、中国人民对外友好协会、中国国家外国专家局共同主办，国际在线网站承办的"中国缘·十大国际友人"网络评选活动中，白求恩是得票最高的"十大国际友人"之一。2010年，中国宋庆龄基金会在北京宋庆龄故居举办了《白求恩生平展》；同年12月，中国宋庆龄基金会联合加拿大驻华大使馆启动全国巡展。展览走过济南、南京、西安、广州、石家庄等8省市，有30多万人直接参观了展览；2012年4月，由中国宋庆龄基金会与加拿大驻华大使馆捐赠的49块《白求恩生平展》全国巡展展板，正式在河北唐县白求恩纪念馆"安家"。

1965年，八一电影制片厂与上海电影制片厂联合完成了电影《白求恩大夫》的摄制，并于1977年国庆公开放映；1990年，中国、法国、加拿大联合制作的影片《白求恩大夫》，又名《白求恩——一个英雄的成长》正式上映；2006年8月，由上海文广新闻传媒集团、中央电视台文艺中心影视部联合出品的电视剧《诺尔曼·白求恩》正式在央视一套播出。该片也成为中宣部、文化部、国家新闻出版广电总局当年表彰的11部"优秀文艺作品"之一；此外，《白求恩在冀中》《大爱无国界》两部以白求恩精神为主线的影视作品，目前正在策划中，其中《白求恩在冀中》将以白求恩的大爱精神为导向，以反抗日本侵略战争为背景，以白求恩成长历程为主线，诠释爱无国界的精神和共产主义信仰的真谛；而影片《大爱无国界》则释解了白求恩赋予"爱"的含义，展示现代军医在国外救援和维和任务中，面对生与死的考验，淬火提纯，打造新时代爱的信仰，跨越国界传播大爱。

诺尔曼·白求恩是中国抗日战争暨世界反法西斯战争中最具影响力的英雄人物之一，白求恩精神不仅在中国，而且在全世界都具有深远的影响力。几十年来，全国各地及世界各地白求恩精神的传人们源源不断地来到他生前生活、战斗过的地方寻访白求恩的足迹，探求白求恩精神。为了适应人们的这种需要，在保定西部山区的顺平、涞源、易县、唐县等县的交界处，一个以"红色豪情、绿色山水"为主题，国内外唯一一个以白求恩事迹和精神为主要内容的"白求恩景区"也应运而生。"白求恩景区"内不但有丰富的山水风光资源，而且红色旅游资源丰富，景区内建起了白求恩小镇、白求恩公园、白求恩大道等主题景点。其中白求恩大道以追溯历史为线索，打破了空间界限。大道全长160公里，将黄土岭抗战纪念馆，白求恩纪念园，白银坨白校学子遇难遗址纪念广场、纪念馆，冀中抗战纪念园、纪念馆，葛公白求恩学校旧址，军城晋察冀烈士陵园，黄石口白求恩牺牲地，唐县白求恩柯棣华纪念馆，阜平城南庄晋察冀边区革命纪念馆连在了一起。

第八章　白求恩与国际主义精神

　　"国际主义"这个概念和思想最早是由科学共产主义的创始人马克思和恩格斯提出来的。"工人没有祖国"，"全世界无产者联合起来！"这两个著名的论断就集中地体现了国际主义的思想。而让中国民众最早接触和熟知这个词汇的却是毛泽东同志的《纪念白求恩》一文。此文中毛泽东同志对于白求恩的一系列评价，成了对白求恩一生最权威最全面、最精辟的概括，尤其是"国际主义精神"一词，白求恩几乎成了这一词汇最好的诠释。

第一节　白求恩的国际主义精神

　　如前所述，亨利·诺尔曼·白求恩，作为家中的长子，1890年3月3日生于加拿大安大略省的格雷文赫斯特。他童年、少年成长的家庭环境对其青年以后的思想乃至信仰的影响，是极其重要且不可磨灭的。

　　从白求恩的曾祖父那一代开始，家里的各位成员就都接受了基督教教义。他的曾祖父在加拿大的蒙特利尔建立了该市第一间基督教长老教会。为了宣传基督教教义，整个家族已经习惯了遵从教义和信仰的需要而随时移徙。据资料显示，白求恩的曾祖父后来为了将耶稣基督的仁爱思想带到加拿大西部，就举家迁徙，前往卡尔加里担任教会牧师。

　　而白求恩的祖父则是多伦多大学医学院的创始人之一。也就是说，白求恩的祖父不仅将其父亲信仰的仁爱意识很好地传承了，而且还通过掌握医学技能医治病患加以践行，使自己成为闻名加拿大的救死扶伤的医生，常年在多伦多教会医院从事医疗服务工作。他所从事的职业对幼年的白求恩利他、仁爱、正义思想的形成产生了极其重要的影响。

　　白求恩的父亲，受家族的影响，成年后担任加拿大安大略省基督教长老会的牧师。他为了传扬耶稣基督的教义，跑遍了安大略省城镇的教会。白求恩的母亲是一名英国家具商的女儿，也是虔诚的长老会传教士，十岁开始就在故乡英国伦敦散发印有宗教教义的小册子，二十一岁离开英国到夏威夷传教，结识了也在那里传教的白求恩的父亲。两位虔诚的基督徒所组成的家庭带给白求恩的，除了说不尽的仁爱，还有优渥的生活条件和敏锐的观察思考能力。

受祖父影响，童年时的白求恩就开始对医学感兴趣，并决心长大也做一名外科医生。他钦慕祖父的医生职业，把祖父的医生名牌挂在家中自己卧室的门上，带着稚气却也是庄重地告诉家里的每位成员，以后不准再叫他"亨利"，要叫他"诺尔曼"。由此可见，祖父的职业对其后来职业选择的影响之大。

成年后，白求恩考入加拿大多伦多大学开始学医。从已知的史料上可以看出，舒适、优渥的家庭条件并未将白求恩培养成为身上带有富家子弟气息的年轻人。反而是为了支付明显高于普通大学学费的高额学习费用，他坚持到学校内外去做兼职，赚取自己的学费。他做过侍者、消防队员、记者、伐木工人、小学教师、夜校教师等。

多个岗位的历练，多重身份的转换，不仅提高了白求恩身处现实社会的技能，践行了利他仁爱的思想，而且更加拓宽了他面向当时的社会背景和社会现实的视野，为他后来形成影响后人80余载的国际主义思想打下了坚实的基础。

第一次世界大战爆发后的第二年，他就报名去到法国的战场上当了一名担架员。但没过多长时间，就由于受重伤被送回家。伤愈后他回到原来的学校继续医学学业，于1916年获得多伦多大学医学博士学位。1918年，白求恩参加了英国海军，成为上尉军衔的外科医生，直到第一次世界大战结束。1922年被录取为英国皇家外科医学会会员。

1933年白求恩被聘为加拿大联邦和地方政府卫生部门的顾问。1934年，白求恩成为魁北克一家医院的胸外科主治医师。1935年成为蒙特利尔圣心医院胸外科主任。1935年被选为美国胸外科学会会员、理事。到了这个时候，他的胸外科医术在加拿大、英国和美国医学界已经享有盛名。

1935年7月，白求恩作为加拿大医学界的代表，到苏联的列宁格勒参加国际生理学大会；同时，对世界上第一个社会主义国家的社会状况和医疗事业进行考察，令其耳目一新，心情振奋。这一次的经历，对他的思想、观点的转变有着极其深刻的影响，他的思想当中已经有了共产主义的萌芽。因为他回到加拿大以后，就秘密加入了加拿大共产党，决心为人类解放事业和共产主义事业而奋斗。那时，各国共产党的政治地位也未被当地政府认可、接受。共产党员从事的政治活动也会受到当地政府的压制和排挤，但是白求恩并未因此产生退意，仍然一如既往地坚持自己的信仰。

1936年，德、意法西斯支持佛朗哥发动西班牙内战，"援助西班牙民主委员会"请求白求恩去领导设在马德里的加拿大医疗机构。这时，39岁的白求恩已经是世界知名的胸外科医生，而且是加拿大年薪收入最高的医生之一。很多人都认为，这个请求太不现实，尽管接受邀请意味着经济上的损失，白求恩还是义无反顾地接受了。1936年11月3日，白求恩出发奔赴马德里，志愿参加反法西斯斗争。

在枪林弹雨的前线战场，流血过多的伤员急需输血，但在当时的条件下，需要输血的伤员得等上几个小时或者几天，才能登上崎岖的道路，被送往远离前线的医院，经常在途中失血死去。在战场上，他对输血进行了很多探索性的工作，并发明了世界上第一个流动血库和输血技术，它可以储备为500个人进行包扎和做100例手术所需的药品和器械，并大规模地给伤员输血，挽救了许多伤员的生命。

如果说白求恩此前的思想意识当中已经产生了国际主义精神萌芽，那么他在中国抗日战场上的行为就是让他的国际主义精神焕发出了耀眼的光辉。1937年7月，中国抗日战争爆发。白求恩当时在洛杉矶，有机缘接触到了赴美国宣传抗日的中国著名教育家陶行知。通过陶行知的介绍，白求恩下决心"要到中国去！"没过多久，他就收到并接受了加拿大共产党和美国共产党派遣其到中国工作的通知。

于是1938年1月8日，白求恩告别亲人，率领包括懂中国话的护士琼·尤恩等人在内的医疗队，从加拿大的温哥华市登上海轮，历时将近60天，经香港、武汉、郑州和西安，舟车劳顿，不远万里，到达中国。期间，拒绝了国民党政府将他安排在国统区工作的挽留，于当年的3月底到达了延安。共产党领导人周恩来、朱德分别在武汉、西安会见了白求恩。

当时中国共产党的最高领导人毛泽东同志在白求恩到达延安的第二天晚上，就在凤凰山麓住处的窑洞里会见了他。两人在烛光下亲切地从夜里十一时长谈到次日凌晨二时。他们坦诚交换了对中国抗日战争的看法。白求恩联系自己曾经在西班牙反法西斯战争中实施战地救护的经验，认为如果有战地医疗队及时抢救，前线的重伤员有75%是可以救治和康复的。当时，抗战前线非常需要医术高明的医生，但前线很危险，任务很重，条件很差，生活也很艰苦。因此，毛泽东建议他留在延安主管八路军的边区医院。白求恩说："我请求到前线去。一个军医的战斗岗位应该是离火线最近的地方。我从加拿大带来的二十多箱医疗器材，足够建一个战地医疗队的需要。"毛泽东非常兴奋表示赞赏，在分别时还风趣地说："你长得很像列宁。"白求恩说："因为我是列宁主义的实践者嘛！"白求恩当晚在日记中写道："我在那间没有陈设的房间里和毛泽东面对面坐着，倾听他从容不迫的言谈的时候，我回想到长征，想到毛泽东和朱德在那伟大的行军中怎样领导红军经过二万五千里长征长途跋涉，从南方到了西北崇山峻岭的黄土地带。由于他们当年的战斗经验，使得他们今天能够以游击战来困扰日本军队，使侵略者的优越武器失去效力，从而挽救中国。""我现在明白了，为什么毛泽东那样感动每一个和他见面的人。他是一个巨人，是我们世界上最伟大的人物之一。"

正是因为有了一次这样胼胝而眠式的坦诚的深刻交流，才使得毛泽东同志很直观地了解到了白求恩的精神世界的旷达而丰富，宽广而厚重，才有了得知白求恩去世的消息后，毛泽东同志一气呵成写就的流传至今的《纪念白求恩》。

但是白求恩去前线的要求并没有得到八路军卫生部的同意。因为差不多所有人都在担心他的安全，都说他年龄比较大了，需要照顾。前线既危险又艰苦，延安这边也需要他。白求恩知道大家挽留他在延安工作的理由后，就用他独特的个性做了表达。他激动地跳起来，在窑洞里顺手抓起一把椅子气愤地向窗子砸去。因为用力过猛，椅子砸断了窗棂飞落到院子里。他激动地叫着："我不是为了享受生活而来的。什么咖啡、嫩牛肉、冰激凌、席梦思，这些东西我早就有了！但是为了理想，为了信念，我都抛弃了。现在需要照顾的是伤病员，而不是我！"

1938年5月，白求恩离开延安率领战地医疗队奔赴晋察冀前线，一路考察，一路诊疗，终于在1938年6月17日这天，到达了军区司令部驻地——山西省五台县金刚库村，受到了军区司令员聂荣臻同志等人的欢迎。白求恩在给毛泽东同志的回信中写道："我深深地感到必须向中国同志学习，学习他们为美丽的国家而与野蛮的法西斯进行英勇搏斗的伟大精神。"

1938年9月15日，由白求恩建议创办的晋察冀根据地第一所"模范医院"在松岩口正式建成。在有两千多人参加的开诊典礼上，白求恩身穿八路军军服，满怀激情地发表了长篇讲话。他说："你们和我们都是国际主义者。我们必须击败法西斯。我曾经参加过第一次世界大战，也参加过西班牙战争，然而像中国军队这种勇敢的精神，我在世界上还未曾发现过。我要对八路军和游击队伤员的勇敢和从不抱怨的精神表示钦佩！"

自此开始，白求恩的国际主义精神在中国华北的抗日前线乃至整个中华大地焕发出了绚烂而光耀千古的华彩！纵观白求恩极其不平凡的一生，国际主义精神在他身上诞生有着不同于其他任何国际友人的特殊的原因。

首先，加拿大基督徒传教士家族近似于游牧式的生活方式，使得白求恩养成了生来就不安于平凡安逸的生活习性。他必须走出国门，去其他国家才能实现自己的人生理想。20世纪初至20世纪中叶之前，全世界都处于战火纷飞的状态，资本主义在全球疯狂地扩张、掠夺，被殖民的国家进行不懈的反抗与挣扎，同时帝国主义国家之间又进行竞争和战争。中国爆发八国联军侵华战争，在中国东北爆发日俄战争，欧洲爆发第一次世界大战，沙俄爆发内战，西班牙爆发内战，全世界爆发第二次世界大战，这一系列战争使全世界绝大部分国家和地区都卷入了战争泥潭。然而在那个时代，加拿大是全世界少有的没有卷入任何战争的幸运国家。

加拿大位于北美洲北部，西临太平洋，东濒大西洋，约在北纬41°～83°、西经52°～141°之间，西北部邻美国阿拉斯加州，东北与格陵兰隔戴维斯海峡遥遥相望，南接美国本土，北靠北冰洋达北极圈，是一个远离欧亚大陆的国家，美国本土得以在第二次世界大战中免遭战火也得益于此。加拿大尽管在16世纪便沦为法国和英国的殖民地，又在争夺殖民地的问题上爆发过英法战争，但在19世纪末、20世纪初的那个年代，加拿大的土地上早已散尽了硝烟，并在政治上以自治领袖的角色成为英联邦的一部分。在地理上远离欧亚非，在政治上也已尘埃落定，人民已经可以过上平安稳定的生活。但像诺尔曼·白求恩这样的有志青年只有离开祖国，去服务全世界最需要他的地方，才是人生最有价值的选择。如果在家乡做一名普通的医生，白求恩可能会健康地活到高寿，但那不是白求恩的选择。当然，几乎没有人渴望战争，对于大多数人来说，想逃离战争都来不及，而伟大的共产主义战士白求恩却选择逆向而行，选择主动投入战争，去帮助被法西斯侵略的国家和被法西斯残害的人民。投入战争就意味着随时的伤残甚至死亡，这种勇敢无畏、一往无前是白求恩国际主义精神最宝贵的地方之一。而被法西斯残害的国家大多贫穷落后，人民生活困苦，医疗条件落后，食品药品匮乏，去帮助这样的国家意味着将遇到难以想象的困难和挑战。

其次，从白求恩家族发展史和他的一生经历上看，白求恩是一个天生的冒险家。白求恩的曾祖父约翰·白求恩是苏格兰人，家族的族长。18世纪后半叶，他以牧师身份漂洋过海，来到北美，在蒙特利尔建立长老会，以传教为业。当时的蒙特利尔是法国殖民重镇，约翰·白求恩的选择充满了勇气和风险。约翰·白求恩的儿子安格斯·白求恩，冒险精神比其父更强，他年纪轻轻加入了当时垄断北美皮毛交易的西北公司，在美国和加拿大广袤的不毛之地探险、游历。由此可见，富于冒险精神和不安现状，是白求恩家族的传统，诺尔曼·白求恩日后的经历，似乎也印证了这一血脉的传承。白求恩家族的第一个医生也叫诺尔曼·白求恩——白求恩的祖父。老诺尔曼是科班出身的医生，还在英国伦敦皇家医学院学习过，归国后参与创办了著名的"加拿大医学院"，这所后来被并入多伦多圣三一学院的医学学府，是今天多伦多大学医学专业的前身之一。然而，冒险和医学的血脉似乎差点在白求恩父亲一代断绝：他的父亲马尔科姆·白求恩是安大略省小镇格雷文赫斯特一名普普通通但虔诚无比的牧师，忠实于工作和家庭，渴望平静的生活，对子女的管束也很严厉。小诺尔曼·白求恩是家中长子，自然受到最严格的教育。白求恩自幼多才多艺，具有音乐和美术的才能。他喜欢科学，中学时成绩最好的专业是生物。初中毕业后，他报考了当时并不出名的安大略欧文桑德专上学院学医，这在一开始似乎并不足以证明他喜欢医学。因为有记载表明，他曾告诉朋友，当年做此选择，是因为这所学校费用低廉且课程宽松，可以边打工边深造，而当时他家庭经济状况拮据，负担不起诸如艺术之类更"奢侈"的专业学习费用。但也有传闻称，白求恩从小就对解剖和骨骼结构兴趣盎然，并在8岁时宣布放弃原本的名字"亨利·诺尔曼"，而选择和祖父一样的"诺尔曼"，并将祖父的医生名牌挂在自己卧室门口，表示继承祖父衣钵的决心。孰是孰非（或两种传说都是真的），就不得而知了。在学习期间，白求恩是个勤奋的打工者，他当过伐木工、小学代课老师、轮船锅炉工、消防员、餐厅侍应生和报社记者。但1909年，即他从专上学院毕业后的第三年，他做出的一个抉择表明，自己的确遗传了祖父的血脉：他在攒够学费后，报考了多伦多大学胸外科专业，这正是老诺尔曼·白求恩参与创建的学府。

第三，也是最重要的，白求恩有一颗为人民服务的心。自从他1938年不远万里来到中国，在共产主义的信仰支持下，帮助中国人民的抗日战争，他在中国抗日战场上的每时每刻，都表现出了他将人类、将中国人民放在第一位的精神气质。来到延安后，到晋察冀边区工作。在硝烟炮火中忘我地救治八路军伤员，与当地老百姓平等相处，随时随地为人民服务，毫不利己、专门利人，曾创造69小时连续做115例手术的记录。他为中国献出了生命中最后的1年零8个月。

从他身上焕发出的国际主义精神光芒，照亮了其身后的世界各个角落，对80年来的世界产生了极其深远的影响。

第二节　世界格局变迁发展中的国际主义

世界政治格局的变迁，影响着国际主义的形式与内涵。国际主义的演变主要以二战结束为节点，分为个人国际主义精神与国家国际主义精神，或者从组织方式上看是非主流国际主义精神和主流国际主义精神。那么，白求恩就是个人国际主义精神的典型代表。

一、个人国际主义（非主流国际主义）时期

19世纪，欧洲列强通过第二次工业革命，与亚洲、非洲及南美洲国家和地区的发展水平相比拥有巨大领先，这种领先并非来自文化和种族的优越，而是工业社会强大的生产力，先进的生产关系对农业社会的全面领先与超越。因此欧洲列强拥有了向海外殖民扩张的能力和实力。伴随着新大陆的发现和新航路的开辟，也揭开了欧洲扩张的序幕，到19世纪末期，整个世界被瓜分殆尽。

20世纪初，由于工业化的进程，美国、德国和日本成为后起之秀，为重新瓜分世界和争夺全球霸权，形成德、意、奥三国同盟和英、法、俄三国协约的两大对立集团，酿成了第一次世界大战。同盟国的失败，使战后德国领土缩小，海外殖民地被瓜分，奥匈帝国和奥斯曼帝国崩溃，出现了匈牙利、波兰等国家。沙皇俄国经过十月革命，走上了社会主义道路。英、法元气大伤，美、日成为战后实际上的最大受益者，趁机崛起，美国更是一跃成为世界头号经济强国。

20世纪30年代，随着帝国主义国家间经济、政治和军事发展不平衡的加剧，军事实力发展较快的德、意、日三国要求重新划分世界势力范围，随即引爆第二次世界大战。

需要说明的是，以消灭私有制为纲领的共产主义从诞生的那一刻起，一直受到资本主义国家政权的敌视和镇压。前面的章节中已经提到，在20世纪30年代，白求恩在共产主义受到国家政权的敌视和镇压的社会背景下秘密加入了加拿大共产党，并且受加拿大共产党和美国共产党的指派，来到中国支援中国的反法西斯战争。但是这并非是国家层面的工作安排，因此他的援华行为不能代表加拿大政府，而只能看作是一种个体行为，也就是非主流的国际主义精神实践。

二、国家国际主义（主流国际主义）时期

第二次世界大战深刻地改变了人类历史。其影响广泛地涉及政治、经济、军事、外交、文化和科技各个层面。人类的战争活动从此由盲目走向自觉、由浮躁走向理智、由幼稚走向成熟，进入到一个新的历史阶段，虽然地区间冲突不断，但是和平发展已然成为世界主题。而国际主义精神也从形式到内涵发生了巨大的变化，这和联合国在国际上发挥的作用日益强大密不可分。

联合国的建立之初虽然具有美、苏、英三大国根据各自实力和利益争夺胜利果实的性质，具有明显的强权政治色彩，损害了一些主权国家的主权和利益。但随着世界格局的变化，特别是民族解放运动的高涨和第三世界的崛起，改变了联合国的性质和作用。战后民族独立运动的兴起和发展彻底摧毁了帝国主义的殖民体系，是世界历史进程中的一个巨大进步，为第三世界的崛起奠定了基础。越来越多的独立国家加入联合国，联合国成员国已从最初的51个国家发展到今天的193个，中华人民共和国也在大多数国家的支持下继承了中华民国的联合国安理会常任理事国的合法席位，为中国今天在世界舞台上发挥重要作用打下了坚实基础。现在的联合国已成为世界人民特别是第三世界反霸斗争、争取建立国际新秩序斗争的有利场所和共同参与的国际组织。

从世界政治格局的演变可以看出，经过二战结束后的七十多年，虽然地区冲突时有发生，各种政治力量也在通过不同形式进行着较量，但是殖民主义已经被铲除，不可否认和平发展仍然是当今时代的主题。国际主义也不再以个人或者非主流政治组织作为表现主体，而是在联合国主导的世界格局下，世界主流力量成为国际主义表现的主体，大多数国家共同为维护世界和平、促进经济繁荣、发展科学技术、抗击疾病灾害等构建人类美好生活而密切开展互助、交流与合作。

国家国际主义在当下的主要表现形式表现在如下几个方面。

首先，就是在全球范围内开展维和行动。

联合国维持和平部队是根据有关联合国决议建立的一支跨国界的特种部队，成立于1956年苏伊士危机之际。联合国维持和平始于1948年6月，当时安全理事会授权在中东部署联合国军事观察员。联合国维持和平部队受联合国大会或安全理事会的委派，前往世界上有冲突的地区执行任务。

维和部队士兵头戴天蓝色钢盔或蓝色贝雷帽，上有联合国英文缩写"UN"，臂章缀有"地球与橄榄枝"图案。凡参加联合国维持和平部队的人员，必须被送到设于北欧四国的训练中心接受特种训练，以熟悉维和部队的职能、宗旨、任务和进行特种军事训练。

中国维和部队是联合国维持和平部队的一个分支机构。1990年4月，我国派往联合国停战监督组织的5名军事观察员起程赴任，拉开了中国军队海外维和事业的序幕，截止到2017年8月，中国累计派出维和军事人员3.5万余人次。

在"世界火炉"苏丹，中国工兵营创造了惊人的"中国速度"——仅用3天便将从维和营地通往瓦乌机场的公路修通。

在刚果（金），中国军人20天就使一片杂草丛生、乱石遍地的山坡变成了一座平坦整洁的军营。

在利比里亚，中国运输分队保障范围辐射利比里亚全境，是驻利46支国际维和部队的运输保障中枢。联利团一名高级官员形象地称赞说："联利团任务是在中国运输分队车轮支撑下推进的！"

在黎巴嫩，中国维和工兵营牢记使命，顽强拼搏，出色完成了各项任务。黎以冲突期间，他们处乱不惊，正确判断形势，果断处置情况，赢得了国际社会的高度称赞，成为冲突期间发挥作用最突出的联黎部队之一。

自参加联合国维和行动以来，中国维和工兵部队共修筑修复道路1万多公里，架设维修桥梁207座，排除爆炸物7500多枚；运输部队共运送物资21万吨，行驶里程350万公里；医疗部队共接诊近3万例病人。

中国军人在圆满完成各种维和任务的同时，还积极传播友谊，为驻地建设勤奋工作。历经长达14年的内战后，利比里亚国内基础设施破坏殆尽，物资奇缺。中国"蓝盔"部队来到后，主动帮助驻地修建了"友谊""行政"等数条主要道路。此外，他们还积极向当地百姓传授各种技术，帮助他们脱贫致富。中国军人选派了一些懂水稻种植技术的官兵，手把手地教老百姓种植。中国军人的真情和友谊感动了许多当地人，他们把中国军人当作了自己的亲人。

2009年黎以冲突后，黎巴嫩南部地区的道路、桥梁等基础设施遭到严重破坏。为帮助当地群众重建家园，中国维和部队每天出动多台次的机械和人员，整治道路，清理废墟。每当看见中国维和工兵营的推土机平整道路时，路过的车辆总要鸣笛致意。黎以冲突期间，中国政府无偿向黎巴嫩捐赠了救援物资，使黎巴嫩人民感受到中国人民的和平友善之举。每每见到中国维和官兵，不少当地百姓用刚学会的中文不停地喊："中国人，ok！"

中国维和部队大事记：

1990年4月，中国军队第一次向联合国停战监督组织派出5名军事观察员。

1992年4月，中国军队向联合国柬埔寨临时权力机构派出由400名官兵组成的工程兵大队，开创我军派遣成建制部队参与联合国维和行动的先河。

2002年2月，中国正式加入联合国一级维和待命安排机制。

2009年6月，国防部维和中心在北京成立，这是我军首个维和专业培训和国际交流机构。

2013年12月，中国军队派出首批赴马里维和部队，其中警卫分队是我军派出的首支安全部队。

2016年6月，国防部维和事务办公室和联合国维和部首次在中国举办联合国维和特派团高级官员培训班。

2016年6月，国防部维和事务办公室和联合国妇女署共同举办联合国女性维和军官国际培训班。这是中国首次举办针对女性维和人员的国际培训班。

2016年12月，时任联合国秘书长潘基文宣布任命来自中国的王小军少将担任联合国西撒哈拉全民投票特派团部队司令。

2017年5月，联合国秘书长古特雷斯在纽约联合国总部将达格·哈马舍尔德勋章追授给2016年执行任务中牺牲的中国维和军人申亮亮、李磊和杨树朋。

2017年6月，中国首支维和直升机分队4架直升机及相关装备部署至苏丹达尔富尔地区执行维和任务。据新华社。

此外，在实施经济援助、防范自然灾害、开展灾后救援、实施医疗援助、抗击瘟疫疾病、研发药物疫苗等领域，各个国家或者组织之间，正进行着密切的合作，国际主义正以不同形式散发着它的光芒，为全世界人民带来诸多益处。这其中，不能不说蕴含着二战期间，以加拿大人诺尔曼·白求恩、印度医生柯棣华、奥地利傅莱等人为代表的世界各国的共产主义者们，所带来的国际主义精神的影响。

尽管从1948年6月成立维和部队以来，中国直至1990年才正式参加维和行动，但是短短不到29年，中国已成为联合国安理会常任理事国中派出维和人员最多的国家，也是联合国维和行动的第二大出资国，出资仅次于美国。中国现在拥有非常完备的维和人员培训中心，中国维和部队在海外执行任务期间表现出了强大的战术素养和严格的作风纪律，受到各地人民的褒奖与肯定。

其次，联合国教科文组织的全民教育计划等非军事领域措施。

联合国教育、科学及文化组织是联合国旗下专门机构之一，简称联合国教科文组织。该组织1946年11月6日成立，总部设在法国巴黎。其宗旨是促进教育、科学及文化方面的国际合作，以利于各国人民之间的相互了解，维护世界和平。

自1990年世界全民教育大会以来，教科文组织将教育领域的工作重点放在了发展基础教育、扫盲和职业技术教育方面。

从1993年起，教科文组织对中国的一些西部地区的扫盲、成人技术培训、女童教育研究、少数民族教育研究和基础教育革新等都给予各种支持，包括举办研讨会、培训班、资助开发乡土培训教材和资助试点项目等。中国一直以来都是国际主

义的受益者，同时也是实践者。

第三，以中国政府为主导而实施的对外援助。

作为被定义的第三世界，中国同亚非拉大多数国家都是在民族独立解放战争中才成立，成立之前受到了帝国主义血腥的殖民统治和疯狂的经济掠夺，这些新生国家的发展面临着重重困难。新中国从诞生伊始，便开展了对外援助政策，那时的新中国同样一贫如洗，百废待兴。与其他国家援助不同的是，中国的对外援助不带有任何附加条件，充分地体现了中国政府和中国人民的国际主义精神。中国对外援助项目遍布农业、工业、经济基础设施、公共设施、教育、医疗卫生等领域，帮助受援国提高工农业生产能力，改善人民生活条件。

随着中国对外援助的不断增加，国内外学者对中国对外援助的关注也急剧增加。根据中国官方提供的数据，截至2009年底，中国累计对外提供援助金额达2562.9亿元人民币，2010年至2012年，中国对外援助金额为893.4亿元人民币。据不完全统计，60多年来，中国已向166个国家和国际组织提供了近4000亿元人民币的援助，为发展中国家培训各类人员1200多万人次，派遣60多万援外人员。

第三节　构建人类命运共同体——最高表现形式的国际主义

早在距今两千多年前的我国战国时期，诞生了一部重要典籍，名曰《礼记》，其中《礼运》一篇，是人类历史上可以追溯到的第一部有着世界大同思想的作品。

《礼运》大同章写道："大道之行也，天下为公，选贤与能，讲信修睦。故人不独亲其亲，不独子其子，使老有所终，壮有所用，幼有所长，鳏寡孤独废疾者皆有所养，男有分，女有归。货恶其弃于地，也不必藏于己；力恶其不出于身也，不必为己。是故谋闭而不兴，盗窃乱贼而不作，故外户而不闭，是谓大同。"

几千年前的中华民族便开始追求儒家思想的最高境界"天下大同"，这是中华民族天道精神的重要体现。

当今世界的全球化如何"化"和向何方向"化"都直接涉及世界上各个国家、各个民族甚至每一个人的前途命运。例如，全球化是统一于单一的西方模式，还是各种文化和文明的相互融合，求同存异？全球化是用军事的、经济的乃至文化的霸权征服世界，还是世界各国、各民族平等相待、和平共处、共谋发展？全球化对我们每个国家和民族价值观念和习惯做法提出了什么样的挑战？我们的世界该何去何从，今天的中国给出了令人憧憬的答案。

"命运共同体"是中国政府近年来反复阐述和强调的关于人类社会的新理念。构建人类命运共同体，是中国对人类命运和世界前途提供的中国方案。新时代的人

类命运共同体同中华先贤提出的世界大同思想有着极其相似的内涵与实质，都是摒弃狭隘的国家概念，克服自私的人类欲念，以更高的格局思考人类命运。中华民族自古就是一个爱好和平的民族，中华民族不仅拥有悠久的历史和灿烂的文明，更长期代表着全人类最先进的生产力、最发达的社会、最繁重的经济、最强大的军队，但是纵观上下五千年历史，鲜有对外侵略与扩张，郑和作为大航海时代的开辟者，也曾远达非洲，却未曾将一名非洲人民变为奴隶，也未曾将一寸非洲土地变为殖民地。

构建人类命运共同体，不光有伟大光辉的设想，更有具体可行的措施。

一、"一带一路"中的国际主义宗旨

"一带一路"是"丝绸之路经济带"和"21世纪海上丝绸之路"的简称，2013年9月和10月由习近平分别提出建设"新丝绸之路经济带"和"21世纪海上丝绸之路"的合作倡议。它将充分依靠中国与有关国家既有的双多边机制，借助既有的、行之有效的区域合作平台，旨在借用古代丝绸之路的历史符号，高举和平发展的旗帜，积极发展与沿线国家的经济合作伙伴关系，共同打造政治互信、经济融合、文化包容的利益共同体、命运共同体和责任共同体。

习近平提出的"一带一路"倡议，贯穿亚非欧大陆，惠及几十个国家的人民。虽然沿线国家都是受益者，但无疑对于经济繁荣的东亚和欧洲，"一带一路"是锦上添花，而对于中亚和非洲人民来说，"一带一路"无疑是雪中送炭，地处这里的经济欠发达国家将成为最大受益者。这也正是国际主义的宗旨所在。

二、用G20（20国集团）取代G8的国际主义思想

G8成员国只有美国、英国、德国、法国、日本、意大利、加拿大及俄罗斯，这8个世界上最发达的工业国家掌握着世界经济的话语权，显而易见，是发达资本主义国家的利益集团。随着世界经济格局的演变，G8发展成了G20，而G20集团包括G8以外的中国、印度、巴西等发展中国家。尤其随着中国国力的快速增长，发展中国家在世界经济中的话语权不断加强，使得G20已经取代G8成为世界经济的主要论坛，以中国为代表的发展中国家将更多地考虑发展中国家和欠发达国家的利益，从而改变G20的性质，打破发达国家对世界的主宰，为其他国家争取更多的权益。

三、成立亚投行一带有浓厚的国际主义色彩的主张

2013年10月2日，习近平提出筹建倡议。2014年10月24日，包括中国、印度、新加坡等在内的21个首批意向创始成员国的财长和授权代表在北京签约，共同决定成立投行。截止到2018年底，亚投行已拥有93个正式成员国。

亚投行的创立，将大大促进亚洲的基础设施建设和经济持续稳定发展，推进区域合作，共同应对发展挑战。

　　构建人类命运共同体，这是习近平面向全世界发出的最响亮的呼吁，本身就带有浓厚的国际主义色彩，更是我们所有白求恩的传人弘扬并传承白求恩国际主义精神的最高境界。作为笔者所在的吉林大学第二医院，也已于2019年1月派遣医疗队赴太平洋岛国萨摩亚，他们也同80年前的白求恩一样，经受异国他乡生活条件困苦、医疗条件匮乏的双重考验，去做和白求恩当年同样的伟业，让国际主义薪火相传，永放光芒。

　　以中国为代表的负责任大国，正将国际主义精神赋予新的精神内涵，以符合新的时代要求，致力于构建人类命运共同体，打造和平安定、经济繁荣、生态和谐、便捷高效的人类未来社会，满足全世界人民对美好生活的向往与期待！

后　记

　　为纪念原白求恩医科大学创建八十周年、伟大的国际主义战士诺尔曼·白求恩逝世八十周年和毛泽东同志发表《纪念白求恩》文章八十周年，吉林大学白求恩医学部党工委在成立白求恩精神研究中心的前提下，以传承并弘扬白求恩精神，挖掘和深化白求恩精神在新时代的发展内涵为宗旨，组织开展白求恩精神研究系列丛书的编撰工作。

　　吉林大学第二医院承担的是丛书当中的第四本——《文化白求恩》的撰写任务。在学校党委的正确领导下，在李忠军书记的亲自指导与部署安排下，医院党政主要领导予以高度重视，组建了以院长张学文、党委书记赵伟为主要负责人，从院内机关各科室中选拔、推荐出有一定文字功底的十余位中层干部以及邀请吉林大学北区综合办公室新民校区离退休办公室主任陈彦强为成员的编委会，邀请哲学社会科学学院王立教授为编写顾问，责成党委副书记李楠具体负责本书编撰工作中的统筹、安排、协调、组织事宜。

　　编委会成立后，党委副书记李楠接受委托，与编委会成员张继远一起，从本书编写项目确立的意义、背景、思路等方面进行了系统研究和规划，对全书的组织架构进行了初步设计，并向总项目组进行了汇报。

　　初期，曾将全书设计为十二章，由编委会成员每人承担一章。2016年年底，医院党委领导组织所有编写人员召开第一次项目工作会，按照初步设计，对撰写任务进行了分配部署。这时，编委会成员对"文化"层面的白求恩，还是毫无概念的。总觉得"写书"那就是在著书立说，是一件非常神圣的事情。但不管怎么说，对于能够承担这样一项具有政治意义的任务，编写组人员都表现出了二院人"博学慎思 精诚志远"的院训精神，也沿袭了笃实、认真的工作习惯。在开始动笔撰写时，大多数编委会成员都反映遇到了写作瓶颈期，写作进度一度出现了停滞。

　　随着时间的推移，所有笔者面临的问题日益凸显。针对各种尽笔者所能收集到的参考资料及其素材，如何去分析、研判，进而加以理论概括？参与编写的人员目前所具备的文字功底，能否支撑对文化层面白求恩形象的塑造？从哪个角度去进一步探寻白求恩精神研究的途径？已经拟定的编撰提纲能否全面覆盖白求恩精神研究

的文化因素？随着总项目组负责人李忠军书记在总项目组第三次会议时给予这本书的定位：收集、分类、归纳、整理，所有的这些问题都迎刃而解了！

后期，李楠在采纳编委会成员意见和编写顾问王立教授意见的基础上，按照分类，将能够从文化层面与白求恩联系在一起的所有因素，浓缩、修整为八个章节进行提炼、整理和归纳，力图让读者对白求恩的固有形象有一个全新的感观，在新时代里进一步了解感悟白求恩精神的新发展。同时，在吸纳了刚刚结束国外工作归国的景云川同志为新成员之后，对编写任务进行了再次分工和调整。第一章，白求恩与医疗卫生文化，由张学文院长、张继远和孙冬负责；第二章，白求恩与医学人文，由赵伟书记、张贺丽、陈楷和郭庆瑞负责；第三章，白求恩与器用文化，由李季秀负责；第四章，白求恩与文学作品，由王珏负责；第五章，白求恩与造型艺术，由景云川负责；第六章，音乐、戏剧和影视中的白求恩，由于静副书记、景云川和范莹负责；第七章，白求恩精神的形成及其演变，由陈彦强负责；第八章，白求恩与国际主义精神，由李楠副书记、赵冠杰负责。通过多层级标题对收集到的资料重点进行归纳和整理，方便读者对诺尔曼·白求恩整体形象和精神实质的宏观了解。

回顾整个编写过程，所有参与该项目的人员内心还都是五味杂陈。既有刚刚参与项目时的茫然，也有尚未进入角色时的忐忑；既有脱不开本职工作的无奈，也有收集相关资料素材的忙乱；既有对自身写作能力的不自信，更有能够参与到项目中被信任、被认可的自豪与骄傲！

为及时、高效地完成《文化白求恩》一书的素材收集、整理、归纳、编撰工作，在院长张学文、党委书记赵伟的领导和支持下，编委会成员积极响应号召。自行购买相关书籍，查阅网络，广泛收集来自各种渠道的文献资料，召开编撰工作会议，听取编写顾问的指导意见。

为收集第一手资料，让大家更深入地了解白求恩与文化的关系，编委会领导先后两次组织编写组成员，到白求恩在中国生活和工作过的部分地方，开展实地调研。赴北京、河北唐县、石家庄、山西五台县等地，拜访白求恩精神研究会栗龙池、马国庆两位老先生，拜访唐县白求恩、柯棣华纪念馆原馆长陈玉恩先生，参观白求恩国际和平医院纪念馆，拜访白求恩军医士官学校的王跃民先生和山西省五台县白求恩模范医院纪念馆馆长杨俊彪先生，近距离与他们座谈交流，获取面对面的指导，摄取图片，获赠书籍、音视频资料等珍贵素材，为本书的最终成稿提供了较为丰富的素材和依据。书中涉及的老照片（已作特别注明的除外），未作特别说明的均取材于白求恩军医士官学校王跃民先生提供的《白求恩精神光耀千秋》音像资料。且因编写时间紧张，部分图片取材于网络网页，却未来得及查找到图片原作者，故若涉及有关问题可与相关作者联系。

值此本书即将付梓之际，全体编委会成员首先感谢李忠军书记的精心指导，感铭北京白求恩精神研究会栗龙池、马国庆两位老专家的倾情支持，陈玉恩馆长的悉心指导，杨俊彪馆长的扶助抬爱，王跃民先生的无私帮助和齐明老师的指点解惑，感恩石家庄白求恩军医士官学校校史馆和解放军白求恩国际和平医院院史馆工作人员的倾情支持和帮助。其次感谢吉林大学出版社陶冉编辑、白求恩医学部屈英和书记，你们的坚持带给我们编写人员的，就是遇到任何困难和问题不言弃、不放弃的动力。

本书虽历经反复斟酌、推敲，数次琢磨、删改，但因笔者才学有限，加之时间仓促，难免存在不足和谬误，敬请读者不吝赐教！

《文化白求恩》编写组全体人员

2019年2月11日